Helga Bemmann **Kurt Tucholsky**

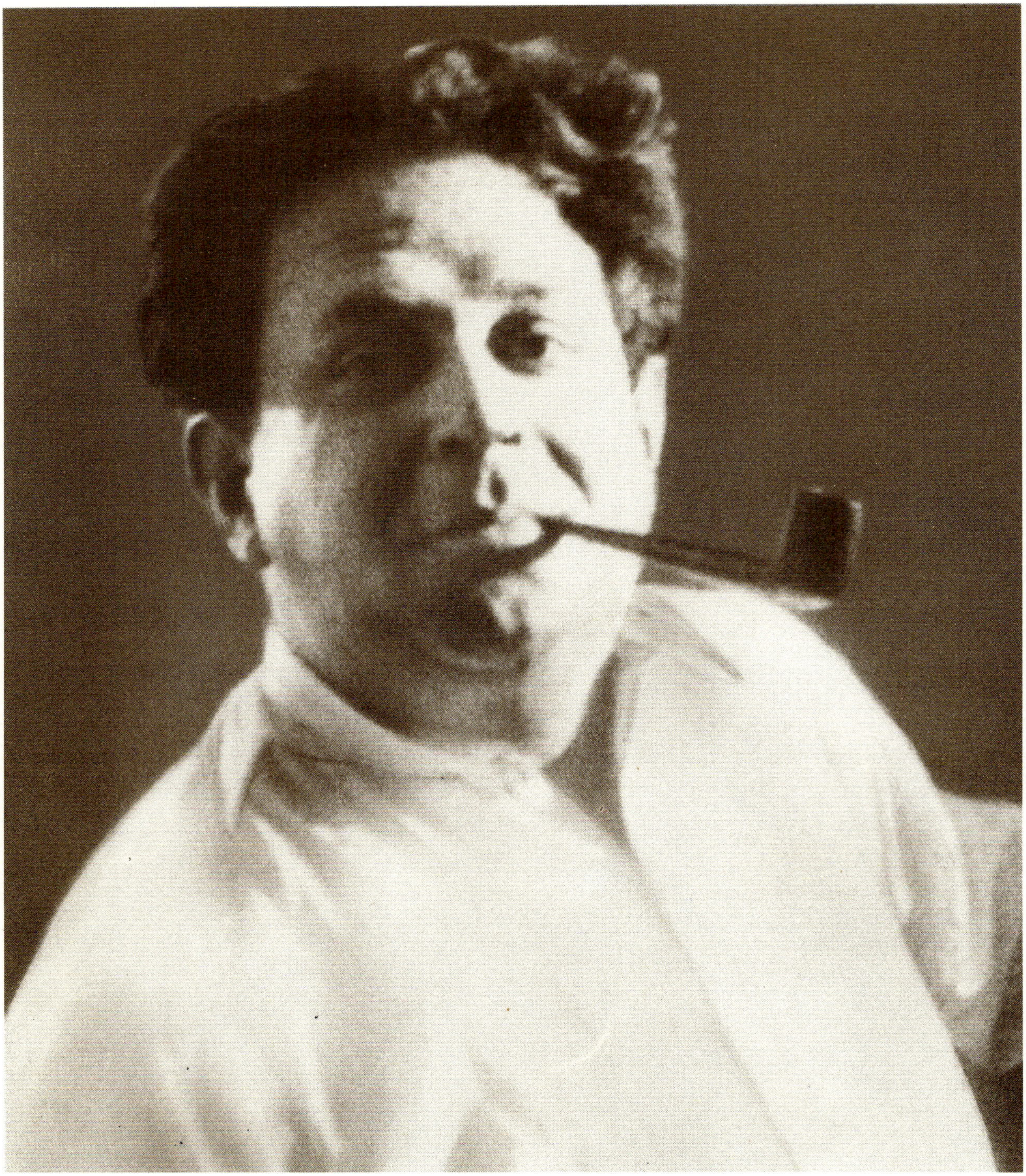

Helga Bemmann
In mein' Verein bin ich hineingetreten

Kurt Tucholsky
als Chanson- und Liederdichter

Lied der Zeit Musikverlag
Berlin 1989

ISBN 3-7332-0037-3
1. Auflage

Printed in the German Democratic Republic

Lizenz-Nr. 419-440/A6/89 · LSV 8384 · Bestell-Nr. 521 251 7
Gesamtgestaltung: Detlef Ringer
Lektor: Sabine Tuch
Satz: Druckerei Neues Deutschland, Berlin
Druck: Druckhaus Aufwärts, Leipzig III/18/20-0100
01980

Inhalt

»Musik! Musik vor allen Dingen!«

So heißt es in einem Lobgesang, den Tucholsky einst als Geburtstagsständchen von Paris aus in den Grunewald an Alfred Kerr schickte, dessen musikalische Verse er bewunderte. Den melodischen Fluß der Sprache, den prägnanten Rhythmus, der der Strophe Leben und Dynamik gab, liebte er über alles. Wenn er guter Laune war, passierte es, daß er in Gesellschaft zur Gitarre griff und das Bänkellied von der Trommel vorsang – jenes berühmte »Leibregiment, das sich nach König Gustav nennt«. Bei einer gemeinsamen Freundin, dem »Lottchen«, setzte er sich mit dem Musikkritiker Hans Heinz Stuckenschmidt ans Klavier, um die Schlager des Tages vierhändig zu spielen. Zu Hause, wenn er für seine Zeitungen und Zeitschriften arbeitete, liebte er nicht nur sein Gläschen Rotwein und seine Pfeife, er legte auch gern die neuesten Platten aus dem Electrola-Geschäft auf, um seine Lieblingsmelodien zu hören – Jack Hylton und sein Unterhaltungstanzorchester, den Flüsterbariton Jack Smith, die neuen Titel von Sophie Tucker und Josephine Baker oder die amerikanischen Songs der Revellers. »Es ist vor allem der Rhythmus, der mich musikalischen Hornochsen reizt – wenn er so erbarmungslos abschnurrt, das ist schön.« In solch aufgeräumter Stimmung dichtete er sogar sein Grammophon an: »Nun komm, du kleine Nähmaschine, und näh mir leise einen vor.«

Kurt Tucholsky, ein Klassiker des Chansons, hatte eine große Liebe zu den luftigen Gebilden der heiteren Muse, durch die Pariser Luft wehte. Er sagte, es sei eine unglückliche Liebe und es mache ihm größte Mühe, der deutschen Sprache ein Chanson abzuringen, weil man diese Sprache erst biegen und kneten muß, ehe sie für den musikalischen Gebrauch etwas hergibt.

Wunderbare Chansons haben im Laufe zweier Jahrzehnte den Weg aus seiner Werkstatt auf die Bühne genommen, nicht nur das »Leibregiment« und die »Igel in der Abendstunde«. Tucholsky ist mit dem Spottlied der satirischen Zeitschriften, dem Couplet Otto Reutters, dem Berliner Schlager und Gassenhauer groß geworden. Er wußte um die Schwierigkeiten und literarischen Geheimnisse dieser speziellen Gattung und wird so manches Mal geseufzt haben, wenn die prominenten Schauspieler und Theaterdirektoren Berlins ein neues Couplet oder Chanson bei ihm bestellten, denn von Theobald Tiger, wie er sich als Lied- und Tagesdichter nannte, erwartete man, daß er immer aktuell war, dem Zeitgeist auf der Spur, das Thema amüsant anging, Witze machte, die erotische Pointe nicht vernachlässigte, das Ohr erreichte und möglichst auch die Köpfe. Und das alles in ein paar Strophen und selbstverständlich originell.

Sind die Lieder und Chansons von Kurt Tucholsky nur Produkte des Tages? Und wie verhält es sich mit der Kunst in der Gebrauchslyrik? Gewiß waren seine Arbeiten überwiegend für den Tag bestimmt, in ihnen ist jedoch mehr bewahrt als nur das Ereignis des Tages. Die große Begabung für die musikalische Strophe und den Refrain, der unbestechliche Blick des Satirikers und Zeitbetrachters, nicht zuletzt ihr Charme und ihr Witz hoben sie aus der Masse der Tagesware heraus. Und wieviel hat er für Schauspieler, Revue, Theater und Kabarett geschrieben – mehr als gemeinhin bekannt ist!

Seine intensive Beschäftigung mit Schlager, Lied, Couplet und Chanson ist ein interessantes wie amüsantes Thema. Was er für den Vortrag und das Podium schrieb, ist durchaus kein nebensächlicher oder bedeutungsloser Teil seines Gesamtwerks, denn nicht wenige Chansons aus seiner Feder gehören zur Lyrik unseres Jahrhunderts. Für dieses Buch wurden viele neue, bislang unbekannte Materialien erschlossen: Manuskripte aus dem Nachlaß, Liedvertonungen, die er selber schuf, Briefe, Programmhefte, Notenblätter, Verträge und biographische Zeugnisse in reicher Fülle, die belegen, daß Tucholsky zu allen Zeiten seines Lebens, ob er in Berlin, Paris oder Schweden wohnte, der Arbeit für die Kleine Bühne und fürs Chanson große Wertschätzung entgegenbrachte und stets auch seine Freude daran hatte.

Wer weiß schon, daß Tucholsky, der viel gelesene und geliebte Autor von »Rheinsberg« und »Schloß Gripsholm«, selbst der Komponist etlicher seiner Chansons gewesen ist und ein brillanter Parodist? Der Mann, der »fürs Ohr« schrieb, dichtete seine besten Lieder am Klavier und fand manch treffliche Melodie dafür. Er vergaß auch nie, seinen Komponisten Hinweise und Notenskizzen für die Vertonung seiner Chansons mitzuschicken.

Es war die Schauspielerin Rosa Valetti, eine der grandiosen Diseusen des Berliner Kabaretts, die einst an ihn schrieb, wie sehr sie nach guten Chansons für sich giepere, denn es gebe zu wenig, und ihm das Kompliment machte, wenn einer eins schreiben könne, sei er es.

Kurt Tucholsky, der skeptische Troubadour von der Spree mit dem geschmeidigen Liedstil der Franzosen, changeant, pointiert, modern in der Sprache und kommunikativ wie kaum ein Chansondichter seiner Zeit, zeigt sich in seiner Liedlyrik von immer neuen Seiten. Er selbst bekannte einmal, alles, was er geschrieben habe, sei »gehört, abgelauscht dem Leben«. Heute, mehr als fünfzig Jahre nach seinem Tode, stehen die zärtlichen wie die frechen, die boshaften wie die besinnlichen Chansons aus seiner Feder im Repertoire der Kleinen Bühne und ihrer Schauspieler obenan. Von seinen etwa 800 Gedichten haben die schönsten Eingang in die Schullesebücher gefunden, und ständig entstehen dafür neue Melodien, die Vergnügen mit Erkenntnis, Unterhaltung mit der Hinwendung zum Leben aufs trefflichste vereinen.

Tucholsky und sein Berlin

»Man läuft hinaus. Draußen am Potsdamer Platz spielen sie im ›Grand-Luxus-Gala-Palast-Café‹, oder wie das Ding heißt, ein Lied, daß alle Dienstmädchen beim Tellerspülen heulen, eine volksliedmordende Weise. Und doch ist überall Sommer, laue Luft, und ein wenig von der freudigen Beschaulichkeit, die dieser Stadt sonst so sehr fehlt.«

Sommerliches Berlin, 1913

Jugend zwischen Metropol und Wintergarten

Kurt Tucholsky, ein Berliner Kind, wurde zu Beginn des Jahres 1890 in Moabit, jenem Stadtteil, der in nordwestlicher Richtung hinter Charité und Lehrter Bahnhof beginnt, in der Lübecker Straße Nr. 13 geboren. Sein Vater, beruflich im Bankfach tätig und zu der Zeit, als für Kurt die Schule begann, für mehrere Jahre mit der Familie in Stettin ansässig, kehrte im Jahre 1899 in die Hauptstadt zurück, wo er nun einer der Direktoren der Berliner Handelsgesellschaft, einer der führenden Großbanken Berlins, war. Der junge Tucholsky wuchs im belebten Zentrum auf. Nur drei Minuten brauchte man für den Weg von der damaligen Wohnung der Tucholskys in der Dorotheenstraße, diesseits der Linden, zu Vaters Bankhaus in der Behrenstraße, jenseits der Linden. Das Einkommen ermöglichte es dem Vater, seinem Ältesten eine gediegene Schulausbildung und Erziehung angedeihen zu lassen. Die Stellung Alexander Tucholskys im gesellschaftlichen Leben brachte es mit sich, daß der Besuch von Theater, Oper und Konzert zum Alltag gehörte, so daß der heranwachsende Kurt durch sein Elternhaus früh Zugang zu den schönen Künsten, zur klassischen Musik, zu Oper und Operette, nicht minder auch zu Varieté und Kabarett fand und kulturelle Bildung in einem Maße aufnahm, wie es einem Jungen in der Provinz nie erreichbar gewesen wäre.

In der Zeit, in die Tucholsky hineingeboren wurde, war es selbstverständlich, daß es in einem gutbürgerlichen Haushalt ein Dienstmädchen, eine Köchin und ein Kindermädchen gab und daß die Kinder Klavierstunden erhielten. Ein Klavier in der guten Stube gehörte zur Einrichtung. Das war auch bei Tucholskys so. Das häusliche Milieu einer liberalen, assimilierten jüdischen Familie, in dem Kurt Tucholsky mit seinen beiden Geschwistern aufwuchs, war kultiviert, der Lebensstil frei von Spießertum und Arroganz.

Tucholskys Eltern entstammten beide kleinen Verhältnissen. Der Vater kam aus Greifswald, wo seine Eltern ehedem ein Geschäft für Putz- und Seidenwaren führten. Die Mutter, eine geborene Tucholski, aus Posen gebürtig und einem anderen Zweig derselben Familie angehörend, hatte eine Ausbildung als Lehrerin. Die exponierte berufliche Stellung des Vaters im Berliner Bankwesen – sein Chef war der einflußreiche, gebildete

Kurt Tucholsky, bevor er in Stettin zur Schule kam. Nach der Kindervorstellung im Theater weinte er tagelang, er war immer unglücklich in die Feen und Elfen verliebt. Mit Sieben dichtete er das Dienstmädchen an: »Elisabeth, Elisabeth, du bist mein Liebesschmerz«

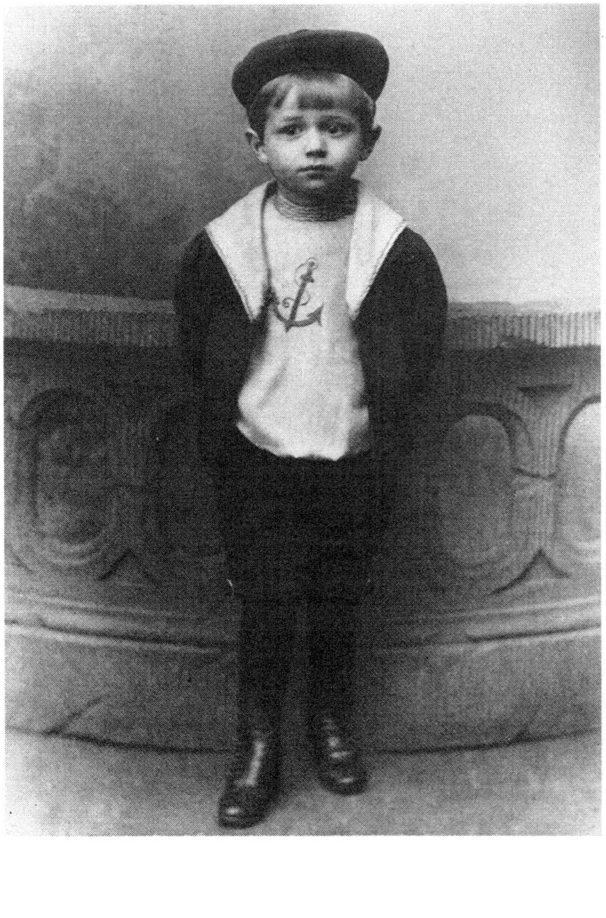

Die Linden in Berlin um die Jahrhundertwende. Sie waren eine der Straßen von Tucholskys Kindheit. Wenige Schritte linker Hand lag die Dorotheenstraße, wo die Familie wohnte

Bankier Carl Fürstenberg – bezog die Familie Tucholsky zwar in das gesellschaftliche Leben ihrer Kreise ein, hat aber an der liberalen Auffassung, dem praktischen Vernunftsdenken in bezug auf Lebensstil oder Kindererziehung nichts geändert.

Durch seinen musisch veranlagten Vater wurde der Sohn schon früh zur Musik hingeführt. Mehrmals erwähnt Kurt Tucholsky in seinen Büchern das wunderbare Klavierspiel seines Vaters, von dem er den ersten Unterricht erhielt, der auch dann noch fortgesetzt wurde, als der Junge regulär Klavierstunden bekam.

Aus den wenigen, aber schlüssigen Äußerungen Tucholskys über seinen Vater ergibt sich das Bild eines liebenswürdigen, gebildeten Mannes, nachgiebig und weich von Charakter. Vater und Sohn verstanden sich sehr gut, was man von der Mutter und dem Sohn nicht sagen konnte, da der ausgeprägt autoritäre Zug im Charakter der Mutter sich mit dem Unabhängigkeitsstreben des Sohnes nicht vertrug.

Die musischen Interessen und Veranlagungen des Vaters pflanzten sich auf den Ältesten der drei Tucholsky-Kinder fort. Nicht allein das. Das gesamte Umfeld des künstlerisch-kulturellen Lebens über den Kreis der Familie hinaus hat die Neigungen, Ansichten und Ansprüche Tucholskys entscheidend mitgeprägt. Sein Elternhaus beeinflußte ihn in musischen Dingen viel nach-

Alex Tucholsky, geboren in Greifswald, Bankkaufmann mit musischen Neigungen und von ruhiger Gemütsart, spielte gut Klavier, hatte Freude an Gelegenheitspoesien, rauchte Pfeife und sprach noch das Plattdeutsche

haltiger als die Schule. Früh schon versuchte der Junge zu Hause den Vater nachzuahmen, der manchmal zu Geburtstagen von Freunden und bei Familienfeiern als Gelegenheitspoet hervortrat. Kurt hatte ebenfalls Spaß an kleinen Versen und Reimereien – man erkennt dies an den Arbeiten, die aus seinen Kinderjahren erhalten geblieben sind. Ein richtiges Liedchen ist bereits darunter, eine kleine Satire auf einen Klassenkameraden. Er nannte es »Landpartie«.

Er hat ein gutes Zeugnis, ein Zeugnis wie
 noch nie,
er strahlt in seiner Glorie, mit seiner
 Landpartie.
Er hatte schönes Wetter, der Sohn vom
 Hauptmann Lech,
er hatte viel Kamraden, er hatte gar kein
 Pech.
Er hatte gelbe Stiefel und einen neuen Hut
und einen dünnen Anzug, das war ja alles gut.
Er hatte viel Fourage und eine Flasche Wein,
und auch noch eine Semmel, das nannt' er
 alles sein.
Und aus den Augen strahlte ein Glanz wie
 wohl noch nie,
und er, umstrahlt in Glorie, er strahlte
 wie noch nie.

Hatte auch der mehrjährige Aufenthalt der Familie in Stettin den kleinen Kurt im Alter von sechs bis neun Jahren die Schönheiten der Ostseelandschaft so nachhaltig erleben lassen, daß daraus sein späterer Wunsch entstand, für immer in ihrer Nähe zu leben, so empfing der Heranwachsende dennoch in Berlin die entscheidenden geistigen Impulse.

Berlin, wirtschaftlich und kulturell Mittelpunkt des deutschen Kaiserreiches, war zu jener Zeit eine der großen Weltstädte, auch was das Unterhaltungs- und Vergnügungsgeschäft betraf. Die heitere Muse gab Berlin verführerischen Glanz – eine Begleiterscheinung großstädtischen Lebens, stimuliert durch den rapid anwachsenden Frem-

Kurt mit neun Jahren. Seine Eltern legten Wert auf gute Erziehung und Bildung. Er bekam Klavier- und Gitarreunterricht

denverkehr, für den eigens Attraktionen geschaffen wurden. Die Kapitalanlage auf dem weitverzweigten Sektor der Vergnügungsindustrie, gekoppelt mit dem Gaststättengewerbe, dem Brauereiwesen und deren Aktiengesellschaften, Restaurations-, Bier- und Caféhausbetrieb, fand in Berlin den denkbar günstigsten Boden.

Das beschwingte Berliner Nacht- und Bummelleben, in dessen Lichterschein Kabarett und musikalische Unterhaltung aufblühten, begünstigte die Entwicklung einer eigenständigen Berliner Operette sowie eines spezifisch berlinischen

Onkel Max, Justizrat, die Musikautorität der Familie. Er war hochmusikalisch, besaß das absolute Gehör und ging grundsätzlich nur mit der Partitur ins Konzert

Schlagers und Chansons. Die Nacht ohne Ende, das war es, was den Fremden anzog und der Millionenstadt das besondere Fluidum verlieh. Und wenn Onkel Max, Bruder der Mutter und angesehener Rechtsanwalt mit dem Titel Justizrat, bei der Familie seines Schwagers zu Besuch war, dann setzte er sich gern ans Klavier und spielte mit Vergnügen »Die Kirschen in Nachbars Garten«, die neuesten Paul-Lincke-Schlager oder das Lied vom »Kleinen Cohn« mit dem unverwüstlichen Refrain:

Hab'n Sie nicht den kleinen Cohn gesehn,
sahn Sie ihn denn nicht vorübergehn?

Da trat, nur zehn Minuten von der Tucholsky-Wohnung entfernt, im Apollo-Theater der populäre Komiker Robert Steidl auf, der im silbergrauen Frack und Zylinder augenzwinkernd von amourösen Abenteuern im Tingeltangel sang:

Sie spielte da das »Tingelingeling«
von sieben Uhr bis um eins
und hat mit ihrem »Tingelingeling«
mein Herz geknickt wie keins.

Solche Gassenhauer und Couplets lagen anno 1900 in der Berliner Luft. Tucholsky ist mit diesen Melodien groß geworden und hat so manches Lied seiner Jugend viele Jahre später in seinen Feuilletons und Geschichten satirisch »verarbeitet«.

Was Onkel Max betraf, so galt er als Musikautorität der Familie. Er besaß eine überdurchschnittliche musikalische Begabung, hatte das absolute Gehör und hätte gern Musik studiert, um Dirigent zu werden. Doch die Familie war damit nicht einverstanden, sie verlangte von ihm ein »ordentliches« Studium, und so war er Rechtsanwalt geworden. In der Musikwelt hatte er sich einen Namen gemacht durch Lieder, die er selbst getextet und komponiert hatte. Eines davon hieß »Mein Liebchen kann tanzen«, man konnte es gedruckt in der Musikalienhandlung kaufen.

Am Bahnhof Friedrichstraße befand sich das Centralhotel mit dem Wintergarten, Berlins Weltstadt-Varieté. Hier traten die großen Artisten, Sisters, Tänzerinnen sowie Otto Reutter auf

Zu den Attraktionen Berlins gehörten damals der Wintergarten am Bahnhof Friedrichstraße und das Metropol-Theater in der Behrenstraße. Beide Häuser lagen in der City, nur wenige Minuten von der Wohnung der Eltern entfernt. Der tägliche Schulweg zum Französischen Gymnasium am Reichstagsufer führte Tucholsky junior direkt am Eingang des Wintergartens vorbei, wo in den Schaukästen hinter Glas die Soubretten und Tänzerinnen des Hauses zu bewundern waren. Bald saß er selbst so manchen Abend mit seinen Eltern unter dem Sternenhimmel des Wintergartens, sah Otto Reutter, ließ sich von neckischen Liedern irgendwelcher Sisters entzücken, begegnete hier dem weiblichen Schönheitsideal der Epoche in der Gestalt von Tänzerinnen wie La belle Otèro und Cleo de Merode, deren südländisch-faszinierender Erscheinung Künstler wie Fürsten huldigten. Im Varieté erlebte der junge Tucholsky, der 1909 nach bestandenem Abitur in Berlin das Studium aufnahm, bereits ein

Die vergötterten Stars des »Wintergartens« vor dem ersten Weltkrieg. Tucholsky sah sie noch auf der Bühne. Links: La belle Otéro, Schönheitstänzerin aus Südfrankreich, rechts: La Tortajada, temperamentvoll tanzende und singende Spanierin

Stück Wirklichkeit, geformt zu ästhetisch vollendeter Linie, zu Klang, Farbe und Sinnenreiz, woran er sich in späteren Jahren dankbar und gern erinnert hat. Als 24jähriger bekennt er einmal in verliebter Laune: »Wir alle verdanken dem Varieté ja soviel. Hier ist Kultur, saubere Arbeit, kein Schwindel, kein Dilettantismus.«

Die Begegnung mit der Operette brachte Tucholsky in seinen frühen Berliner Jahren das Metropol-Theater, dessen weiblicher Anziehungspunkt die elegante, kultivierte Fritzi Massary war. Sie repräsentierte den Idealtyp der souveränen, klugen Diva, die Charme und erotisches Flair bot, wie er sie sich für seine künftigen Chansons vorgestellt haben mag. Im Metropol-Theater gab es das Beste, was an Kunst dieser Art zu bewundern war. Hier amüsierte sich Tucholsky über die in dem ulkigen, kugelrunden Thielscher fortlebende Komik der Berliner Posse, begann aber auch bereits, mittlerweile neben seinem Studium zum

Rezensenten für die »Schaubühne« und für Tageszeitungen avanciert, über die Ausdrucksmöglichkeiten von Chansons und Couplets nachzudenken, die Bedeutung eines Liedrefrains, die Abhängigkeit zwischen Wort und Melodie zu begreifen, was beim Schreiben solcher Texte – das sollte er bald erfahren – immer wieder neu zu erproben und zu meistern war.

In engster Beziehung zu den beiden genannten Großunternehmen der heiteren Muse, wie es Metropol-Theater und Wintergarten waren, standen die vielen Berliner Kabaretts, die Teil des intensiven Nachtlebens und Produktionsstätten eines neuen Liedtyps waren, den man in Nachahmung französischer Vorbilder Chanson nannte.

Tucholsky war elf Jahre alt, als 1901 die erste Brettlbühne in Berlin eröffnet wurde. Mit fast dreißig Jahren unterzeichnete er seinen ersten Vertrag zur Mitarbeit an einem dieser Unternehmen. In dem Zeitraum, der dazwischenlag, wuchsen die Komponisten seiner Chansons heran. In den Bohemekabaretts, die sich zwischen 1901 und 1914 in der allgemeinen Begeisterung für die neue Muse, doch abseits vom offiziellen Überbrettl-Betrieb etablierten, saß Rudolf Nelson als blutjunger Mann am Klavier, jener Komponist, der wenige Jahre später schon tonangebend im Fach war und nach 1919 viele Chansons von Kurt Tucholsky mit Melodien versah. Auch der kleine Friedrich Hollaender vertrieb sich die Abende, an denen sein Vater im Metropol dirigierte, verbotenerweise in der Passage oder saß in den Kintopps am Klavier, um sein Taschengeld aufzubessern.

Tucholskys früh gereiftes Interesse für das Geistvoll-Heitere, Gehaltvoll-Leichte und Pointierte – an sich nichts Außergewöhnliches für einen jungen Mann unter großstädtischen Verhältnissen, mit Blick auf seinen späteren Beruf und seine Arbeit fürs Genre aber von elementarer Bedeutung – fand seinen Nährboden im Berliner Schlager, Couplet, Gassenhauer und Chanson, wie sie vorzugsweise im Kabarett und im Varieté anzutreffen waren. Stimuliert wurde dieser Aneignungsprozeß auf einer höheren Stufe, als Tucholsky Mitarbeiter von Zeitungen und Zeitschriften wurde und als Kritiker beruflich in Beziehung zu diesen Kunstgattungen trat, jetzt gezwungen, Maßstäbe zu finden, künstlerische Leistungen zu loben oder kritisch einzuschätzen, Ansprüche zu formulieren. Über die Anschauung, die erworbene Sachkenntnis, die Berufskritik führte der Weg zum Schreiben, zur Eigenproduktion von liedhaften satirischen Zeitgedichten, Couplets und Chansons.

Doch zunächst immatrikuliert sich Tucholsky im Oktober 1909 an der Berliner Universität für das Studium der Rechtswissenschaft. 1911, als er im vierten Semester steht, wird er Mitarbeiter des sozialdemokratischen Parteiblatts »Vorwärts«. Für ihn beginnt damit ein neuer Lebensabschnitt, der sowohl für seinen Werdegang als Publizist und Schriftsteller als auch für sein späteres Chanson- und Liedschaffen Bedeutung hat. Regelmäßig liefert er für das Blatt das satirische Gedicht der Woche, daneben schreibt er aber auch Rezensionen, Glossen und politische Spottlieder, die im Feuilletonteil der Zeitung erscheinen. Für das liedhafte satirische Gedicht zeigt er eine starke Vorliebe, es kommt seiner Begabung fürs Populäre sehr entgegen. Da aktuelle Verse sich um so mehr einprägen, je flüssiger – sprich sangbarer – sie gereimt sind, liegt es nahe, melodiebetonte Strukturen zu verwenden.

Dem Jurastudenten Tucholsky machte es offensichtlich Spaß, sich in diesem Genre zu versuchen. Seine erste Veröffentlichung in dieser Art erschien 1911 im »Vorwärts«, es ist das »Schießgewehrlied«, mit dem er in noch recht jungenhafter, aber doch schon bestimmter Haltung auf den Berliner Polizeipräsidenten Traugott von Jagow anlegte, dem der »Simplicissimus« den Spottnamen »Napoleum vom Alexanderplatz« verliehen hatte. Jagow war bekannt wegen seines scharfen Vorgehens gegen alle liberalen Regungen in Kunst und

Vorwärts

Berliner Volksblatt.

Dienstag, den 8. August 1911.

Humor und Satire.

Spiele nicht mit Schießgewehr!

Was kraucht denn da im Busch herum?
Ich glaub', es ist Napolium
vom Alexanderplatze.

Ein äußerst kriegerischer Mann,
er hat den großen Sabel an,
den Dreispitz auf der Glatze.

„Aeh!" — wer das Schießen unterläßt,
fliegt eine Woche in Arrest!" —
Gleich schnappt die Stimme über ...

Die linke Hand im Busenlatz
so steht er da, der Hosenmatz — —
hier fehlt ein Nasenstüber.

Hier fehlt noch mehr!! — Uns wird sehr klamm —
der schießt die ganze Stadt zusamm':
Verbrecher, Demokraten ...

Die Schutzmannmörder sind gefeit —
denn dazu hat er keine Zeit —
der Kleine spielt Soldaten! —

Kurt.

Oben:
Mit 21 Jahren wird der Jura-Student Mitarbeiter des sozialdemokratischen Parteiblatts »Vorwärts«. Von ihm erscheinen im Feuilletonteil Glossen, kritische Artikel und politische Spottlieder

Rechts:
Traugott von Jagow, der »Napoleum vom Alexanderplatz«. Von ihm stammte der vielzitierte und -parodierte Ausspruch »Die Straße dient dem Verkehr. Ich warne Neugierige!«, mit dem er Demonstrationen und Kundgebungen der Sozialdemokratie zu unterdrücken versuchte

Links:
Kurt Tucholsky vor dem Abitur. Er bezeichnet sich selbst als »Kunstkenner«. Die schriftliche Arbeit in Deutsch genügte nach Meinung der Lehrer nur knapp. Die mündlichen Leistungen aber waren gut

Jagow, der große Korse
oder
der Unsterbliche vom Alexanderplatz

(Zeichnung von O. Gulbransson)

Literatur wie auch für seine rücksichtslose Amtsausübung im Polizeipräsidium am Alexanderplatz zur Unterdrückung von Demonstrationen, Streiks und sozialen Unruhen. Als es 1910 in Berlin zu Straßenschlachten zwischen der Jagowschen Polizei und streikenden Kohlenarbeitern gekommen war, hatte der »Simplicissimus« eine Karikatur auf Jagow und den Preußengeist gebracht. Tucholsky übernahm daraus die Anregung zu seinem Spottgesang »Spiele nicht mit dem Schießgewehr!«.

Was kraucht denn da im Busch herum?
Ich glaub', es ist Napolium
vom Alexanderplatze.

Ein äußerst kriegerischer Mann,
er hat den groben Sabel an,
den Dreispitz auf der Glatze.

»Äh! – Wer das Schießen unterläßt,
fliegt eine Woche in Arrest!« –
Gleich schnappt die Stimme über ...

Die linke Hand am Busenlatz
so steht er da, der Hosenmatz – –
hier fehlt ein Nasenstüber.

Hier fehlt noch mehr!! – Uns wird sehr
klamm –
der schießt die ganze Stadt zusamm':
Verbrecher, Demokraten ...

Die »Schutzmannmörder« sind gefeit –
denn dazu hat er keine Zeit –
der Kleine spielt Soldaten!

Viele Tucholsky-Arbeiten der frühen Berliner Jahre sind solche Gebilde im Liedstil, für die eine bestimmte, populäre Melodie Pate gestanden hat. Im Falle Jagows war es die von Liliencrons marschmusikmäßigem Lied »Die Musik kommt«, das Renommier-Chanson der wilhelminischen Epoche. Die Melodie von Oscar Straus kannte damals jedes Kind. Tucholsky machte sich den Spaß, gerade diesen Zeitschlager, der die Militärmusike idyllisierte und im Refrain immer mit der zum boshaften Nachäffen animierenden Zeile »Voran der Herre Hauptmann« endete, zum metrischen Muster für seine kurzen Strophen zu nehmen. Darauf beruhte der aktuelle Witz.

Beim Schreiben hält sich Tucholsky gewissermaßen am Geländer eines bekannten Liedes fest und findet neue Texte. Vorbilder, die ihm Anregung zur Umdichtung geben, sind dem patriotischen Schullesebuch entnommen oder es sind Berliner Gassenhauer, Volkslieder, Schlager und Bänkelgesänge. Häufig benutzt er auch den Knittelvers, wie ihn Frank Wedekind für seine Spottgesänge im »Simplicissimus« verwendete. Für sein »Schießgewehrlied« entnimmt er die erste Zeile dem Spottlied von der »Krähwinkler Landwehr«.

Der dichtende Journalist Tucholsky, wie man ihn um 1910 bis 1912 noch nennen könnte, steht mit seinen Arbeiten ganz in der Tradition des aktuellen satirischen Gedichts und des politischen Spottliedes, wie man sie von den Witzblättern, der anonymen Flugschriftenliteratur, der Publizistik des revolutionären Vormärz und von der 48er Revolution her kannte. Mit dem »Kladderadatsch«, dem »Simplicissimus«, dem »Ulk« oder den »Lustigen Blättern« war Tucholsky seit seiner Schulzeit bestens vertraut, natürlich war ihm auch die einschlägige satirische Dichtung von Wedekind, Ludwig Thoma oder Glaßbrenner geläufig. In seinen Aufsätzen sind diese Schriftsteller oft erwähnt. Diese Traditionen waren um 1910/11, als sich Tucholsky dem Beruf des Literaten zuwandte, in Deutschland noch sehr lebendig. In den literarischen Zeitschriften der Zeit, die sich als Sprachrohr liberalen Geistes verstanden, gehörte diese Gedichtform zum selbstverständlichen Ausdrucksmittel. Die Glossen zur

Karikatur des »Simplicissimus« auf den Berliner Polizeipräsidenten Traugott von Jagow

Alfred Kerr, Jahrgang 1867, mit seiner Zivilcourage und spitzen Feder Vorbild der Jungen. Er druckte frühe Arbeiten Tucholskys in seiner Zeitschrift »Pan«

Zeit erschienen oft gereimt und hatten Liedcharakter. So benutzte Kerr, von dem Tucholsky in späteren Jahren bekannte, er habe ihm das Laufen beigebracht, gern die Form des Bänkelsangs. Auch Siegfried Jacobsohn bestellte sich für seine »Schaubühne« populäre Kasperletheater-Verse, die auf Ereignisse des Tages reagierten. Verfaßt wurden sie von keinem Geringeren als dem Dichter Christian Morgenstern. Die Publikationen »Simplicissimus«, »Schaubühne« und »Pan« haben Tucholskys Gesichtsfeld entscheidend mit geprägt.

Für den »Pan«, die Zeitschrift des 23 Jahre älteren Alfred Kerr, des wortgewaltigen Polemikers, Theaterkritikers und Florettfechters auf politischem Parkett gegen Jagow, die preußische Zensur und die preußischen Zustände, schrieb Tucholsky in den Vorkriegsjahren Glossen zum Berliner Kulturleben, zum Film und zur Ausbildung der Juristen. Auch mit Jacobsohn sollte ihn bald eine enge Zusammenarbeit verbinden.

Wenn Tucholsky ein Gedicht schrieb, dachte er nicht nur an die Leser der Zeitung oder Zeitschrift, für die das Eingesandte oder Bestellte bestimmt war, sondern mitunter auch an seine Gitarre. Als Schüler hatte er neben dem Klavierunterricht wöchentlich durch »Meister Griebel«, wie er seinen Lehrer nannte, auch Gitarrenunterricht erhalten. Diese Liebe fürs Klavier- wie fürs Gitarrespiel ist ihm im späteren Leben geblieben.

Sehr früh schon bewegen den jungen Mann aus bürgerlicher Familie soziale Probleme. Im Juni 1914 schickt er ein Gedicht an die Redaktion des Münchner »Simplicissimus«, das für die Gitarre zurechtgemacht ist. Er folgt darin seinem poetischen Vorbild Frank Wedekind und dessen »Lied vom Taler«, das dieser einst bei den Elf Scharfrichtern in München sang. In dem Lied erteilt eine Mutter ihrem Kind für das künftige Leben die Lehre, Armut nicht hinzunehmen, sondern sich stets nach dem Taler zu sehnen – das heißt, nach dem Glück der reichen Leute.

Nach der Sonne in goldener Pracht
haben die Menschen ihr Geld gemacht;
Ohne das Geld muß man elend sterben.
Sonne ist Glück und Glück ist Geld;
Wem es nicht schon in die Wiege fällt,
der muß es mühevoll sich erwerben.

Tucholsky »verarbeitet« die Sonne und das Kind, die als poetische Metaphern bei Wedekind vorhanden sind, auf eigene Weise und schafft gewissermaßen die preußisch-berlinische Variante zu dem Münchner Bänkelsänger-Lied:

Frank Wedekind, Bänkelsänger bei den Münchner Elf Scharfrichtern, gab Tucholsky Anregungen für satirische Lieder und Balladen mit sozialen Akzenten

Kind, die Sonne ist nur für die reichen
Leute,
unsereinen sengt sie, bis der Buckel
schwitzt –
heller Himmel macht dich traurig, so wie
heute,
wenn du müde im Fabriksaal sitzt.

»Bietet denn das Leben nicht uns allen
Wonnen?«
spricht der bürgerliche Philosoph.
»Da ist euer Frühling, da ist eure Sonne!«
Euer Frühling ... Quergebäude, vierter Hof!

Zwischen diesen Furchen wächst ein fahles
Pflänzchen,
Leierkasten spielt, und eine Schelle klirrt.
Kinder juchzen, und sie drehn ein
Tänzchen – –
unser Frühling ... ob das jemals anders wird?

Stammgast im Linden-Cabaret

Tucholsky strebte schon in jungen Jahren nach Unabhängigkeit und Selbständigkeit – weg aus dem Einflußbereich der Familie. Mit dieser als Institution hatte er nie viel im Sinn. Als 1905 sein Vater starb, löste er sich aus diesen Bindungen fast völlig. Gegen den Widerstand seiner Mutter und seiner Onkel setzte er durch, daß ihm mit erreichter Volljährigkeit 1911 das ihm zustehende Erbteil in Höhe von 60 000 Goldmark ausgezahlt wurde. Er bezog daraufhin eine eigene Wohnung in der Nachodstraße, die durch die Joachimsthaler in direkter Linie mit dem Kurfürstendamm verbunden war. Vom Bahnhof Zoo war es dann nicht mehr weit zur Universität Unter den Linden, wo er die Vorlesungen und Seminare zu besuchen hatte.

Tucholsky war also relativ früh selbständig und hatte die nötigen Mittel, um die angenehmen Seiten seines Studentenlebens zu genießen. Dazu gehörten, wie bereits gesagt, die Theaterpremieren, Konzerte, Bälle, Abende im Varieté und im Kabarett, wie sie Berlin vor dem ersten Weltkrieg in imposanter Fülle bot.

Einen guten Ruf hatte damals das Linden-Cabaret an der Friedrichstraße, an dem Claire Waldoff auftrat. Tucholsky war dort Stammgast, lange schon vor 1914, als »Rheinsberg« noch nicht erschienen war und er, literarisch noch ohne Lorbeeren und Pseudonyme, lediglich ein Jurastudent an der Berliner Universität, der die Kunst des Brettls liebte und diese oder jene Schöne seines Studienjahres abends auszuführen pflegte.

Er machte aus seinem Hang zum weiblichen Geschlecht kein Geheimnis, hatte er doch bereits als Achtzehnjähriger seiner Tante Berta, einer Schwester seines Vaters, ein Foto mit Widmung verehrt, die in der Verwendung französischer Vokabeln seine galanten Passionen ungeniert bekannte:

Außen jüdisch und genialisch,
innen etwas unmoralisch,
nie alleine, stets à deux: –
der neveu!

Ging der Vater einst mit dem Sohne in die Vorstellungen des Wintergartens oder ins Theater, so ging der Sohn nunmehr mit seiner Angebeteten am Arm in die von ihm geliebten Theater der heiteren Muse, ins Linden-Cabaret und ins Chat noir an der Friedrichstraße.

Das Linden-Cabaret befand sich mitten im Zentrum des Berliner Vergnügungsviertels. Es war in der Passage untergebracht, die die Ecke Friedrich-, Behrenstraße mit den Linden verband. Die Passage hatte eine für die damalige Zeit moderne, technisch imposante Glasüberdachung, nachts wurde sie durch Glühlicht erhellt. Besucher, die mit dem Zug auf dem Centralbahnhof Friedrichstraße anreisten, konnten nach Erledigung der Hotelformalitäten abends noch einen Bummel am Wintergarten ihres Hotels vorbei über die Linden hinweg durch die Passage mit ihren Andenkenläden machen und anschließend durch die Leipziger Straße, die die Hauptgeschäftsstraße des wilhelminischen Berlins war. In der Passage kam der Strom der Flanierenden nie zur Ruhe, weder am Tag noch in der Nacht. Hier war in direkter Nachbarschaft zum Panoptikum, zu Bier-, Tanz- und Sektlokalen der ideale Platz für Kabaretts.

Das Linden-Cabaret war vor dem ersten Weltkrieg eine Unterhaltungsstätte mit typisch berlinischer Note, bei den Einheimischen und Fremden beliebt wegen Claire Waldoff, die hier allabendlich auftrat. Claire mit ihrem roten Wuschelkopf

Die Friedrichstraße war das Zentrum der Berliner Vergnügungsindustrie mit Passage, Panoptikum, Linden-Cabaret, Chat noir, Bier- und Weinlokalen, Andenkengeschäften und vielfältigen Verlockungen für »Onkel Fritz aus Neuruppin«

FREUDENSTEIN
Fabrik von Feld- u. Industrie-Bahne
Hermann Bock
Photograph
46 RUDOLPH BACH 46
P. Dörffel

Er sang das »Tingelingeling« von sieben Uhr bis eins – den Schlager von anno 1900: Robert Steidl. Mit Max Linder, Otto Reutter, Claire Waldoff, Guido Thielscher, Martin Bendix und Littke Carlsen gehörte er zu den populären Künstlern des Unterhaltungsfachs vor 1914

und ihrer unwahrscheinlichen Kreischstimme hatte sich mit ihren Schusterjungenliedern und Gassenhauern als Typ der »dollen Bolle« bereits durchgesetzt. 1913 sang sie im Linden-Cabaret einen neuen Schlager, den die Leute zum Totlachen komisch fanden. Keiner, sie selbst auch nicht, ahnte damals, daß dieses musikalisch anspruchslos gezimmerte Couplet auf den Refrain »Hermann heeßt er« ihr Standardlied werden sollte.

An jenem Abend, als dieser »Hermann« von der jungen, vitalen Waldoff kreiert wurde, saß Tucholsky im Zuschauerraum. Obgleich ihm dieses Lied einer Dienstmädchenseele als Kunstgebilde das Letzte zu sein schien, war er doch von der Perfektion des Vortrags beeindruckt. Auf dem Heimweg ging ihm die ulkige Melodie nicht mehr aus dem Kopf. Er setzte sich am nächsten Tag hin und schrieb einen kleinen Aufsatz für die »Schaubühne«, der sich nur mit diesem »Hermann«-Lied, seiner Wirkung und Machart befaßte und inzwischen die gleiche historische Bedeutung erlangte wie das Lied selbst. Das Wesen der Waldoff ist in dieser Beschreibung meisterhaft getroffen und zugleich gewürdigt, so als hätte Tucholsky geahnt, daß sich an diese Melodie einmal der Ruhm seiner »Klea Waldoff« heften würde. Die besondere Komik beruhte für ihn auf dem von der Waldoff verwendeten Piano, das ihm »so ulkig angelernt, so wenig adäquat der Brüllstimme« erschien, »daß man fassungslos ist. Wie ringt sie sich dieses Piano, jenen Sopran ab, der so hoch ist, daß sie gleich kippeln wird, g, gis, a, b …« Auf diese Frage gab es keine Antwort. Es war eben so, und so schloß der kleine Bericht mit einem Gesamtlob für die sympathische Pflanze oben auf der Bühne: »Sie singt, wie der berliner Spatz singt, unbekümmert, frech – und dann (Stimme, von innen, verhallend): ›Hermann heeßt a …‹.«

Damals war es üblich, daß im Kabarett während der Vorstellung gegessen, geraucht und ge-

Claire Waldoff auf einem Berliner Künstlerball, kostümiert à la mode. Tucholsky widmete ihr mehrere Chansons und schrieb speziell auch Titel für ihr Repertoire

trunken wurde, auch im Linden-Cabaret, das man sich als großen Saal mit weißgedeckten Tischen vorzustellen hat. Tucholsky hat hier auch das Getränkeangebot ausprobiert und sich einmal zu einer unvorsichtigen Bemerkung hinreißen lassen, als er meinte, die Programme seien soweit ganz gut, ansonsten gehe ein »stilles Neppen durch den Raum«. Die Geschäftsinhaberin drohte ihm daraufhin mit Klage, in der richtigen Erkenntnis, daß eine derartige Abwertung ihres Lokals in der Presse für sie geschäftsschädigend sein könnte. Tucholsky beschwichtigte ihren Zorn und sagte ihr auf dem gleichen Wege, also öffentlich, die gewünschte Richtigstellung zu. Generös und leicht ironisch, wie er in solchen Fragen des Lebens zu sein pflegte, las man dann den Satz: »Es geht bei euch kein stilles Neppen durch den Raum. Zufrieden?«

Kleine, private Zwischenfälle, die sich sonst im Kabarett zuzutragen pflegten, erledigte Tucholsky ohne langes Federlesen an Ort und Stelle. Einmal bekam ein Vortragskünstler ein paar schallende Ohrfeigen von ihm. Weshalb? Der Mann hatte Chansons von einer so penetranten Spießigkeit und Kläglichkeit vorgetragen, daß Tucholsky, dessen Tisch direkt an der Bühne stand, eine deutliche, nicht zu überhörende Mißfallensäußerung von sich gab, worauf der Vortragende vom Podium her frech reagierte. Tucholsky wartete die Pause ab, stand vom Tisch auf und ging hinter die Bühne, um den »Kerl« zur Rede zu stellen, und versetzte ihm, als er statt einer Entschuldigung eine impertinente Äußerung zu hören bekam, kurzerhand zwei Ohrfeigen.

Tucholsky besuchte das Kabarett oder das Varieté oft in Begleitung seiner Freundin Pimbusch, der »Claire« aus »Rheinsberg«, die mit richtigem Namen Else Weil hieß, zu gleicher Zeit wie er in Berlin studierte und bei Professor Bonhoeffer ihre Doktorarbeit im medizinischen Fachbereich der Psychiatrie schrieb. Sie galt als nicht hübsch, aber anziehend, war wie Tucholsky in Berlin ge-

Peccavi

In Nummer 43 hatte ich bei der Besprechung des Lindencabarets eine Wendung gebraucht, durch die sich die Inhaberin des Lokals beleidigt fühlt. Aber, aber: wer wird denn gleich so böse sein! Ich hatte einen subjektiven Eindruck wiedergegeben, und wenns nicht stimmt, so solls mich doppelt freuen. Von „verleumderischer Beleidigung" kann natürlich keine Rede sein. „Wider bessres Wissen ... denselben verächtlich zu machen oder in der öffentlichen Meinung herabzuwürdigen geeignet ist ..." — keine Spur.

Mir zwa wern doch kan Richter net brauchen — denn Impressionen sind prozessual meist unerheblich, und ich bestehe keineswegs darauf, die inkriminierte Wendung auf Seite 1044 des neunten Jahrgangs der ‚Schaubühne' aufrechtzuerhalten. Peccavi, mater, et mea culpa, mea maxima culpa! Es geht bei Euch kein stilles Neppen durch den Raum. Zufrieden?

Peter Panter

Peter Panter muß Abbitte tun. »Es geht kein stilles Neppen durch den Raum.« Artikel aus der »Schaubühne« vom 6. November 1913. Was hatte er behauptet? »Im Linden-Cabaret ist der Aufenthalt nach wie vor ungemütlich. Wenn nicht gerade eine Nummer auf dem Podium steht, geht ein stilles Neppen durch den Raum.«

boren, zwei Jahre jünger als er und die Erfinderin der »Rheinsberg«-Sprache. Das Paar schien zusammenzupassen. Von Freunden und Zeitgenossen wird Tucholsky als ein sehr selbstbewußter, überkorrekt gekleideter junger Mann mit dem Gesichtsausdruck eines weit älteren geschildert. Auf der Straße ging er aufrecht, in musterhafter Haltung, führte tändelnd einen modischen Spazierstock mit sich – ein vollendeter Gentleman.

In der Passage gab es neben dem Linden-Cabaret noch ein zweites Kabarett mit dem französischen Namen Chat noir, was eleganter klingt als das deutsche »Schwarzer Kater«. Ein Brettl mit exklusiver Note und entsprechend teuren Plätzen, das von dem Komponisten Rudolf Nelson geführt wurde. Nelson war vor 1914 schon ein Begriff für den weltstädtischen Schlagerton, das pikant-erotische, im Witz berlinisch eingefärbte Chanson, das den Ansprüchen gehobener Gesellschaftskreise und einem zahlungskräftigen Publikum entsprach.

Das Chat noir war trotz der starken Konkurrenz des Linden-Cabarets ein immer gut besuchtes Etablissement. Es ging hier intimer zu als in dem etwas großräumigen Linden-Cabaret, da Nelson alles selbst machte und den Abenden das persönliche Flair gab, während die Direktion des Linden-Cabarets ihre Programme von Agenten zusammenstellen ließ. Im Chat noir war der rundliche Nelson mit dem Napoleon-Hinterkopf sein eigener Direktor und Produzent; die Texte und Chansons für seine Künstler gab er bei namhaften Schriftstellern in Auftrag. Man legte Wert auf Stil und Eleganz. Die Herrschaften, die bei ihm nachts halb zwölf in Frack und großer Toilette erschienen, waren Diplomaten, Herren aus den Ministerien, die von ihren offiziellen Diners kamen

Mit Claire, der Medizinstudentin Else Weil, »Pimbusch« genannt, saß Tucholsky manchen Abend im Chat noir oder im Linden-Cabaret, die sich in der Passage befanden

alons.
R-GALLERIE

und sich hier bei Sekt in bequemen Sesseln noch zwei Stunden unterhalten lassen wollten. Obwohl Nelson mit dem Metropol-Kabarett noch ein zweites Unternehmen dieser Art gegründet hatte, saß er jeden Abend im Chat noir selbst am Flügel – ein Maître der geistvollen Muse von schier unerschöpflicher Invention mit Anspruch und Geschmack.

Tucholsky besuchte das Chat noir wegen der eleganten Musik Nelsons, aber auch wegen Fräulein Gussy Holl, einer Brettl-Diva, der die Verehrer seit ihren Wiener und Münchner Tagen zu Füßen lagen. Manchem erschien sie wie ein Gemälde von Gainsborough, andere sahen in ihr einen Engel von Boticelli. In jedem Fall war sie eine außergewöhnliche Schönheit, die auf der Bühne im Scheinwerferlicht noch gesteigert erschien. Die hochgewachsene Blonde verfehlte auch auf den für weibliche Reize sehr empfänglichen Tucholsky ihre Wirkung nicht; dafür sind die vielen Elogen auf sie in seinen Feuilletons und Kabarett-Aufsätzen ein beredtes Zeugnis.

Gussy Holl, deren Mutter Amerikanerin war, brachte schon vor dem ersten Weltkrieg einen modernen Ton ins Repertoire. In ihrer Erscheinung mischten sich Berliner Keßheit mit Damenhaftigkeit und humorvoller Kühle, Intelligenz mit erotischer Ausstrahlungskraft. Bei Tucholsky hatte sie von Anfang an einen Stein im Brett – nicht zuletzt wegen ihres fabelhaften Talents für die Parodie. Am Chat noir war sie eine großartige Parodistin ihrer nicht minder berühmten Kolle-

Links: Der Komponist Rudolf Nelson, Mitte: der Conférencier Fritz Grünbaum, rechts: die Sängerin Gussy Holl. Die Kunst der Conférence, das Chanson und die Musik am Flügel gaben dem Chat noir das weltstädtische, elegante Flair

gen, imitierte vortrefflich die Art der Conférence des Wieners Fritz Grünbaum, traf das Charakteristische des Chansonniers Schneider-Duncker, der sich mit dem Modeschlager vom »Ladenmädel« – »Erst kamen die Blusen, die Kleider« – produzierte, verulkte den forsch-schmetternden Ton der kleinen Waldoff und riß den Saal zu schallendem Gelächter und Ovationen hin, wenn sie ihre Glanznummer zum besten gab: die Imitation eines Damenimitators.

Die »Schaubühne«

Zu der Zeit, als Tucholsky in einem kleinen Aufsatz von Gussy Holl schwärmte, war er schon Mitarbeiter der »Schaubühne«, sein sechssemestriges Jurastudium hatte er 1912 beendet. Die genannte Zeitschrift, 1905 von Siegfried Jacobsohn gegründet und auch von ihm geleitet, war eine sehr angesehene Publikation, die die führenden Köpfe der Literatur, des Theaters und der Kritik zu ihren Mitarbeitern zählte. Als unabhängiger Publizist übte Jacobsohn mit seinem Blatt einen gewissen Einfluß auf die öffentliche Meinung aus, zumal sich der Kampf um eine von wilhelminischer Bevormundung und Zensurschikanen

Am Alexanderplatz im Gebrüder-Herrnfeld-Theater hat sich Tucholsky »krank und wieder gesund gelacht«. Es wurde sein erster Artikel für die »Schaubühne«. Aufnahme des Alexanderplatzes von 1898

freien Kunst damals sehr wesentlich auf dem Feld des Theaters abspielte.

Tucholskys erster Artikel für die »Schaubühne« – er erschien auf den Tag genau zu seinem 23. Geburtstag in dem roten Heft – war eine amüsant zu lesende Impression vom Besuch eines Komikertheaters am Alexanderplatz, in dem die Gebrüder Herrnfeld als Direktoren, Autoren und Hauptdarsteller ihrer Stücke – gegeben wurden vorzugsweise jiddische Volksstücke – so agierten, daß Tucholsky sich krank und wieder gesund gelacht hatte, wie er gesteht.

Jacobsohn fand großen Gefallen an dem jungen Mann und seiner intuitiven Art, über Themen des Theaters zu schreiben, die sowohl Witz wie auch Sachverstand verriet. Und Tucholsky war davon angetan, in seinem neuen Brotherrn einen Mann zu haben, der unbändig und gern lachte.

Die Besuche der Berliner Theater bekommen für ihn jetzt, da er darüber öffentlich zu schreiben beginnt, eine weitaus stärkere Bedeutung. Doch interessieren ihn daneben auch andere Formen der Unterhaltung. Als Mitarbeiter der »Schaubühne« beschäftigen ihn vorwiegend die singenden Darsteller des komischen Bühnenfachs und der leichten Muse, wie der brillante Giampietro vom Metropol-Theater, dessen Porträt er 1914 zeichnet, die Massary, die er verehrt wegen ihrer großen Überlegenheit in der Darstellung des Kokottentyps und ihrer distinguierten Art, Couplets vorzutragen; schließlich die Diseusen des Berliner Kabaretts, von denen das Dreigestirn Waldoff – Erlholz – Holl alle anderen überragt.

Die »Schaubühne«, die wöchentlich erscheint, gibt ihm die Möglichkeit, neben Aufsätzen zum Theater regelmäßig auch heitere, erotische und zeitsatirische Verse zu veröffentlichen. Häufig benutzt er dafür den liedhaften Stil. So entsteht 1913 ein komisch gereimtes Lied im Berliner Dialekt, das vom formalen Aufbau her als sein erstes gedrucktes Chanson gelten kann. Es nimmt die Unarten des neuen Mediums Kino und seine Macht als Massen- und Kassenverführungsmittel aufs Korn. Der ulkige Refrain lautet:

Ick bin dea Kintopp-Willem!
Und komm grad aus dem Fillem!
Denn schließlich ist es keine Schand,
zu tanzen auf der Leinewand!
Der Kintopp zieht uns alle an –
selbst Bassermann, selbst Bassermann.

Für den Schriftsteller Tucholsky bringt es die Mitarbeit an der »Schaubühne« mit sich, daß sich ab 1913 aus der allgemeinen Liedlyrik allmählich die besondere Form des Chansons herausbildet, die nach 1918, als er für das Berliner Kabarett und die Revue zu arbeiten beginnt, einen wesentlichen Teil seiner literarischen Produktion ausmacht. Vorläufig schreibt er jedoch noch nicht fürs Kabarett, sondern er ist ausschließlich Zuschauer, und so verbleiben auch seine Chansons zunächst noch auf dem Papier.

Da sich Tucholskys literarische Betrachtungen auf mehrere, recht unterschiedliche Bereiche erstreckten und da eine kleine Zeitschrift innerhalb einer Nummer nicht mehrere Beiträge von einundderselben Autor drucken konnte, legte er sich schon vor dem ersten Weltkrieg Pseudonyme zu. Er teilte seine Produktion, die von Anfang an sehr intensiv war, auf Peter Panter, Ignaz Wrobel und Theobald Tiger auf. Nach dem Krieg kam als viertes Pseudonym Kaspar Hauser hinzu, so daß seine vielgerühmten und vielzitierten 5 PS nunmehr komplett waren.

Theobald Tiger – von Walter Trier gezeichnet als ein Wesen, das immer auf dem Sprung ist, verfaßte die aktuellen Verse. Er war der Dichter Berlins, der Tucholskys scharfe politische Satiren wie auch die frechen erotischen Bänkelsongs vortrug, von Walter Mehring als »der Bänkel-Martial der Eisernen Schnauze und der bissig-frommen Gesänge« gerühmt.

Im Frühjahr 1914, es ist ein windiger Märztag, läßt Tucholsky Tigern mit seiner Lyra hoch hinauf auf den Rathausturm steigen. Der Krieg hat noch nicht begonnen, er kann angesichts der unter ihm liegenden Stadt noch selig schwärmen: »Home sweet home.« Die Berliner Muse – seine Göttin, die ihn begleitet – hat runde Hüften, das vergißt er nicht zu erwähnen – er ist schließlich auf diesem Gebiet ein Kenner. Auf dem Turm ist's windig; er muß aufpassen, daß ihm der kalte Zug nicht die Leier wegreißt, und so wendet er sich mit der galanten Aufforderung an seine Dame: »Begleite mich, mein süßes Kind, halt du se: Ich singe so freiweg.«

Von oben sieht er mit Heinescher Ironie seine Stadt – »nur schön bei Regenstürmen, / teils an der Panke und teils an der Spree / mit Synagogenkuppeln, Kirchentürmen / und einem Tanzpaleeh«. Interessant ist, daß er bestimmte Punkte Berlins aus dem allgemeinen Panorama heraushebt. Ins Bild kommt zuerst der Reichstag als Synonym für Politik, Parteienzank und Staatsgewalt. Dann verweilt sein Blick auf jener Gegend, wo die große Presse wohnt, von der er spöttelnd meint: »Sie macht erst unsere Zeit in Wort und Bild: / dort sättigt der Berliner sein Interesse, /

Patriotischer Rummel am Tag des Kriegsausbruchs vor dem Berliner Zeughaus. So stellte man sich den Krieg vor. Tucholsky sah es ganz anders. Er beobachtete am 1. August 1914 folgende Szene: »Vor einem Gemüseladen stand ein älterer Mann, neben ihm seine Frau und drei Kinder. Sie standen da, in einer Reihe und weinten. In diesem Augenblick war mir gar nicht zum Lachen. Die Straße stand auf dem Kopf – dieser eine wußte, was ihm bevorstand.«

nervös und injebildt.« Drittens schließlich erheben sich in dunstiger Ferne die Komödienhäuser, in denen er schon als Schüler gerne saß und jetzt als Mitarbeiter von Siegfried Jacobsohn erst recht, um die »Schaubühne« mit dem Aktuellsten aus Thalias Reich zu beliefern.

Er sieht alles mit Gelassenheit und souveränem Spott. Unversehens aber kommt in die saloppe Melodie ein ernster Ton, eine Selbstbesinnung, wie sie für die Arbeiten des jungen Tucholsky bereits charakteristisch ist. Spott und Spiel sind jäh unterbrochen, ein nachdenklich-ernster Gedanke blitzt auf, der dem eigenen Tun und Denken gilt.

Und, siehst du, hier verbringt man so sein
 Leben,
da draußen rauschen Wälder, Wolken ziehn –
Wir passen auf, was sie für Possen geben
und wie sie vor den Uniformen beben!
O du mein Heimatland, du mein Berlin!

Unteroffizier Tucholsky auf der Schreibstube der Artillerie-Fliegerschule Ost. Er leitete die Leihbibliothek, war redaktionell verantwortlich für die Soldatenzeitung »Der Flieger« und rezensierte Buchneuheiten. Seine Freizeit widmete er der blonden Mary aus Riga

Es ist das letzte Mal, daß Tucholsky sich solchen Betrachtungen hingeben kann. Schon ein Jahr später hat er selbst die Uniform an und zieht in den Krieg. Berlin wird er nun für längere Zeit erst einmal nicht wiedersehen.

Lauten- und Liebeslieder

Die Einberufung zum Militär bedeutete nicht, daß Tucholsky von der Beschäftigung mit der Musik nun gänzlich abgeschnitten gewesen wäre. Das galt auch für die Literatur und die schriftstellerische Betätigung während dieser Zeit.

Im April 1915 mußte er einrücken. Zunächst war er Armierungssoldat an der Ostfront. Meist saß er in der Schreibstube an der eigenen – nachgeschickten – Schreibmaschine, und wenn nichts anderes zu tun war, sangen die Kameraden gern Lieder zu seiner Gitarre, die er im Gepäck mitgeführt hatte. Unter den vielen Liedern zur Laute, wie sie in jenen Jahren im Verlag Heinrichshofen

Robert Kothe, der Erneuerer des Volkslieds und des künstlerischenn Lautengesangs in Deutschland, war bekannt durch seine Konzerttourneen und seine Volksliedbearbeitungen

und bei Hofmeister in Leipzig erschienen, hatte Tucholsky ein Lieblingslied, es hieß »Sonne und Regen«. Seiner Schwester Ellen, Hippel genannt, gibt er darüber folgenden Bericht: »Was aber, glaubst du, wird hier gesungen, wenn alle des süßen Weines voll sind? Darauf kommst du nicht. Mein Leib- und Magenlied, und alle können es schon, und wenn wir so recht angeschwippst sind, zieht jeder einen Schreibmaschinenzettel aus der Tasche – die Obrigkeit immer mit – und dann singen sie; ich am lautesten und etwas, das ich ›Tenor‹ nenne: ›Hickupp – Schonne und Rehegeen‹ – Guter Kothe, – wer hätte das gedacht! –«

Dieses livländische Volkslied fand Tucholsky in einem der Hefte »Deutsche Volkslieder zur Laute«, die Robert Kothe, der ehemalige Münchner »Scharfrichter« und Sänger zur Laute, seit 1908 herausgab. Kothe war ursprünglich Rechtsanwalt, widmete sich aber bald nur noch der Musik. Als musikalischer Vater der deutschen Jugendbewegung gab er mit den von ihm gesammelten und bearbeiteten Liedern der Erneuerung des künstlerischen Lautenspiels und der Volksmusikpflege in Deutschland entscheidende Impulse. Das Singheft, das 1913 als neunte Folge seiner Reihe erschien, trug den Titel »Sonne und

Regen«. Enthalten war darin das erwähnte Lied, dessen Text Tucholsky, auf der Schreibmaschine vervielfältigt, an die Kameraden zum Auswendiglernen verteilte.

Sonne und Regen müssen ja sein,
sollen zum Segen Saaten gedeihn.
Dir aber scheinen der Sonnen zwei,
darfst drum nicht weinen – eia popei,
darfst drum nicht weinen – eia popei.

Augen der Mutter halten dir Wacht,
Augen der Liebe, Sonnen der Nacht.
Trübt auch die deinen Leid mancherlei,
darfst drum nicht weinen – eia popei,
darfst drum nicht weinen – eia popei.

Sternlein schon kommen, Wieglein in Ruh,
Äuglein, die frommen, Traum schließet zu.
Schmerzen und Sorgen gehen vorbei
heut' noch und morgen – eia popei,
heut' noch und morgen – eia popei.

Von der behutsamen, im Wiegenrhythmus gehaltenen Melodie abgesehen, wird das Liedchen Tucholskys Interesse auch deshalb gefunden haben, weil Kothe es zum erstenmal von einem Sänger in Greifswald gehört und auch dort notiert hatte. Mit Greifswald verbanden Tucholsky unauslöschliche Erinnerungen an seinen Vater. Ursprünglich ist dieses Volkslied aber, wie Kothe von einem Musikverleger erfahren hatte, ein Klavierlied gewesen, von einem gewissen Hans Schmidt in Riga komponiert.

Als das Armierungsbataillon ein Grammophon bekam, konnte Tucholsky seiner Liebe zur leichten Muse frönen. So erzählte er 1916 sehr detailliert in einem Feuilleton für den Münchner »Simplicissimus«, wie er sich die Abende mit alten Grammophonplatten vertrieb. Wenn der offizielle Teil des Vorspielens von Männerquartetten, Potpourris, Märschen, Wagner-Arien und dem »Bajazzo« vorüber war, holte er seine Privatplatte hervor. Meist war es schon gegen zwölf Uhr nachts und die Bude voll Raucherqualm, der in die Augen biß, wenn Tucholsky sich von den Klängen eines Walzers davontragen ließ: »Es ist alles so leicht und angenehm und mühelos, wie wenn man in einem schönen weißen Dampfer flußab fährt.«

Auf der anderen Seite seiner Platte sang Miß Elvira eine Arie, die ihn an ein Erlebnis mit seiner Claire in Berlin erinnerte, als sie beide einmal in einem Vorstadttheater eine Gesangsposse sahen, bei dem die Darsteller wegen der Größe des Saals so laut schrien, daß Claire sich köstlich amüsierte und in ihrem Übermut fast die ganze Kapelle aus dem Takt gebracht hätte. Durch die Türen des gräflichen Zimmers sahen sie hinten die Kulissenschieber ihr Bier trinken. Alles höchst komisch, doch »wir waren so glücklich damals«. Nun kam die Erinnerung wieder, obwohl »Rheinsberg« und Claire, was das ungetrübte Glück betraf, schon passé waren. Und dennoch freute er sich – wie er als Soldat in dem Aufsatz für den »Simpl« sagte –, daß er mit der Musik »eine kleine Abwechslung hat, die ihn an seinen Platz zu Hause erinnert und an sein Wesen und sein Wirken, seine Heimat und seine Welt«.

Wenn er bei Laune war, belieferte er auch von der Front seine Zeitschriften mit Beiträgen. Es sind einige wenige humoristische Skizzen und Betrachtungen, die er an »Schaubühne« und »Simplicissimus« schickte, darin spielen die Musik und seine Gitarre häufig eine Rolle. Er erzählte einmal, wie sie nach Fahrten auf Flußkähnen und langen, ermüdenden Märschen von Tilsit aus in Litauisch-Rossijeny, einem Städtchen mit überwiegend jüdischer Bevölkerung, angekommen waren und sich mit den Einwohnern des Ortes einen fröhlichen Abend machten, bei dem es auch ohne Alkohol lustig und freundlich zuging. Jeder trug das Seine dazu bei, Tucholsky klimperte auf der Gitarre, die jungen Mädchen und Burschen saßen an den Wänden und »summten im Jargon einen hübschen russischen Walzer«.

Als der stellvertretende Kompanieführer und der Feldwebel schließlich Krakowiak zu tanzen begannen, stimmten die Umstehenden ein Pfeifkonzert an, bis ihnen der Atem ausging. Die Gitarre Tucholskys feuerte den polnischen Nationaltanz immer wieder von neuem an, und als alle davon genug hatten, sangen sie das Lied von den zehn Nonnen. »Bei Strophe drei schiebt die brummige Mama alles heraus, bleibt aber von vier bis zehn drin, mit anscheinend intensivstem Genuß. Ich singe alles mit. Dann stimmt der siegreiche Weibel ein Lied an, eines von denen, die immer länger werden. ›... Und die Brust – voller Lust – und das Knie – wie noch nie – und die Hacke – macht Attacke – und das Bein tut mir so weh – (Chorus) wenn ich aus der Kneipe geh!‹« Geist sei es nicht gerade gewesen, sagt er, aber schön laut. Gegen eins ging's zu Bett, vorher rauchte man noch eine Zigarette auf dem dunklen Hof. Nachts wie üblich und gewohnt kamen die Wanzen. Und wenn man am nächsten Tag nach langem Marsch durch Orte, an denen scharf gekämpft worden war – vorbei an Ruinen, toten Pferden, Gräbern und Kriegstrümmern – zum Ort der Rast kam, verärgert, erschöpft, verschmutzt und müde, »genügten das Lied von den zehn Nonnen, ein Viertel Bier und die riesige Lebenskraft des Feldwebels, alles vergessen zu machen«.

Mit seinem Bataillon wurde er 1916 nach Kurland kommandiert, wo sich die Fliegerschule Ost mit ihrem Stab in Alt-Autz befand. Durch eine persönliche Beziehung konnte er hier weg von Spaten und Hacke in das Milieu eines großen Etappenstabs wechseln, mit einer damit verbundenen Beförderung zum Unteroffizier.

Im Unteroffizierskasino des Stabs der Fliegerschule gab es selbstverständlich ein Klavier. Oft saß er zur Unterhaltung der Kameraden daran, denn er war – wie der Musikkritiker H. H. Stukkenschmidt, der Tucholsky in den zwanziger Jahren in Berlin kennenlernte, bestätigte – ein guter Klavierspieler. Auch seine Lieder zur Gitarre, einstudiert nach Hermann Löns und Robert Kothe, fanden immer wieder Anklang, wenn in kleiner Runde bei Wein und Schnaps Geburtstage oder sonstige Anlässe gefeiert wurden.

Im Stab waren Tucholsky die Felddruckerei und die Leihbibliothek unterstellt, die ihn über die Jahre des Krieges, so gut es ging, mit Literatur, speziell den Neuerscheinungen im Bereich Satire und Humor, versorgte. Schließlich war ihm hier in Autz die Redaktion der Soldatenzeitung »Der Flieger« übertragen, die zwar keinen Bedarf an politischer Satire hatte, aber für Jahreszeitenpoesie, kleine Buchbesprechungen und dergleichen unkriegerische Arbeiten Platz bot.

In seinem Büro hing ein Foto seines Schwarms Gussy Holl an der Wand. Zur Dekoration seines Zimmers gehörte auch ein kleines gerahmtes Glasbild mit einem musizierenden Soldaten und einem Lautenlied von Hermann Löns darunter, das die wilden Rosen besang.

> Am Tage auf der Straße siehst du nicht nach mir hin:
> es braucht kein Mensch zu wissen, daß ich dein Liebster bin.
> Das Lieben vor allen Leuten macht nicht so viel Freud,
> als wenn man bricht die Rosen in aller Heimlichkeit.

Dieses Bild – er besaß es zweimal – hat Mary Gerold, damals 19jährige Dienstverpflichtete aus Riga, später seine zweite Frau, in Alt-Autz von ihm verehrt bekommen. Nachdem er nach Rumänien zur Feldpolizei versetzt worden war, tauchte dieses Löns-Lied aus dem »Kleinen Rosengarten« im Briefwechsel mit Mary – mit Anspielungen auf das gerahmte Bildchen – immer

Mary Gerold, Bürgerstochter aus Riga, arbeitete als Dienstverpflichtete im Stab der Fliegerschule und wurde 1924 Tucholskys zweite Frau

mal wieder auf. Er zitiert es auch in einem Artikel für die »Weltbühne« über den 1914 vor Reims gefallenen Dichter Löns. Jacobsohn wollte den Beitrag aber nicht drucken, wegen der darin enthaltenen, ihm nicht genehmen Polemik gegen die Österreicher, und sandte ihn zurück. Tucholsky warf das Manuskript in den Papierkorb. An Mary Gerold schrieb er, daß es ihm nur deshalb leid täte, »weil ich die Verse, diese einfachen, nicht sehr tiefen Verse, mit denen Du mir untrennbar verknüpft bist, mit hereingesetzt hatte: es braucht kein Mensch zu wissen ...«

Briefe und kleine Liebesgedichte hatte Mary ständig vom Unteroffizier Tucholsky bekommen, als sie beide noch in Autz gearbeitet hatten – er im linken Teil des Stabsgebäudes, sie im rechten Flügel bei der Kassenverwaltung.

Unter den verschiedenen Briefschaften, die alle paar Tage zu ihr gelangten, befand sich auch einmal ein Lautenlied, worin ein »süßes Mädel« durch fünf Singsang-Strophen hindurch Ratschläge erhält, wen von der Mannschaft sie sich am besten zum Manne erwählen solle. Die Rangordnung geht reimend und empfehlend vom Leutenant über den Hauptmann zum Major und schließlich zum General, bis die letzte Strophe der Schönen rät:

Mädchen, wenn du dich schon gibst –
nimm dir einen, den du liebst.
Von den ganzen Kling-Klang-Schätzen
kann nicht einer das ersetzen – – –
Venus segnet ohne Ende
freundlich deine lieben Hände.

Diese Soldatenlyrik im Gartenlaubenstil, auf Postkarten in den Schreibwarenläden zu haben, war geschmückt mit kleinen Zeichnungen, die aussahen wie Figuren aus der Spielzeugschachtel. Das Liedchen hat sich bis heute im Nachlaß von Mary Tucholsky erhalten. Rechts unten in der Ecke ist noch die Widmung von Tucholskys Hand zu entziffern: »Für Mary – 8. 2. 18.«

Theobald Tiger als Sänger der Zeit

Im November 1918 ist der Krieg aus. Wenige Wochen nach der Revolution ist Tucholsky wieder zurück in Berlin. Er hat nicht viel Zeit zum Ausruhen und muß fleißig sein. Auf seine Artikel und Manuskripte warten jetzt mehrere Zeitungen und Redaktionen. Er arbeitet für die »Weltbühne«, das »Berliner Tageblatt«, die »Berliner Volkszeitung« und für den »Ulk«, bei dem er jetzt fest als Chefredakteur angestellt ist. Pro Woche hat er dafür einen »Tiger« zu liefern.

1919 ist das Jahr, in dem sehr viel Neues entsteht, viel mehr als früher sind Lieder, Chansons und Couplets darunter. Mit ihrem grimmigen Spott und liedhaft-leichten Zeilenstil geben sie dem kleinen »Ulk«, einem politischen Witzblatt von vier Seiten, das wöchentlich dem »Berliner Tageblatt« und der »Berliner Volkszeitung« beiliegt, das besondere Profil. Die »Weltbühne«, wie sich die »Schaubühne« seit den letzten Monaten des ersten Weltkriegs nennt, profitiert gleichfalls von den witzig pointierten Strophen. Ärger bringen sie dem Verfasser bei den geistig noch immer im Kaiserreich lebenden Abonnenten ohnehin genug ein. Andererseits weiß auch er die sozialen Unruhen, das Gären der Revolution, nicht immer richtig einzuordnen. Er merkt, wie schwer es die politische Satire hat, besonders im eigenen Vaterland, denn »wenn einer bei uns einen guten politischen Witz macht, dann sitzt halb Deutschland auf dem Sofa und nimmt übel«. Die Empfindlichkeiten beziehungsweise Rücksichten auf die Interessen von Vereinen, Institutionen, Parteien und Personen sind ihm egal, wo es um die Lebensfähigkeit der jungen, zarten Pflanze Republik geht, die unter einem Stahlhelm niemals gedeihen kann. Diese Erkenntnis ist tief in ihm verwurzelt. Von diesem Wissen ist sein gesamtes Tun und Denken getragen: Erst muß mit dem alten Militär, der preußischen Offizierskaste, dem

Untertanendenken im Kopf des deutschen Bürgers radikal Schluß gemacht werden, oder die Demokratie wird der Reaktion tödlich unterliegen. Tucholsky ersehnt nach dem verlorenen Krieg und der abgewirtschafteten Monarchie einen neuen Anfang für das Land, deshalb führt er die Arbeit fort, wie er sie einst als junger Mann für den »Vorwärts« begonnen hat. Verglichen mit den früheren Spottliedern auf »Napoleon mit der Glatze vom Alexanderplatze« schlägt er aber jetzt andere Töne an, zeigen seine Gesänge satirischen Elan und jenen Impetus, den die Novemberrevolution den Künsten verliehen hat. Dick aufgetragenes Pathos war jedoch des Tigers Sache nicht. Er liebte mehr den schwungvollen Rhythmus, die flüssige Leichtigkeit im Ablauf, die seinen Strophen das gewisse Etwas verliehen. Weil seine Muse auch die Liebe in den Bereich der ironisch-satirischen Verulkung einbezog, fanden seine kleinen Dichtungen viel Echo und Zustimmung. In den gerade wieder entstandenen Kabaretts waren überall neueste Sachen von Theobald Tiger zu hören, wie sie gerade frisch im »Ulk« und in der »Weltbühne« gestanden hatten. Schauspieler

Die Revolutionsereignisse in Berlin: Besetzung des Zeitungsviertels im Januar 1919, darunter auch das Redaktionsgebäude des Mosse-Verlags

»Da steht der Militarismus, da stehen wir … Es sind zwei Welten, die da zusammenstoßen, und es gibt keine Brücke … Wir wollen bis zum letzten Atemzuge dafür kämpfen, daß diese Brut nicht wieder hochkommt … Der Helm muß und wird heruntergeschlagen werden.« Das schrieb Tucholsky 1919 in seinem Anklageartikel gegen die Mörder Karl Liebknechts und Rosa Luxemburgs. In der Auseinandersetzung mit dem deutschen Militarismus entstanden seine großen Antikriegsdichtungen, »Die Rote Melodie«, »Der Graben«, »Was kosten die Soldaten?« sowie zahlreiche Gedichte und Satiren im Lied- und Vortragsstil

sprachen seine Verse, Diseusen liebäugelten mit Herrn Theobald, Zeitungen druckten ihn nach, junge Damen schrieben Briefe, mit einem Wort: Das Tigertier war populär geworden.

Tucholsky machte sich auch so seine Gedanken über den Ruhm. Er stellte zunächst einmal fest, daß seit 1912, dem Jahr von »Rheinsberg«, und dem schmalen Bändchen mit Grotesken, »Der Zeitsparer«, kein neues Buch mehr von ihm erschienen war. Er setzte sich also in seiner Wohnung in der Nachodstraße hin, um eine Auswahl aus seinen bisherigen lyrischen »Werken« für eine Buchveröffentlichung vorzunehmen. Er nannte sie »Fromme Gesänge« und widmete sie den beiden Freunden »Karlchen und Jakopp zur Erinnerung an Rumänien«.

Verleger Lehmann in Charlottenburg hielt es für angebracht, als Reklame eine Bauchbinde um das Buch zu legen mit dem Aufdruck: »Halb erotisch – halb politisch! Eine Sammlung bissiger Glossen auf Berlin, die Regierungen dreier Epochen und – die Liebe! Preis 4,– Mark.« Er konnte nicht wissen, daß zum Ende des Jahres 1919 Theobald Tiger unter die Kabarettdichter gehen und für seine neue Liedform, das Chanson, das gleiche bewährte Rezept verwenden würde: halb erotisch, halb politisch.

Der erste Gedichtband von Theobald Tiger (1919) enthält Satiren in Liedform, politisch und erotisch ziemlich gepfeffert

Das broschierte Bändchen mit seinen 117 Seiten gliedert sich in sechs Abschnitte: »Aus kleiner Zeit«, »Aus großer Zeit«, »Revolutionsersatz«, »Jahreszeiten«, »In der Stadt« und »Die blaue Blume«. Er muß auch daran denken, seine Pseudonyme mit unterzubringen, und läßt deshalb Ignaz Wrobel eine Vorrede für Theobald Tiger verfassen, in der er beider gemeinsame Auffassungen von der Satire darlegt.

Drei Gesichtspunkte gibt er dem Leser zu bedenken: daß der echte Satiriker ein Mann ist, der keinen Spaß versteht; daß der politische Satiriker immer in der Opposition steht; daß er von den beiden Seiten, die jede Sache hat, nur *eine* sehen kann und will, notwendigerweise ungerecht sein muß und es ihm demzufolge nicht gut geht, weshalb es der gestorbene Satiriker immer am besten hat.

Schon der Umschlag des Buches gibt eine Einstimmung auf die Lektüre. Daß es sich hier um ein ziemlich unfrommes Gesangbuch der Zeit handelt, sieht man auf den ersten Blick an der Gestalt des karikierten dicken Herrn Tiger, der als Vortragskünstler auf einem Podium plaziert ist, mit einem stachligen Gewächs vom Typ Cactus vitae neben sich, in der Hand die schwarzweißrot bebänderte Laute, auf der bereits eine Saite gerissen ist. Eine Amorette aus Dichters Landen ist entsandt, um ihm den Lorbeerkranz auf das schüttere Haupt zu drücken.

Die Lieder – vorwiegend aus der »Weltbühne« – haben mitunter einen vertrauten Klang. Sie erinnern an Strophen, die man schon einmal irgendwo gehört hat. Hier freut man sich an einem Stück Versmelodie von Otto Reutter oder Nestroy, da an Glaßbrenner, es gibt aber auch literarisch ganz eigene, dicht gearbeitete Strophen darunter, an denen Mörike oder Fontane ihre Freude gehabt hätten, etwa an der Beschreibung des »Deutschen Abends«:

Da liegt das Land: ganz schwarz und blau und
dunkel.
Es klirrt der Wind im Telegraphendraht.
Ein gelbes Fenster grüßt dich mit Gefunkel:
Hier spielt der Förster seinen Dauerskat.
Man hebt die Zeitung, läßt sie wieder sinken,
die Welt, ihr Lieben, geht den alten Lauf –
hierauf bezüglich kann man einen trinken,
die Pfeife qualmt, nun steigt der Mond herauf.

Gemüthafte Ironie wechselt jäh mit satirischen Attacken. So packt er den »Bund der Landwirte«, Stütze der ostelbischen Agrarier, am feisten Genick:

Des Morgens speit er auf die Berolina,
des Abends macht er sich's bei ihr bequem;
auf seiner Klitsche geht er mit die Hihna
zu Bett – und hier mit anderswem.

Die »Frommen Gesänge« des 29jährigen Tucholsky sind eine Abrechnung mit der sogenannten großen Zeit und eine kritische Bestandsaufnahme der Nachkriegsverhältnisse, vorgetragen mit Witz und Vehemenz. Kaiser und Heer, Pastoren und Pastorentöchter, Noske und Bürgertum, Kino und Kunst, geschichtlicher Ruhm und moderne Weltanschauung sind die Themen, die er in immer anderen Strophenformen abhandelt. Daß er Alltagssprache dafür verwendet und sie satirisch zuspitzt, macht die Besonderheit seiner Zeitlyrik aus. Tucholsky greift wie Wedekind und Thoma auf überkommene populäre Muster der Gattung zurück: auf Volkslied, Couplet, Bänkelsang und Brettl-Lied. Dabei gibt er viel Eigenes zu. Aus Glaßbrenners »Blumensprache« werden in völlig veränderter Reimtechnik »Vaterländische Ritornelle«, aus dem Volkslied vom Winter, »der ein braver Mann« sei, wird der Spottgesang auf den nach Holland abgedankten Monarchen: »Der Kaiser ist ein braver Mann, / doch leider nicht zuhaus.«

Freilich sagt Tucholsky selbst über sein Büchlein, daß diese Art zu dichten nichts vollkommen Neues sei. Der alte Ludwig Thoma vom »Simplicissimus« hätte »desgleichen auch schon ganz hübsch gemacht, und manchmal ganz prachtvoll«. Auch den Doktor Owlglaß möchte er als Papa seiner Verse genannt wissen. Neu hingegen sei die Gattung »Die Blaue Blume«. Das ist diejenige Abteilung des Buches, auf die Tucholsky besonders stolz ist, weil sie nach seinen eigenen Worten »doch ziemlich zum ersten Mal das erotische Problem auf eine zart ironische Weise« besingt. Die zarte Weise ist ziemlich offenherzig:

Clementine, süßer Fetzen!
Laß mich mich an dir ergetzen –

Er zitiert auch Tinchen, »klein und blond«, ebenso die liebliche Jungfrau am Nebentisch, »deren Busen rosig ist und frisch«, oder die gnädige Frau: »Und strahlend überschleiert mir dein Blond / die ganze Welt.« Selbst seine Verehrerinnen vergißt er nicht anzuulken:

Liebwerte Schwestern, laßt die Briefe,
den anonymen Veilchenstrauß!
Es könnt ihn stören, wenn er schliefe,
denn meist ruht sich der Dicke aus.

Und faul und fett und so gefräßig
ist er und immer reklamiert.
Und dabei gluckert er unmäßig
vom Rotwein, den er temperiert.

Die heitere Selbstironie des Buches übertrug sich selbst auf die Rezensenten, von denen einer sogar das Tigertier in Versen lobte:

Es tät ein Tiger hausen
am grünen Strand der Spree,
frißt Spießer und Banausen
mitsamt dem Kanapee.

Auch sonsten sind die Triebe
des Tigertieres kühn,
es liebt mit schöner Liebe
Poldine Konstantin.

Evviva! Tobe weiter,
gefleckter Leopard,
wenn auch die Hühnerleiter
Alldeutschland wütend knarrt!

Ein anderer Kritiker schwärmte: »Er kann's! Er hat die Melodie. Was den alten Béranger und auch manchen jüngeren Franzosen so angenehm macht, die flüssige Leichtigkeit des Tons, die Pointen aus dem Handgelenk, die Spitzbüberei hinter den Unschuldsmienen, Theobald Tiger kann's. Und macht's, ohne viel daraus zu machen.« »Gehört zum Besten und Witzigsten, was an politischer Satire je in Deutschland gedichtet wurde«, meinte der »Zwiebelfisch« in München.

Die »Allgemeine Zeitung« von Chemnitz dagegen war weder von Tigers Fußtritten gegen den »Bund der Landwirte« noch von der »Sexuellen Aufklärung« in dem Buch erbaut. Sie schickte das übersandte Rezensionsexemplar der »Frommen Gesänge« per 8. Dezember 1919 an den Verlag Felix Lehmann in Berlin-Charlottenburg, Kantstraße 6, zurück mit folgendem Schreiben:

»Die uns zur Besprechung übersandte Gedichtsammlung ›Fromme Gesänge‹ von Theobald Tiger lassen wir an Sie zurückgehen. Wir haben mit großer Freude den Kampf gegen Schmutz und Schund in Literatur und Kunst begrüßt, den wir im Dienste an der deutschen Volksgesamtheit schon von jeher führten. Die erwähnte ›Gedichtsammlung‹ muß den Ekel und den Widerwillen jedes anständig fühlenden Lesers erwecken und wir hoffen, daß die Verbreitung des Machwerks im Interesse der deutschen Leserwelt deshalb unterbleibt. Das Buch folgt mit gleicher Post als Drucksache zurück.

Hochachtungsvoll
Verlag der Allgemeinen Zeitung
Über 50 000 Abonnenten«

Dankbar hingegen war ein Rezensent von der Zeitschrift »Die Kritik« in Güstrow, der den eigentlichen Wert dieser Gebrauchslyrik erkannte und sie denen empfahl, für die sie gedacht war: »Lest sie, ihr dicken Bürger, und eure dicken Bäuche werden wackeln. Lest sie, ihr kleinen Mädchen, und ihr werdet sie bald auswendig können. Und ihr Machthaber des Kabaretts – fort mit eurem alten, abgeklapperten Lehmann. Laßt Tigers fromme Gesänge erschallen, laßt den Tiger in euren Kabaretts los, und ihr werdet volle Häuser haben.«

Jetzt war die Zeit gekommen, Lieder und Couplets von Tucholsky mit Musik auf dem Kabarett vorzutragen. Durch seine satirischen Verse im »Ulk«, in der »Weltbühne« und mit der Buchveröffentlichung »Fromme Gesänge« war Tucholsky im Nachkriegsberlin in wenigen Monaten ein so bekannter Mann geworden, daß sich das neugegründete Kabarett Schall und Rauch mit der Bitte um Mitarbeit an ihn wendete.

Lieder für Kabarett und Revue

»Staubiger Stadtsommer 1919. Am Ausgang eines Berliner Stadtbahnhofs stehen zwei Mann, krüppelig und zerlumpt: Gitarre und Mandoline. Jedesmal, wenn die Fahrgäste eines Zuges auf die Straße herunterströmen, fassen die beiden ihre Instrumente fester, verständigen sich durch einen Blick, und los gehts: ›In der Heimat – in der Heimat – da gibts ein Wiedersehn ...‹

Wo habe ich die beiden Grauen nur schon einmal gesehn?«

Zwei Mann: Gitarre und Mandoline, 1919

Schall und Rauch

Was von »Tiger« zu lesen war, inspirierte den mit der Leitung des Schall und Rauch beauftragten Rudolf Kurtz, im September 1919 bei Dr. Tucholsky in der Jerusalemer Straße im Mosse-Verlagshaus anzurufen. Ob er Lust hätte mitzumachen, natürlich mit Vertrag. Tucholsky sagte zu, erstens wegen der Nebeneinkünfte, zweitens wegen der Popularität und drittens, weil es ihm Spaß machte. An Mary Gerold schrieb der neugewonnene Kabarettdichter: »Reinhardt – das ist unser berühmtester Theaterdirektor – macht einen großen Zirkus auf, in dem der Schauspieler auf ungeheurer Bühne für fünftausend Menschen spielt. Im Erdgeschoß ist ein großes Cabaret. Die Leute sind an mich herangetreten – ob ich ihnen nicht für das Cabaret die Texte schreiben will.« Der zugesagte Vertragsentwurf folgte kurz danach. Vereinbart wurden 800,– Mark im Monat. Es sei zwar nicht viel bei dem entwerteten Geld, meinte Tucholsky, aber wie gesagt, die Sache selbst sei für ihn eine unerhörte Reklame.

Die Gründung des Kabaretts ging auf eine Anregung von Max Reinhardt zurück. Für Ende November 1919 stand die Eröffnung seines großen Schauspielhauses, ehemals Zirkus Schumann, an der Weidendammer Brücke bevor, und er wollte, daß sich in seinem Haus auch ein künstlerisches Kabarett etablierte, und zwar unter dem gleichen Namen, unter dem er 1901 als junger Schauspieler schon einmal ein Kabarett in Form eines Parodientheaters ins Leben gerufen hatte.

So geschah es. Der Geschäftsführer von Schall und Rauch II sollte wieder sein Bruder Edmund sein, an der Finanzierung beteiligte sich der im Filmgeschäft erfolgreiche Max Melamerson. Im November wurde die »Neue Theatergesellschaft Schall und Rauch m. b. H.«, Sitz Berlin, Stammkapital 30 000 Mark, ins Handelsregister eingetragen, und am 8. Dezember 1919 war die Premierenvorstellung.

Es gehörte großer Idealismus dazu und ein starker Glaube an das, was der Kunst möglich war, um in den verworrenen Nachkriegsverhältnissen mit ihrem Amüsier- und Schieberpublikum, den Teuerungswellen, Streiks und Unruhen ein literarisches Kabarett zu eröffnen. Aus dem Geist der Zeit heraus wurde gegen den Geist oder richtiger Ungeist der Zeit ein engagiertes, zeitkritisches Brettl geschaffen, das zur Geburtsstätte des modernen literarischen Chansons in Deutschland werden sollte. Es war nicht so sehr ein Unternehmen Max Reinhardts, denn dieser war zu jener Zeit schon intensiv mit den Salzburger Festspielen und anderen Plänen befaßt – sondern ein Kabarett der jungen Künstlergeneration, die sich nach dem verlorenen Krieg im Schall und Rauch ein Podium für eine linksorientierte Kunstausübung schaffen wollte. Schon das Premierenprogrammheft vom Dezember 1919 mit dem Umschlag von Grosz und Heartfield ließ erkennen, daß man nicht die Absicht hatte, das Publikum nur zu amüsieren, und daß das Objekt der Satire vornehmlich jener Monokel-Typ zwischen Reichswehroffizier, Gent und Ganove sein sollte, wie er in seiner Dümmlichkeit und Arroganz auf dem Umschlag konterfeit war.

»Ich arbeite wie eine Maschine. Jetzt auch sehr häufig nachts. Die Schauspieler für das Cabaret Reinhardts sind nur in späten Stunden frei, wir bauen Texte und ich habe zu tun, daß mir der Kopf brummt«, schrieb Tucholsky im nächsten Brief an seine Freundin Mary nach Riga. »Begeistert bin ich von meiner Arbeit bisher nicht, aber das bin ich nie. Die anderen finden sie gut.« Die anderen – das waren die Schauspieler Paul Graetz und Gussy Holl, die Dichter Klabund und Walter Mehring und der kleine geniale Friedrich Hollaender, in dessen Händen die musikalische Leitung lag. Er saß jeden Abend am Flügel und gab den Vorstellungen jenen Schwung, den das freche Musenkind Kabarett seiner Natur nach mit Recht verlangen konnte.

»Die Linden lang! Galopp! Galopp! / Zu Fuß, zu Pferd, zu zweit! / Mit der Uhr in der Hand, mit'm Hut auf'm Kopp / Keine Zeit! Keine Zeit! Keine Zeit!« Das Nachkriegskabarett Schall und Rauch kreierte das moderne Großstadt-Chanson mit Rhythmus, Verve und kritisch-aggressivem Witz

Chansonkünstler am Flügel zu begleiten – an sich eine subtile Sache – war hier doppelt schwer, der Riesenraum faßte 1100 Plätze, war nicht gemütlich und die Atmosphäre demzufolge unpersönlich. Außerdem war auch die Akustik nicht vorteilhaft. Die Schauspieler mußten sich anstrengen. Anstrengen mußte sich auch Kurt Tucholsky, der sowohl für Chansons wie für Sketsche verpflichtet war. Von Tucholsky erwartete man das leicht gebaute, berlinisch eingefärbte Chanson, das Themen des Tages aufgriff und nur soviel an politischer Kritik enthalten durfte, wie es an Witz und unpolitischer Unterhaltung aufzuweisen hatte. So verlangte es das Publikum, so verlangten es auch die künstlerischen Gesetze des Couplets.

Für das Eröffnungsprogramm im Dezember 1919 schrieb er seinem Paule Graetz das sehr dynamische, mitreißende Zeitchanson »Wenn der alte Motor wieder tackt«, das einen optimistischen Ausblick auf bessere Zeiten geben sollte. Der Vortrag begann im rhythmischen Marschtempo und kreierte den neuen Ton, wie er für

Am Büchertisch vom Schall und Rauch konnten die Besucher Programmhefte, Noten und Tucholskys »Fromme Gesänge« erwerben

das Schall und Rauch und das literarische Zeitkabarett der zwanziger Jahre charakteristisch bleiben sollte:

Schiebung! Schiebung!
Schiebung! Schiebung!
Schiebung! Schiebung!
Wohin du siehst, wohin du guckst,
wohin du hörst, mein Lieber!
Sehr wichtig!
Wohin du trittst, wohin du spuckst:
nur Schieber! Schieber! Schieber!
Aber richtig!
Nur Noske ist uns lieb und wert,
der treibt es täglich bunter.
Wie lange noch und Justav fährt
die Linden rauf und runter.
O Publikum, ich frage bloß:
Wann werd'n wir den und andre los?

Wenn der alte Motor wieder tackt,
Wenn die Räder rolln, die Weiche knackt,
Wenn der Dreher in die Hände spuckt,
Wenn der Strom den Dynamo durchzuckt,
Wenn man Autobus fürn Sechser fährt,
Wenn das Grünkramfräulein uns beehrt,
Wenn die olle gute Rolle wieder wie
gewöhnlich schnurrt,
Sitzt die Neese wieder vorne! Marke:
»Neugeburt!«

In Sprache und Rhythmus traf dieses Lied genau den Nerv des Publikums. Trotzdem mußte Tucholsky für seine vitalen Strophen von Max Herrmann-Neiße Kritik einstecken. Warum? Zweckoptimismus wollte man von ihm nicht hören. Auch sein Kollege von der »Weltbühne«, Harry Kahn, der den Abend rezensierte, fragte

Tucholsky blickte skeptisch auf den Berliner Betrieb und die politischen Verhältnisse im Nachkriegs-Deutschland. Er schrieb satirische Couplets und Chansons fürs Kabarett, veröffentlichte die »Militaria«-Serie in der »Weltbühne« und war Mitarbeiter mehrerer linker Zeitungen

vorwurfsvoll: »Seit wann so optimistisch, Tigertier?« Dagegen war Alfred Polgar, der sich gerade in Berlin aufhielt und sich eine Karte für die Premiere gekauft hatte, begeistert von dem neuen Berliner Ton und nahm als stärksten Eindruck des Theaterabends gerade dieses Chanson im Kopf mit nach Hause. Den für die Zeit so markanten Refrain stellte er seiner Rezension voran, den Schauspieler Paul Graetz, der das Motorische in sich hatte, lobte er über alle Maßen.

Chefredakteur Tucholsky hatte für seine mit 800,– Mark dotierte Nebenaufgabe ganz schön zu tun. Neben Textverpflichtungen gehörte er dem Beirat des Kabaretts an und hatte in dieser Eigenschaft gemeinsam mit Friedrich Hollaender, Klabund, dem Reinhardt-Dramaturgen Heinz Herald und dem Theatermaler Paul Erkens die künstlerische Mitverantwortung für die Qualität der Programme.

Die Proben mit den Schauspielern fanden nachts nach Schluß der Theatervorstellung statt. Er war meist zugegen. Da war manches umzustellen, abzuändern oder zu präzisieren. Die Schauspieler brachten ihre Vorschläge – wegen der »Würkung!« –, die Komponisten wollten aus Gründen der Musik diese und jene Passage – wegen der »Würkung!« – geändert haben, so daß das Programm eigentlich immer erst zur Premiere fertig war. An Tagen, an denen keine Proben stattfanden, traf sich Tucholsky auch manchmal zu einer »trinkvollen Zusammenkunft mit den Cabaretleuten«, auf deren Empfindlichkeiten und Individualitäten man Rücksicht nehmen mußte, am besten bei einer Flasche Sekt oder Wein. Solche »Feiertage« waren aber selten. Wenn er nicht in seinem Bürozimmer im Mosse-Verlag oder zu Hause an seiner Schreibmaschine saß, verbrachte er seine freien Abende manchmal in der Wohnung bei Gussy Holl. Sie hatte bei ihm angefragt, ob er für ihre Auftritte etwas Geeignetes schreiben könnte. Er erhielt mehrmals Einladungen und schwärmte dann jedesmal in den Briefen an Mary Gerold und Erich Blaich von den Abenden bei ihr. Sie sei ein fabelhaftes Temperament, entzückend liebenswürdig, habe blendenden Witz und, was bei Frauen selten sei, Humor. Sie könne himmlische Geschichten erzählen. »Und dann singt sie, und ich hänge mit gekreuzten Beinen an ihren Lippen – das ist viel schöner als das ganze Jahrhundert.«

Das Schall und Rauch, zwar literarisch profiliert, bot Nummernprogramme an, zu denen

Paul Graetz, der Star des Schall und Rauch. Mit Tucholskys Liedern wurde er als Kabarettkünstler populär

auch Künstler und Kunstformen nichtliterarischer Art gehörten, darunter Tanz, Puppenspiel, musikalische Folklore, Karikaturenfilm, Parodien und Sketsche, und demzufolge waren in den anderthalb Jahren, in denen die Bühne bestand, sehr viele Namen und Darbietungen in diesem Kellertunnel zu erleben. Hier trat Klabund in Hut und Mantel, den Schal nach Boheme-Art lässig um den Hals geschlungen, ins Rampenlicht, um seine Großstadtgedichte im Bänkelton zu sprechen. Anita Berber, das Enfant terrible der zwanziger Jahre, zeigte aufregende avantgardistische Tänze, Gustav von Wangenheim sang selbstgedichtete Pierrot-Lieder. Man hörte Hans Heinrich von Twardowsky mit Parodien auf Morgenstern und Alfred Kerr, lachte über ein politisches Puppenspiel, das Walter Mehring als Ulk auf die Reinhardt-Inszenierung der »Orestie« erdacht hatte. Heartfield entwarf dafür die Puppen. Blandine Ebinger sang ihre »Kinoduse«. Und in einem späteren Programm von 1920 war auch Ringelnatz aus München engagiert, der hier als Kuttel Daddeldu und Turndichter sein Berlin-Debüt gab.

Außer Gussy Holl und Paul Graetz sangen noch andere Schauspieler Chansons von Kurt Tucholsky im Schall und Rauch, so Paul Heinz König, Ernestine Costa und Mady Christians. Für die strahlend schöne Wienerin Mady Christians, ebenfalls Reinhardt-Schauspielerin, lieferte er das »Lied vom Piepmatz«, das von einer Jungfrau erzählt, die einen Kanarienvogel besitzt und einen Verehrer aus der Zunft der Kommerzienräte hat, der ebenfalls auf seinen Piepmatz, sprich Orden im Knopfloch, stolz ist: »Piepmatz, du kleines Tier! Du kannst ja nichts dafür!«

Dieses in seinen Pointen relativ harmlose Produkt Tucholskyscher Muse wäre nicht weiter von Belang, wenn es nicht Einblick in die poetische Werkstatt seines Verfassers gäbe. Tucholsky hat hier altes Liedgut für die Bühne neu aufgearbeitet. Ausgangspunkt war das weit verbreitete

Am Flügel: Friedrich Hollaender, gezeichnet von Rudolf Großmann

Schlagerlied von einem Piepmatz und einer Jungfrau, das aus der vielgespielten Altberliner Gesangsposse »Die Mottenburger« stammte: »Röschen hatte einen kleinen Piepmatz in 'nem kleinen Vogelhaus, liebte ihn wie ihre Unschuld und ließ niemals ihn heraus.« Das war ein Schlager der Generation seines Vaters, mit einer Melodie, die noch im Bewußtsein der Öffentlichkeit fortlebte. Die Anspielungen darauf konnten damals noch verstanden werden und ergaben einen vergnüglichen Ulk. Was aber beim alten Kalisch anno 1867 als naiv-biedermeierlicher Abgesang auf eine Jungfrauenunschuld gedacht war – »Lieber Vogel, komm doch wieder, doch der Vogel kam nicht mehr« –, wird bei Tucholsky mit einer parodistischen Musik von Hollaender zu einem Kabarettjux, der die Welt der Väter verspottete.

Weitere Lieder aus Tucholskys Feder für das Schall und Rauch heißen: »Immer um die Litfaßsäule rum«, »Wenn der Mond, wenn der Mond«, »Das ist der Herzschlag«, »Dame in Weiß«, »Zum ersten Mal«, »Erinnerung aus der Etappe« und »Das Tauentzienmädel«. Ob Tucholsky nun die Sujets zu seinen Liedern frei erfindet, auf überkommenes Liedgut zurückgreift oder aus dem Eigenerleben schöpft, auf jeden Fall ist immer auch die Liebe im Spiel. So singt er das Loblied auf seine »Dame in Weiß«, mit der ihn die Erinnerung an einen Maskenball verbindet. Er gibt in den Typen seiner »Berlinerin« einen Querschnitt durch fast alle sozialen Schichten, selbst die »Blonde Dame« tritt auf, deren Revier die nächtliche Friedrichstraße ist und die 1919 schon »mit der Tasche wackelt – na womit denn sonst?« Das sprachliche Idiom, die Art des Witzes, wählt er dem Typ gemäß und immer nach dem Leben. Wieder eine andere Färbung gibt er der »Erinnerung aus der Etappe«, mit der er die überlieferten patriotischen Soldatenlieder verulkt: »Lille ist eine wunderschöne Stadt! Darin lag meine Kompagnie!« Auf »Kompagnie« reimt sich »Brasserie«, auf »Weib« paßt das Wort »Leib«, und in der letzten Strophe schließlich schickt er seinem im Pommernland sitzenden, angetrauten »Gretelein / einen Gruß, einen Gruß übern Rhein!«

Die Couplets und Chansons von Tucholsky, die nach Krieg und Novemberrevolution für das Berliner Kabarett entstanden, waren dem Geschehen des Tages und dem Geschmack der Zeit angepaßt. Sie ergänzten den bissigen, rein intellektuellen und politisch radikalen Walter Mehring nach der mehr amüsanten, im Witz freundlicheren Seite hin. Tucholsky hatte auch keine Bedenken, gelegentlich etwas Schlagerschmalz dazuzu-

Otto Reutter, der Humorist, über den die Leute Tränen gelacht haben. Bei ihm bestellte Tucholsky 1919 Couplets für den »Ulk«, an dem er von Dezember 1918 bis März 1920 Chefredakteur war. 1921 widmete er dem kleinen Dicken aus Gardelegen einen Aufsatz in der »Weltbühne«: »Dieser Fettbauch hat eine Grazie, die immer wieder hinreißt.« 1923 schrieb er nach dem Reutter-Modell »Mein Begräbnis« sein »Requiem«. 1927 erwähnte er ihn lobend im »Pyrenäenbuch«. 1932 rezensierte er das Otto-Reutter-Gedenkbuch und meinte: »Jenes erhebende Lied ›In fünfzig Jahren ist alles vorbei‹ hatte beinah etwas Fontanisches!«

geben oder Parodien aus diesem Bereich aufs Podium zu bringen. Wie Paul Graetz mit sicherem Instinkt das politische Schlagwort des Tages aufgriff und es fest mit seinem Repertoire verband, so lieferte Tucholsky mit dem Gespür des Tagesdichters die der Zeit und dem Publikum angepaßten »Schlager«, die dem modernen Tanzschritt der anbrechenden zwanziger Jahre verpflichtet waren – dem Foxtrott, Ragtime, Boston oder Onestep.

»Weltbühnen«-Mitarbeiter, Chefredakteur, Autor von »Rheinsberg« – und jetzt am Brettl. Wie paßte das zueinander? Für Tucholsky war das kein Gegensatz. Er sah keine Schande darin, seine diesbezüglichen Fähigkeiten gegen Honorar an Kabaretts zu verkaufen, denn vom politischen Tagesjournalismus allein, sagte er, könne ein Schriftsteller nicht leben. Für die meisten Autoren war nach dem Krieg eine Mitarbeit beim Film oder beim Kabarett ohnehin eine Frage der ökonomischen Existenz und eine legitime literarische Betätigung.

Über die Couplets, die Theobald Tiger für die Schauspieler des Kabaretts lieferte, könnte man das ironische Eigenlob setzen, das er sich einmal im Jahre 1912 in einer Selbstanzeige zu »Rheinsberg« ausgesprochen hatte: »Wie ist doch die Sprache flüssig! Wie ist alles erfaßt, hingelegt, angepackt!«

Man findet diese Einschätzung bestätigt, wenn man sich seine Texte auf ihre Technik und sprachliche Gewandung hin ansieht. Er rollt seine Zeilen und Strophen ständig wie eine Teigkugel hin und her, glättet, poliert, bis am Ende alles hübsch rund ist. Er hält auf zügiges Tempo im Ablauf, wechselt innerhalb der Strophe mehrfach die Metrik, achtet auf präzise Rhythmik. Die einmal gefundene Zeilen- und Strophenmelodie füllt er sorgfältig mit Worten aus, so daß alles am Ende elegant, stimmig und leicht abläuft – »wie Wasser einen Berg hinunter« –, was er an Otto Reutter so bewunderte.

Deutsches Schulwesen

Zeichnung von Fritz Wolff

„Was ist Deutschland?"

„Bitte bitte, hauen Sie mich nicht, Herr Lehrer: mein Vater sagt, Deutschland ist eine Republik!"

Ein Kommentar zur Zeit: Zeichnung aus »Lachen links«

Man soll sich aber über die Leichtigkeit solcher Kabarettlieder nicht täuschen! Ein gutes Couplet zu schreiben war auch für Tucholsky eine mühselige und ernste Sache, wie er bekannte, weil »auch diese kleine Kunstgattung ihre ganz besonderen Gesetze hat, die man mühsam erhorchen und noch mühsamer erlernen muß«. Im Couplet müsse die Sprache selbst dichten, meinte er. Alles, was sich davon entfernte, und erst recht das Erzwungene, Schwerfällige, Angepappte ist Gift fürs Couplet. Worauf muß besonders geachtet werden? Daß die Gedanken klar, in direkter und einfacher Formulierung dargelegt werden; daß man die Mühe der Arbeit dem Couplet nicht anmerkt; daß der Refrain die Seele des Liedes ist und es hier auf jedes einzelne Wort ankommt. »Und ehe man Rhythmus und Reim und Gedankengang glücklich vereinigt hat, vergeht manchmal eine ganze Nacht.« Dann kamen aber mitunter sehr witzige, die politische Situation treffende charakterisierende Versgebilde zustande. Eines davon ist ein »Nachtstück« für Gussy Holl mit dem Titel »Wenn der Mond, wenn der Mond«, das einen Blick auf eine charakteristische Gegend Berlins zwischen Friedrich- und Wilhelmstraße freigibt:

Die Plätze liegen leer, man schuftet nicht,
jeder Mann hat Ruh und Ferien!
Nur in der Wilhelmstraße brennt noch Licht
in den deutschen Ministerien.
Was man am Tage demokratisch macht,
wird leise umgewandelt in der Nacht!
Na-nu! Na-nu!
Herr Ebert möcht' sei Ruh'!
Die rote Mütze, die Germania trägt,
sie nächtens gerne rechts vom Bette legt!
Wenn der Mond, wenn der Mond, wenn der
    Mond scheint schön,
dann geh da rauf und runter!
Wenn der Mond, wenn der Mond, wenn der
    Mond scheint schön,
werd'n die erst richtig munter!
Es bleibt das Blut im deutschen Bau
ganz dunkelblau, ganz dunkelblau!

Berlin um 1920 war eine laute, eilige, lärmende Stadt. Der Kabaretton mußte darauf abgestimmt sein. Das allzu Feine, Vornehme ging nicht. Was gesagt werden sollte, mußte deutlich, ohne Umwege, kurz und direkt gesagt werden. Daraus erklärt sich die Häufung von Ausrufezeichen, Schlagworten und Sprachverkürzungen in Tucholskys Texten. Ein besonderes Merkmal seiner Chansons ist die Verwendung von Tagessprache und politischen Tageswitzen sowie die blitzschnelle Wendigkeit in der Führung des Gedankens, für die das Wort »changeant« der passende Ausdruck ist.

Besonders gern arbeitete Tucholsky mit Friedrich Hollaender zusammen. Er und Hollaender hatten die gleiche Auffassung von den Gesetzmäßigkeiten aktueller Kleinkunst in Liedform. Auch Hollaender sah im Chanson und Couplet eine »gedrängte Gestaltungsform«, die an die Vertonung bestimmte Ansprüche stellte. »Sie erfordert«, schreibt er, »gebieterisch die aufreizende, die kurze, die enthüllende, die essenzielle Musik, sie muß in Rhythmus und Kolorit, in Melodieführung und Dramatik sofort, blitzartig das Grundsätzliche aufreißen, sie darf sich keine Zeit lassen zu Entwicklung und Aufbau; so wie sie herunterbrennt, muß sie geboren sein; ihr Stimmungsgehalt muß in ihren ersten Takten da sein, ihre Entfaltungsmöglichkeit liegt – im ernsten Chanson: im kurzgespannten Bogen einer schnell entflammenden Dramatik, – im heiteren Chanson: in der tödlich sicher sitzenden Pointe.«

Die Arbeit für Schall und Rauch ging im Februar 1921 zu Ende. Das Unternehmen ließ sich vor dem Hintergrund der Inflation ökonomisch nicht mehr halten. Während der Monate seiner Mitarbeit hatte Tucholsky durch die enge Zusammenarbeit mit Interpreten und Komponisten wertvolle Erfahrungen für das Schreiben bühnenwirksamer Lieder, Couplets und Chansons sammeln können.

Die Rote Melodie

Ihre Idealvorstellung vom großen politischen Chanson konnten Hollaender und Tucholsky realisieren, als sie für Rosa Valetti »Die Rote Melodie« schrieben. Es war 1920, einige Monate nach der Niederschlagung des Kapp-Putsches in Berlin. Rosa Valetti, damals Schauspielerin am Theater, benötigte ein Chanson für ihren Auftritt im Kabarett Rakete. Sie wandte sich an Tucholsky aufgrund seiner antimilitaristischen Artikel in der »Weltbühne« und weil sie wußte, was sie ihm später einmal im Brief sagte: »Wenn einer ein politisches Chanson schreiben kann, dann bist Du es!« Das Lied mit dem programmatischen Titel »Rote Melodie« sollte für Rosa Valetti die erfolgreichste und stärkste Nummer ihres Repertoires werden, ein Lied, das fortan mit ihrem Namen fest verbunden blieb.

Die Valetti war eine bewußt gestaltende, engagierte Künstlerin, vom Typ her eine herbe Frau mit zerfurchten Gesichtszügen und rötlich flammendem Haar, das absolute Gegenteil von Gussy Holl – eine Persönlichkeit von wuchtiger, zwingender Ausstrahlung, der man ohne weiteres einen revolutionären Song auf der Bühne zutraute. Sie war als Diseuse in eine gute Schule gegangen. In den Jahren vor 1900, als sie sich in Paris aufhielt, hatte sie engsten Kontakt zu den Chansonniers der Montmartre-Kneipen und deren Boheme, speziell zur Pétroleuse, die ihr Entscheidendes für die Kunst des Chansonvortrages vermittelte. Ein plebejisch dumpf-revolutionärer Unterton ist ihr immer geblieben. Er bedeutete Aufruhr und Bekenntnis. Für sie war das Kabarett ein Podium, ihrer leidenschaftlichen pazifistischen Gesinnung öffentlich Ausdruck zu verleihen.

»Die Rote Melodie« ist textlich wie musikalisch ein markantes Dokument der Zeit. Es geht um eine Frau, die allein steht und ihren – vermutlich einzigen – Sohn durch den Krieg verliert. Das

Rosa Valetti – Foto mit Widmung für Tucholsky: »Zur Erinnerung an Femme X dem Autor Tucholsky, dem ich meinen größten Cabaret-Erfolg mit seiner roten Melodie zu danken habe. Ihre Valetti, d. 22ten März 24.«

Leid dieser Frau steigert sich unmittelbar zur Anklage. Wie Tucholsky, dem Ernst des Themas angemessen, nur kurze Zeilen und Sätze verwendet, die sich dem Ohr sofort einprägen, so findet Hollaender mit seiner gerafften, gedrängten Musik die adäquate Melodie dazu. Die ersten vier Takte suggerieren eine tänzerische Figur, die, je nach dem Grad der rhythmischen Straffung, auch marschbetont verstanden werden kann.

Hollaender tänzelt gewissermaßen in sein Thema hinein, um dem Verlauf ganz plötzlich eine Wendung zu geben. Er sagt zu seinem Kompositionsprinzip selbst, daß Musik im Kabarett als »Verführerin« auftreten müsse und daß hier »unter dem Deckmantel entspannender Abendunterhaltung plötzlich eine Giftoblate verabreicht werden kann, die, suggestiv eingegeben und hastig verschluckt, das gemütlich rollende Blut entzündet, das träge Gehirn zum Denken aufreizt«. Alles komme auf den Rhythmus an, ob er den Zuhörer packe oder nicht.

Die Wiederholung der ersten vier Takte ist nur als Vorbereitung auf die dramatische Zuspitzung gedacht, die sich in der Mitte der Strophe ankündigt, wobei sofort Tempo und Schärfe zunehmen. Kurze, bewegte Klangfiguren heben den Refrain scharf von der Vorstrophe ab.

Massenkundgebung im Berliner Lustgarten gegen den Krieg. Sie fand alljährlich am 1. August in den Jahren von 1920 bis 1923 statt. Unter den Rednern war auch Kurt Tucholsky. Für die Demonstration am 30. Juli 1922 schrieb er den Eröffnungstext »Drei Minuten Gehör!«, der von mehreren Schauspielern von verschiedenen Punkten aus zu den rund 100 000 Teilnehmern gesprochen wurde

Die »Rote Melodie« ist das erste große, kämpferische Zeitchanson aus Tucholskys Feder. Er schrieb es 1920 als Absage an den Militaristen Erich Ludendorff, den Durchhaltegeneral des ersten Weltkrieges und Drahtzieher des Kapp-Putsches. Der Drei-Masken-Verlag brachte das Chanson noch im gleichen Jahr als Notendruck heraus. In der »Weltbühne« erschien es erst 1922, zwei Jahre später. Wort und Wirkung dieses Liedes realisierten sich also zeitgleich mit Tucholskys Aufsätzen gegen den Krieg und seiner aktiven Teilnahme an den Kundgebungen gegen den Krieg, die von 1920 bis 1923 alljährlich zum 1. August im Berliner Lustgarten stattfanden. Für diese Massendemonstration schrieb er 1922 auch das stark agitatorisch angelegte Gedicht »Drei Minuten Gehör«, das mehrere Schauspieler von provisorisch errichteten Podien aus in die versammelte Masse hinein sprachen.

Kaspar Hauser
Ignaz Wrobel
Theobald Tiger
Peter Panter

Kurt Tucholsky
liest
Donnerstag, am 27. Januar 1921,
abends 8 Uhr, im
Meistersaal, Köthener Straße 38,
aus eigenen Schriften.

Eintrittskarten sind zum Preise von 20.40, 10.10, 6.50 Mk. (einschließlich Steuer) bei Bote & Bock, A. Wertheim und an der Abendkasse zu haben.

Verband konzertierender Künstler, Berlin W 57

Programmzettel einer Lesung von 1921. Chansons waren immer dabei

Was Kurt Tucholsky als Theobald Tiger oder Kaspar Hauser in seinen Songs und Chansons nach 1919 formuliert, deckt sich politisch mit dem, was er unter Peter Panter, Ignaz Wrobel und Kurt Tucholsky in verschiedenen linksbürgerlichen republikanischen und einigen der USPD gehörenden Zeitungen und Zeitschriften veröffentlicht. Als Publizist und politischer Chansondichter steht er von Anfang an auf der Seite der entschiedenen Linken, die Kompromisse ablehnt und Aktionen zur wirklichen Demokratisierung der Verhältnisse in Deutschland verlangt. Er sagt: »Da steht der Militarismus, da stehen wir… Es sind zwei Welten, die da zusammenstoßen, und es gibt keine Brücke.« Seine Warnung lautet: »Der Feind steht rechts!« Und sein Schwur: »Wir wollen bis zum letzten Atemzuge dafür kämpfen, daß diese Brut nicht wieder hochkommt. Der Helm muß und wird heruntergeschlagen werden!«

Die Wilde Bühne

Nachdem Schall und Rauch erloschen war, eröffnete Trude Hesterberg im Herbst 1921 als neues Unternehmen dieser Art in Berlin die Wilde Bühne, die in kurzer Zeit alle schöpferischen Potenzen des Chansons an sich zog.

Trude Hesterberg hatte zu dieser Zeit auf der Operettenbühne glänzende Erfolge als Soubrette, sie war ehrgeizig und besaß bereits ein kleines Repertoire an Couplets und Liedern, mit dem sie hin und wieder auftrat. So war sie sogar auch schon einmal für die erkrankte Gussy Holl eingesprungen.

Dieser Auftritt am Schall und Rauch hatte große Publikumsresonanz, doch war Trude Hesterberg klug genug zu erkennen, daß es anderer, viel stärkerer Lieder bedurfte als ihres neckisch-erotischen »Fridolin«, um in Berlin bestehen zu können. Verlangt wurde das ausdrucksstarke und zeitbezogene Chanson. Ein solches Repertoire wollte sie sich schaffen. Vom Schall und Rauch konnte sie auf direktem Wege profitieren, indem die Komponisten Friedrich Hollaender, Werner Richard Heymann und Mischa Spoliansky zu ihr an die Wilde Bühne überwechselten. Es kamen auch die beiden erfolgreichen Textdichter Walter

Annonce »Wilde Bühne«

Mehring und Kurt Tucholsky. Mehring übernahm von der zweiten Spielzeit ab die literarische Leitung und sorgte mit großangelegten Zeitchansons wie »Dressur«, »An den Kanälen«, der »Arie von der großen Hure Presse« und dem »Börsenlied« für das Profil der Wilden Bühne. Tucholsky ergänzte es nach einer anderen Seite hin. Lag Mehrings Satire mehr auf der radikalen Linie von George Grosz und Otto Dix, so hatte Tucholsky im Blick auf Menschen und Typen viele gemeinsame Züge mit dem Zeichner Karl Arnold: Man konnte bei ihm noch schmunzeln. Er ließ auch erkennen, daß er selbst Spaß an der Verulkung seiner Figuren hatte, er nahm nicht alles und jedes so pathetisch ernst. Sonst wäre ihm wohl kaum ein so souveränes Spottlied auf das Landsknechtstum gelungen wie das »Leibregiment, das sich nach König Gustav nennt«, das bald zum Standardrepertoire der »roten Trude« gehörte.

Der Spaß besteht darin, daß im Refrain in immer neuen Varianten von der Trommel gesungen wird. In Strophe eins marschiert die Trommel vorneweg vorm ganzen Heere; in Strophe zwei dient sie zum Vergleich mit dem besoffenen Hauptmann, der den dicken Bauch wie eine Trommel trägt; in Strophe drei kommt die Marketenderin ins Bild, die auf der Trommel schon mit jedem von der Mannschaft ihre Bekanntschaft pflegte. In Strophe vier liegen die kleinen Kinder

Trude Hesterberg beim Vortrag des »Leibregiments«

von den Mädchen in den Städtchen statt in der Wiege in der Trommel; in Strophe fünf befindet sich der ganze Troß in der Hölle, wo der Teufel die Soldaten samt den Mädchen und dem Hauptmann in der Trommel schmort, und in Strophe sechs, dem Schlußbild der Szene, haben endgültig die Mäuse von dem vielstrapazierten Requisit Besitz ergriffen.

Werner Richard Heymann, der Komponist des »Leibregiments«, fand die denkbar einfachste und wirkungsvollste Vertonung dazu, indem er die Takte der Melodie nach Volksliedart jeweils um einen Ton höher wiederholen ließ, den Marsch-

rhythmus beibehaltend. Ebenso wie Friedrich Hollaender brachte Heymann literarisches Verständnis und Gespür für die Erfordernisse des Chansons mit, das eine durchsichtige, sinnfällige Musik verlangte, die sich weder vom Wort entfernen, noch sich davor stellen durfte, sondern dem vorgetragenen Wort zur Seite stehen mußte, dienend und stützend.

Heymann gehörte zu den musikalischen Vätern des literarischen Chansons in Deutschland. Er war kein Berliner Kind wie Tucholsky, Walter Mehring und Trude Hesterberg, sondern stammte aus Königsberg. Sein Vater, ein wohlhabender Getreidehändler, widmete sich in der Freizeit viel der Musik und der Poesie, die Mutter war eine bekannte Pianistin. Mit zwölf Jahren spielte der Sohn schon im Königsberger Philharmonischen Orchester. Als er zwanzig Jahre alt war, wurde in Berlin seine erste größere Komposition, »Frühlingsnotturno«, mit dem Blüthner-Orchester aufgeführt und zwei Jahre später unter Felix Weingartner mit den Wiener Philharmonikern seine »Rhapsodische Sinfonie«. Heymann hielt sich nach dem Ende des Krieges in Berlin auf, er hatte Kontakte zum »Rat geistiger Arbeiter« und konzipierte, beeinflußt von den Dichtungen Johannes R. Bechers, eine Sinfonie gegen den Krieg. Über Walter Mehring, der ihn vom Schall und Rauch her kannte, kam er an Trude Hesterbergs Wilde Bühne, widmete sich für ei-

Kate Kühl zur Zeit der Wilden Bühne, in der sie Kurt Tucholskys erstes selbstkomponiertes und öffentlich aufgeführtes Chanson, »Schiff ahoi!«, kreiert hat

Werner Richard Heymann, einer der frühen Komponisten Tucholskys, vertonte die »Dorfschöne« und das »Leibregiment«

nige Zeit ganz dem Kabarett-Chanson und wurde mit dem zweiten Programm ihr musikalischer Leiter.

An den Texten für die Aufführung wurde hart gearbeitet. Trude Hesterberg ließ in diesem Punkt nichts durchgehen. Da staunte selbst Kurt Tucholsky, wie das 29jährige Fräulein Direktor mit der noch jüngeren Kate Kühl sein neues Chanson »Die Dorfschöne« einstudierte. Manchmal kam er kurz vorbei – immer sorgfältig, ja elegant gekleidet, wie sich Kate Kühl erinnerte, doch zurückhaltend im Umgang mit den Schauspielern. Er saß ruhig dabei und beobachtete unbemerkt. Manchmal zog er ein Notizbuch hervor und schrieb etwas auf. Als Kate Kühl einmal fragte, was er in das Buch hineinschreibe, antwortete er: »Stichworte!«

Insgesamt etwa sechs Chansons hat Trude Hesterberg für die Programme ihrer Wilden Bühne von Tucholsky erhalten, nicht viele, aber alles sehr schöne, ausgearbeitete Einzelstücke, die in Form und Inhalt ganz dem klassischen Begriff des Chansons entsprechen: das spaßige »Leibregiment«, die »Dorfschöne«, »Tango«, »Die Herren Männer«, »Hawaii« und »Schiff ahoi!«. »Tango« und »Die Herren Männer« behielt Trude Hesterberg für sich, weil sie fand, daß die auftrumpfenden Refrains gegen die Männer zu ihr am besten paßten. Sonst war sie nicht kleinlich und gab gute Stücke, die für sie geschrieben worden waren, an andere Schauspielerinnen ihrer Bühne ab, wenn sie sah, daß diese etwas daraus machten.

Von den Liedern, die in der Wilden Bühne kreiert wurden, verdient »Schiff ahoi!« eine besondere Erwähnung, weil es das erste selbstkomponierte, öffentlich aufgeführte Chanson Tucholskys ist und in sich ein Meisterwerk der Gattung. Die ruhige, in der Tiefe verhaltene Stimme Kate Kühls und ihre Ausdrucksfähigkeit für das Balladeske regten ihn an, neben den vielen humoristisch-satirischen Tagescouplets, die er damals schrieb, einmal ein ganz anderes Thema zu gestalten. Es wurde ein Liebeslied ganz besonderer Art. Eine Fischersfrau, deren Mann draußen auf dem Meer geblieben ist, singt vom Schmerz des Abschieds.

> Hier stieg er ein am Strand –
> Schiff ahoi! Schiff ahoi!
> Winkte noch mit der Hand –
> Bleib mir treu! Bleib mir treu!
> Dein Name steht am Schiff,
> wenn ich jetzt von dir fahre –
> seitdem steh ich am Riff
> zehn lange Jahre!

Mit »Schiff ahoi!« kommt das Tucholsky-Chanson der frühen zwanziger Jahre der Lyrik am nächsten. Wie in einem Volkslied sind die Zeilen aneinandergereiht, der immer wiederkehrende Refrain »Schiff ahoi! – Bleib mir treu!« wird in Verbindung mit der Endzeile »zehn lange Jahre!« zum Träger des dramatischen Geschehens. Wort und Musik sind unmittelbar aus der Stimmung des Liedes heraus entstanden, die Klavierbegleitung bleibt eng bei der Singstimme, keine Ablenkung der Gedanken duldend.

Die melodisch-rhythmische Struktur der Strophe läßt erkennen, wie sehr Tucholsky ein Mann der musikalischen Schreibweise ist. Seine Chansons entstehen immer am Klavier, nicht auf dem Papier, und wo er keine fertig ausgearbeitete Komposition mitliefert, gibt er wenigstens Hinweise als Anhaltspunkte für den Vertoner. Er hat genaue Vorstellungen, wie seine Texte mit Musik aussehen sollen und wie sie auf der Bühne vorzutragen sind.

Alle seine Chansontexte waren mit ausführlichen Randbemerkungen versehen, wie sich Kate Kühl erinnerte. Er schrieb genau auf, wie er es gesungen haben wollte. Manchmal machte er auf den Proben eine Bemerkung, wenn ihm etwas auffiel, etwa in der Art: »Hier ist im Text ein Gedankenstrich. Was steckt hinter diesem Strich? Das müssen Sie erst wissen, bevor Sie es richtig singen können!«

Seine Chansons hatten ihre Premiere alle schon zu Hause in seiner Wohnung hinter sich, bevor sie öffentlich zu hören waren. Wenn er am Klavier saß und arbeitete, stand stets ein Topf Kaffee dabei. Daran erinnerte sich seine zweite Frau, Mary Gerold-Tucholsky, noch ganz genau. Doch der Kaffee allein machte es nicht. Bis sich Rhythmus und Reim mit dem Ablauf einer Melodie zu einem Gebilde von Witz und Flair zusammenschmiegten, mußte schwer gearbeitet werden. Was man dem fertigen Lied nicht anmerken durfte. Über diese Sorgen des Chansondichters hat er oft geschrieben. »Erst wenn die Leute sagen – ›Das haben Sie gewiß aus dem Ärmel geschüttelt!‹ – erst dann ist das Couplet oder Chanson gelungen. Und wenn die Leute erst wüßten, wie holprig und langweilig das aussieht, was man so aus dem Ärmel schüttelt!« Aber wer wollte das wissen, und wer glaubte es ihm schon?

Mitunter wurde er gefragt, was beim Schreiben zuerst da sei – der Text oder die Musik. Er antwortete, das sei ganz verschieden. Es gäbe Melodien, die etwas sagen, wenn man sie hört, und die für den, der hören kann, eines Tages zu sprechen anfangen und ihm den Text mitteilen, »den einzig möglichen Text«. Eine solche »sprechende« Melodie war für ihn zweifellos das »Schiff ahoi!«. Es konnte keine anderen oder besseren Worte haben als die, die Tucholsky dafür gefunden hat.

Die Tätigkeit für die Wilde Bühne wie auch für andere Kabaretts erfolgte auf der Basis von Verträgen, die Tucholsky mit der betreffenden Direktion abschloß. Die Zusammenarbeit regelte sich in den beiderseitigen Rechten und Pflichten nach dem Tarifvertrag, wie er in der Branche üblich war, der wurde aber, was das Honorar betraf, durch die Inflation bald außer Kraft gesetzt. Die Wilde Bühne konnte sich eine Zeitlang über Wasser halten, indem Trude Hesterberg einen flexiblen Zahlungsmodus für ihre Künstler einführte. Jeder bekam, je nach Erfolgsstellung im Programm, den Eintrittspreis für eine bestimmte Anzahl von Plätzen zum Tageskurs als Gage ausgezahlt. Kate Kühl zum Beispiel waren zuletzt fünf der teuersten Plätze zugesagt. Für den Fall, daß sie öfter als einmal am Abend auftrat, sollte sie sogar sechs der ersten Plätze erhalten. Dementsprechend wurde der Vertrag abgeändert. Kate Kühl sicherte sich bei dieser Gelegenheit gleichzeitig das Vorkaufsrecht an sämtlichen von ihr gesungenen Chansons und die Zusage, daß ihr Name großgedruckt erschien, doch »niemand größer als Frau Hesterberg«. Die Wilde Bühne war auch damit einverstanden, daß Frau Kühl ihre Tucholsky-Chansons auf Tournee vortrug, sie mußte sie aber »gegen Ersatz der dafür von der Wilden Bühne aufgewendeten Unkosten erwerben«. Das betraf die Tucholsky-Titel »Schiff ahoi!« sowie »Immer angelehnt« in der Vertonung von Werner Richard Heymann.

Für Tucholsky ergab sich aufgrund der fortschreitenden Geldentwertung folgender Zusatz zum Vertrag: »Die Gage wird dahin abgeändert, daß Herr Dr. Tucholsky ein Honorar von 50 Dollar pro Monat erhält, zwar folgendermaßen: 20 Dollar an jedem 1. des Monats, 15 Dollar an jedem 15. des Monats und 15 Dollar an jedem 23. des Monats, zahlbar zum jeweiligen Kurse in deutschen Mark. Ferner hat Frau Hesterberg das Recht, das Vertragsverhältnis jeweils vom 15. bis 1. eines Monats zu kündigen. Auch bei Ausfall der Vorstellungen, durch höhere Gewalten, Streiks, Unruhen etc. an bestimmten Tagen, die Gage für diese Daten abzuziehen.«

Obwohl die Verhältnisse für künstlerisch anspruchsvolle Kabarettkunst in den Nachkriegsjahren nicht besonders günstig waren, unterstützte Tucholsky die Bemühungen solcher Bühnen, soweit er konnte. Das geschah oft über den Vertrag hinaus. Der Wilden Bühne schrieb er zum Beispiel einen Prolog für die Eröffnung und erklärte sich auch zur Mitarbeit in der Jury bereit, als Trude Hesterberg ein Preisausschreiben für das beste deutsche Chanson startete. Dieses Preisausschreiben machte sich notwendig, da ein Mangel an guten Texten und Chansondichtern bestand. Walter Mehring als stärkste Stütze der Wilden Bühne lieferte hauptsächlich großangelegte Zeitsatiren im Songstil, die nicht jeder vortragen konnte, und Tucholsky schrieb nur für Schauspieler, die ihn besonders interessierten, hauptsächlich für Kate Kühl und eventuell noch für Trude Hesterberg; für die anderen Mitwirkenden, wie Annemarie Hase, Margo Lion, Kurt Gerron, Fritz Kampers oder Erika von Thellmann blieb meistens nichts übrig. Es zeigte sich damals, daß die Jury den ausgesetzten ersten Preis in Höhe von 1 500,– Mark nicht vergeben konnte – die eingesandten Texte waren nicht danach. Die Begabung fürs Chanson war und blieb unter den Schriftstellern eine Seltenheit, und man wußte einmal mehr, was man an einem Autor wie Tucholsky hatte.

Die Nelson-Revue

In einen völlig neuen Kreis der Berliner Künstlerwelt kam Tucholsky, als er im Sommer 1920 seine Arbeit für das Nelson-Theater begann. Rudolf Nelson besaß schon vor 1914 mit seinem Chat noir eine Bühne mit eigenem Stil, den er jetzt, nach dem Ende des Krieges, mit Revuen zeitgemäß weiterführen wollte. In den Tagen, da die Verkehrsarbeiter streikten, es mal kein Licht, mal kein Wasser gab, fuhr Tucholsky oft per Taxi zu den Proben und Premieren den Kurfürstendamm hinunter zum Nelson-Theater an der Ecke Fasanenstraße.

Premierenabende bei Nelson waren stets gesellschaftliche Ereignisse, denen auch Theobald Tiger mit Stolz entgegensehen konnte, weil seine Chansons immer gut ankamen. Anders als beim Schall und Rauch, das ein Nummernprogramm herkömmlicher Art war, mußten sich die Chansons jetzt dem einzelnen Bild der Revue einfügen und dem Abend die musikalischen Glanzlichter aufsetzen. Sie wurden nicht einfach so vorgetragen, eher inszeniert, mit beträchtlichem Aufwand, wozu Kostüme, Kulissen, Dekorationen, Lichtregie und szenische Tricks der Bühnentechnik gehörten. Nelson zog versierte Regisseure, erstklassige Sängerinnen und Tänzerinnen, Ausstatter und namhafte Textautoren heran und ließ sich die Sache etwas kosten. Geboten wurde das Modernste: eine spezielle Kunst der Unterhaltung zwischen Operette und Brettl, die in ihre witzig amüsante, parodistische bis kritische Zeitbetrachtung sowohl Traditionen des Vorkriegs-Metropol-Theaters und seiner großen Jahresrevuen wie des literarischen Kabaretts einbezog. Das Chanson tendierte allerdings mehr nach dem Schlager hin, es hatte in der textlichen und musikalischen Struktur den großen, weiten Bogen.

Der Star des Nelson-Ensembles war Käthe Erlholz, eine bildschöne Blondine, ehemalige Salondame am Wiesbadener Hoftheater. Als Diseuse war sie eine Entdeckung Rudolf Nelsons, der sie schon sehr früh an sein Kabarett geholt und aus ihrem schüchternen Stimmchen, einem weichen Sopran, eine erstklassige Vortragskünstlerin seiner Chansons gemacht hatte. In ihrer lässigen, überlegenen Ruhe wurde sie die Stütze des Nelson-Ensembles, wirkte in allen Revuen mit und kreierte darin mehrere Chansons von Kurt Tucholsky. Eins davon war das von der durch ihre Amouren in der Lebewelt hochgekommenen »Dame mit'n Avec«, die aus ihrer Begabung und ihrer etwas anrüchigen Herkunft aus der Gegend um die Berliner Ackerstraße keinen Hehl machte:

Rudolf Nelson bestimmte mit seinem Theater auch nach 1919 wieder den Stil der musikalischen Unterhaltung mit. Für seine Revuen holte er sich als Mitarbeiter Dr. Kurt Tucholsky, Berlins beliebten Chanson- und Couplet-Autor

Ich hab nu mal den Schwung ins Ordinäre!
Ick bin die richtige berliner Beere!
Und bei der Liebe hopps ick jrade wie bein
Zeck
nur übern Rinnstein, Rinnstein, Rinnstein
mit'n Avec!

Das Ehepaar Erlholz-Nelson zählte seit mehr als einem Jahrzehnt zur Künstlerprominenz Berlins. In ihrer Wohnung waren fast immer nach der Vorstellung die Schauspieler zu Gast, man aß, trank, spielte Schach und fand gemeinsam manch hübsche Idee für neue Schlager. Diese familiäre Atmosphäre blieb auch erhalten, wenn das Ensemble auf Gastspiel war, im Ausland oder in Lindemanns Hotel zur Saison in Heringsdorf, wo Gäste stets willkommen waren. Tucholsky hat dort manche Tage in der Sonne und am Strand verbracht, die Manuskripte immer bei sich, denn es gab zu tun. Die drei Nelson-Revuen, an denen er mitarbeitete, hießen »Total Manoli«, »Bitte zahlen!« und »Wir stehn verkehrt!«.

»Total Manoli« nach einem Textbuch von Fritz Grünbaum zeigte Berlin, wie es is(ß)t, trinkt, schiebt, liebt, tanzt und zum Schluß direkt aus der Nachtbar im Foxtrott-Delirium auf einem Lastwagen zum Alex aufs Polizeipräsidium expediert wird: Total Manoli! Fast alle Typen des Tages, vom Grafen bis zum schweren Jungen, vom Lebejüngling bis zum Tauentzien-Girl, vom Schieber bis zum Kriminalkommissar und zur Nackttänzerin, waren vertreten. Manoli hieß soviel wie meschugge. Die Redensart leitete sich von einer in Kugelform rotierenden Lichtreklame der Zigarettenfirma Manoli ab, die, wenn man länger hinschaute, den Betrachter vollkommen verdreht machte. In diesem Sinn schrieb Tucholsky den vielbelachten Titelschlager mit den Zeilen: »Mensch, bist du reich, / laß dich nur gleich / mit Musik begraben. / Neunzig Prozent / will doch am End / das Finanzamt haben. / Das Beste und / das Teuerste / versteuerste, versteuerste / und nur die Kinderkriegerei ist steuerfrei.«

Tucholsky kannte den ihn anwidernden »Betrieb« von Berlin ziemlich genau, alle parodierten Figuren waren üble Zeitgenossen, es fiel ihm nicht schwer, ihnen das Entsprechende auf den Leib zu dichten. Willi Schaeffers kommt als Vorstand der Schiebergenossenschaft mit Strohhut, Pepita-Anzug und Nelke im Knopfloch in seiner urberlinischen Ruhe und Schnoddrigkeit auf die Bühne und singt Tucholskys Couplet mit dem Refrain »Ich hab sie unterm Stadtbahnbogen« – nämlich die begehrten Schieberwaren wie Butter, Gold, Scheine und Schweine.

> Ich hab sie unterm Stadtbahnbogen,
> wo alle Züge donnernd ziehn,
> die Bars, die hab'n bei mir bezogen,
> und drumherum läuft ganz Berlin.
> Ich fürcht mich nicht, denn mir kann nichts
> passieren,
> ja auf der Eisenbahn da muß man schmieren.

»Ein tolles Durcheinanderwirbeln von Himmel und Hölle, von Tänzen, Chansons (die in ihrer Prägnanz und Stärke die Tatze von Theobald Tiger verspüren lassen) und kecken Dialogen, von Scherz, Satire und Ironie ohne tiefere Bedeutung«, urteilte die »B. Z. am Mittag«. Den schauspielerischen Reiz und Erfolg der »Manoli«-Revue garantierten Käthe Erlholz als Bardame mit einem schmissigen Nelson-Schlager, »Feine Herrn, die Kavaliere, / ich kenn den Zimt genau« (Text Fritz Grünbaum), und Willi Schaeffers mit dem »Schieber«-Chanson, das neue Seiten Tucholskys als Revuedichter erkennen ließ.

Rudolf Nelsons Musik war immer graziös und selbstbewußt, dabei samtig einschmeichelnd, prickelnd und geistreich. Der neue Rhythmus, den er in den Revue-Schlager der von der Inflation gezeichneten Nachkriegszeit einbrachte, ist sehr prägnant an dem Lied »Fang nie was mit Verwandtschaft an!« abzulesen. Es wurde der Schlager der nächsten Revuepremiere »Bitte zahlen!« von 1921. Tucholsky, der wieder die Texte für die Gesangseinlagen lieferte, machte sich den Spaß, über das »Verwandschafts«-Chanson die Zeile zu setzen: »Zur Erinnerung an die Sonntage meiner Jugend!« Zehn Jahre, nachdem er sich von der Familie getrennt hatte, brachte er seine Kümmernisse mit ihr in Reime:

Etwa ein Jahr nach der Premiere erschien in der »Weltbühne« das satirische Feuilleton »Die Familie«, in dem sich Tucholsky mit dem Chanson selbst zitiert. »Als Gott am sechsten Schöpfungstage alles ansah, was er gemacht hatte, war zwar alles gut, aber dafür war auch die Familie noch nicht da.«

Die Familie beziehungsweise Verwandtschaft sieht nach Tucholsky ihren eigentlichen Lebenszweck darin, sich in alles einzumischen, dauernd übelzunehmen, sich untereinander zu zanken, alles wissen zu wollen und es zu mißbilligen und ständig aufeinanderzuhocken. »Irgendeine Möglichkeit, sich der Familie zu entziehen, gibt es nicht. Mein alter Freund Theobald Tiger singt zwar: ›Fang nie was mit Verwandtschaft an – / denn das geht schief, denn das geht schief!‹, aber diese Verse sind nur einer stupenden Lebensunkenntnis entsprungen. Man fängt ja gar nichts mit der Verwandtschaft an – die Verwandtschaft besorgt das ganz allein.«

Das der lieben Verwandtschaft gewidmete Chanson ist 1921 als Notendruck im Drei-Masken-Verlag Berlin erschienen und somit der Vorläufer des herzerfrischend infamen Traktats über die Familie, das man heute zu den klassischen Stükken aus der Feder des Humoristen und Spötters Kurt Tucholsky zählt. Aber auch das betreffende Chanson machte Karriere. Es gelangte alsbald in das Repertoire von Claire Waldoff und war schon 1926 von ihr auf Schallplatte zu hören.

Sowohl der Gesangstext als auch das »Weltbühnen«-Feuilleton waren ganz nach dem Geschmack Rudolf Nelsons, der mit seiner Familie ebenfalls keine guten Erfahrungen hatte. Gegen den Widerstand des Elternhauses, das ihn im soliden Kaufmannsstand sehen wollte, hing Nelson sein Leben an die Musik. Wie ihm, so erging es auch seinem Bruder. Beide rückten von zu Hause aus, legten ihren bürgerlichen Familiennamen Lewysohn ab und nannten sich, als Brüder den Namen des zeitgenössischen Philosophen Leo-

Doris Tucholsky, die Mutter, mit ihrem Hündchen im Kreis ihrer Neffen und Nichten. Trotz tiefen Grolls gegen die Mutter widmete er ihr stets seine neuen Bücher

nard Nelson unter sich teilend, Rudolf Nelson und Hugo Leonard. Dieser Hugo Leonard wiederum, der ebenfalls im Linden-Cabaret am Klavier gesessen hatte, war eng mit Siegfried Jacobsohn befreundet. So waren Tucholsky, sein »Weltbühnen-Vater«, die leichte Muse und die Nelsons seit langem »wahlverwandt«.

In Rudolf Nelson besaß die leichte Muse einen Mann, der im Schlager, im Chanson, in der Revue und der Operette für Berlin und zugleich international mit den Ton angab. Man bewunderte ihn als Begleiter am Klavier ebenso wie als Komponisten. Auch Tucholsky. Wenn er in seinen früheren Jahren für die »Schaubühne« übers Kabarett berichtete, vergaß er nie, die Art von Nelsons Klavierspiel hervorzuheben: »Die wippenden, gleitenden, koketten Refrains dieser Lieder ›perlen‹ über die Tasten, kaum bewegen sich seine Finger, aber da, wo der Kehrreim einzusetzen hat (Ritardando … im Druck steht eine Fermate), fühlt man seine Freude an dem Schlager, an seinem gefälligen, leichten Rhythmus. Er sitzt am Klavier, und man begreift die Bedeutung und die Wichtigkeit eines Chansonrefrains.«

Die zweite Revue »Bitte zahlen!« war eine Persiflage auf die Steuerhinterziehung und die Millionenerbschaft. Die Handlung führte in rasan-

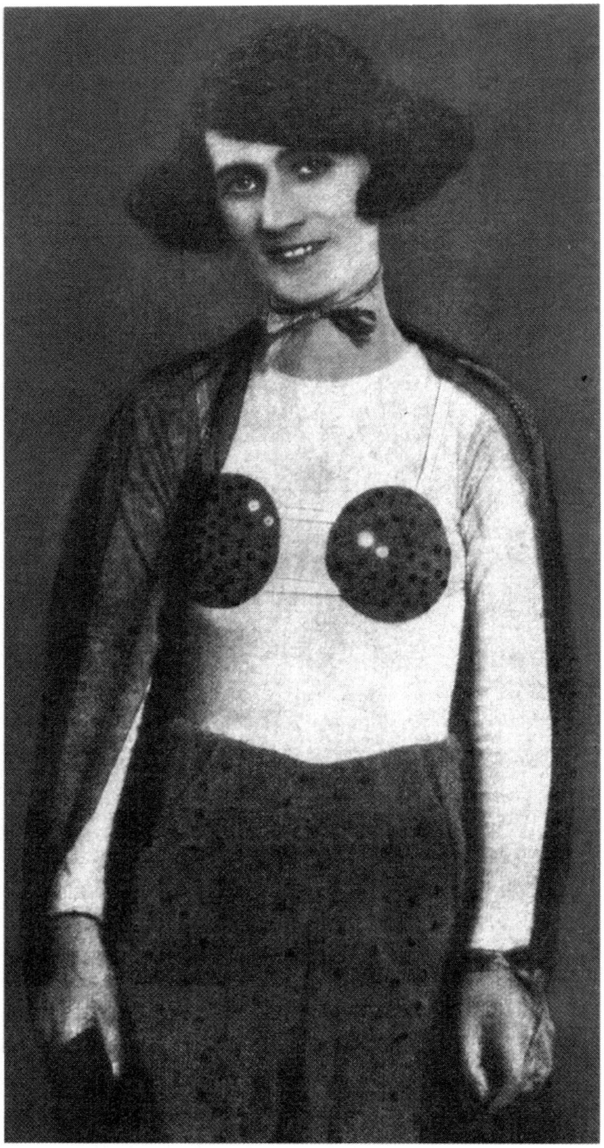

Oben und rechts:
Darsteller der Nelson-Revue »Wir stehn verkehrt« (1922), die Lieder von Tucholsky sangen: Blandine Ebinger als »Elmira« vom Rummelplatz, Carl Platen als »Raffke« und Käthe Erlholz

tem Tempo vom tanzwütigen Berlin in die Alhambra nach Spanien, über den Atlantik nach New York, danach durch Japans Teehäuser und wieder zurück nach Berlin in die Kahlbaum-Diele. Die Gags des Abends waren eine Teepuppe mit elektrisch strahlendem Röckchen, Haremsdamen, eine rassige Carmen und als Kontrast dazu das magere Lieschen aus der Mulackstraße, gespielt von Blandine Ebinger. Ein Dirndl-Lied von Tucholsky wurde gesungen, in dem eine »fette Kommerzienrätin« im Dirndlkleid über die Bühne hüpfte und das Parkett zum Lachen brachte, und eine türkische Wachtparade im behäbigen Marschtempo sorgte für den nötigen Ulk: »Allalah, wer tommt denn da?«.

»Die Gesangseinlagen haben Theobald Tiger, Willy Sterk und Erich Glaser zum Verfasser. Das von Käthe Erlholz in der bekannten nonchalanten Art gesungene Lied ›Fang nie was mit Verwandtschaft an!‹ schoß wohl den Vogel ab.« Zu dieser Einschätzung kam die Fachzeitschrift »Der Artist«.

Ein großer Wurf gelang Tucholsky noch einmal mit dem »Tamerlan«, den Käthe Erlholz in der nächstfolgenden Revue »Wir stehn verkehrt« kreierte. Neuen musikalischen Zündstoff hatte die Revue dringend nötig, da der sogenannte rote Faden der Handlung schon ein wenig ausgebleicht und dünn geworden war: Ein Pärchen aus den USA – er ein Gent mit Pinke, sie Amerikanerin von der Panke – kommen nach Berlin, um hier eine Cousine ausfindig zu machen, und werden dabei in alles, was es »Sehenswertes« gibt, eingeweiht. Die Suche nach der Cousine gibt den gutgewachsenen Revue-Damen in den prallen Kleiderhäuten wieder Gelegenheit zum Tanzen und den sonstigen Mitspielern den Rahmen für allerlei Ulk und Anspielungen auf die Berliner Verhältnisse.

In erster Linie war es Käthe Erlholz, die »Dame mit'n Avec«, die durch ihren Vortrag wieder Stürme der Heiterkeit entfesselte. Sie zählte

zu den wenigen Schauspielerinnen, die die Gabe besaßen, das Derbste und Gewagteste ohne Anstößigkeit singen und sagen zu können. Ihr Schmachtlied auf den allgewaltigen Herzog der Kirgisen war von der Anlage her ein erotisches Chanson und zugleich die Parodie darauf. Tucholsky hatte es ursprünglich für Fritzi Massary gedacht, es wurde jedoch das Lied der Erlholz – schmissig und witzig zugleich:

Mir ist heut so nach Tamerlan, nach Tamerlan zumut!
Ein kleines bißchen Tamerlan, ja Tamerlan wär gut.
Es wäre ja, geniert mich das, geniert mich das, gelacht.
Ich glaube, es passiert noch was, passiert noch was heut Nacht.

Tamerlan, mein liebes Kind, ja Kuchen!
So einen Tamerlan, den möcht' ich wohl auch.
Tamerlan, da kannst du lange suchen,
wer mit Devisen handelt, der hat einen Bauch.
Und wenn 'ne kleine Frau 'ne große Glatze küßt,
dann weiß sie, daß das alles für die Katze ist.

Mit dem »Tamerlan«, der später auch in das Repertoire Trude Hesterbergs einging, war Nelson ein Schlager gelungen, der sich als »Dauerbrenner« unangefochten bis heute gehalten hat. Als Textautor erschien Tucholsky nunmehr in den Verzeichnissen der Musikverlage neben den Komponisten Oscar Straus, Irving Berlin, Robert Stolz, Ralph Benatzky und Jean Gilbert, und der witzige Nelson konnte unter das signierte Künstlerfoto, das er Tucholsky zur Erinnerung an die

Notentitelblätter mit Tucholsky-Couplets, die 1922 im Drei-Masken-Verlag erschienen. Die Erfolgstitel auf dem Schlagermarkt zu dieser Zeit hießen: »Wer wird denn weinen, wenn man auseinandergeht«, »Es gibt im Leben manchesmal Momente«, »Ich bin nur ein armer Wandergesell« und »Komm, mein Schatz, wir trinken ein Likörchen«

gemeinsame Arbeit 1922 in Berlin schenkte, die ironisierenden Worte schreiben: »Durch Ihre so schlagkräftigen Texte wurde meine Musik erst populär! – Auch das ist wieder 'ne Gemeinheit von Ihnen!«

Die Tucholsky-Nelson-Chansons sind zwischen 1920 und 1922 auch gedruckt als Ausgaben für Gesang und Klavier erschienen. Zu der Revue »Wir stehn verkehrt!« gehörten insgesamt neun Gesangseinlagen von Theobald Tiger: »In der Kahlbaum-Diele«, »Tamerlan«, »Was kleine Kinder sehn«, »Raffke-Couplet«, »Sie sehn heut abend glänzend aus«, »Jede Landpartie hat mal ein Ende«, »Meeresleuchten«, »Zieh dir'n Ring durch die Nase« und »Ein Smoking alleine macht es nicht«.

Es gab damals sogar Kritiker, die Tucholsky nun vollkommen für die heitere Muse vereinnahmen wollten – zuungunsten des politischen Schriftstellers.

Die »Berliner Börsenzeitung« schrieb: »Textlich wird die Revue sehr angenehm von dem forschen Witz Theobald Tigers belebt, dem man hier lieber drei Stunden Gehör schenkt, als seinem Intimus Ignaz Wrobel drei Minuten im Lustgarten.« Das war eine Anspielung auf das politische Gedicht »Drei Minuten Gehör!«, das wenige Wochen zuvor öffentlich bei den Kundgebungen der Antikriegsbewegung im Berliner Lustgarten rezitiert worden war.

Obwohl die Nelson-Revuen ausschließlich im Dienst amüsanter Unterhaltung standen und dem Zeitsatiriker Tucholsky Grenzen gezogen waren – er selbst sprach in diesem Zusammenhang einmal von »Revue-Späßen« –, hat er es nie unterlassen, die Bühne für die Gesellschaftssatire zu nutzen. 1922 brachte er in der Figur des Herrn Raffke einen Zeittyp aufs Podium, dem er ein markantes, berlinisches Lied auf den Leib dichtete. Der Text und die Musik dazu sind erst vor kurzem, im Zusammenhang mit der Erarbeitung dieses Buches, wieder aufgefunden worden. Raffke singt:

Ick bin die allerneuste Zeiterscheinung,
Sie treffen mir an alle Orte an,
ick pfeife uff die öffentliche Meinung,
weil ick als Raffke mir det leisten kann.
Ick bin die feinste von den feinen Nummern,
ick steh schon in die Illustrierte drin;
denn ob Jeschäfte oder Sekt und Hummern:
Ick knie mir rin, ick knie mir richtig rin!

Über seine Herkunft aus bescheidenen Verhältnissen informiert er offenherzig:

Mein Vata war ein kleiner Weichenstella,
und meine Jugend, die war sehr bewegt.
Ick stand doch damals in'n Jemisekella,
wo meine Frau die Jurken einjelegt.
Denn stieg ick uff. Und wurde richtig Raffke,
und steckt die janze Welt in'n Dalles drin:
Det macht mir nischt, denn ick vadiene daffke.
Ick knie mir rin, ick knie mir richtig rin!

Raffke ist Villenbesitzer und Kunstmäzen: »Ein Bild in Auftrag jeben tut er immer, / jefällt's ihm nicht, hängt er's ins Badezimmer.«

Im »Raffke«-Couplet hatte Tucholsky wieder enge Berührung mit Otto Reutter und dessen Humor. Auch Reutter ließ einen Kriegsgewinnler auftreten, über den die Leute im Varieté Tränen lachten, denn er hatte »die größten Bilder mit de dicksten Leisten – / und ein kleines Bild von Menzel bloß – / Jott, der Menzel war ja ooch nich groß«. Reutter, der kleine Dicke aus Gardelegen in der Altmark, war im Witz sprudelnder und elementarer als Tucholsky, die Pointen folgten wie Feuerwerk dicht aufeinander, waren simpel und kunstvoll zugleich, was Tucholsky immer bewunderte, denn aus Reutters Munde dichtete das Volk direkt. Theobald Tiger hingegen, Berlins elegantester Tagesdichter, wie man ihn nannte, mußte sich die Pointen oft mühsam erarbeiten – und dennoch, wie gut hat er das gemacht! »Wahrhaftig, Jung-Raffkes Stil ist gar nicht so übel kopiert. In Theobald Tigers Spiegel entdeckt man erst, was wir für süße Nulls und Lulls sind. Oder heißt es gar Nullen und Lullen?« fragte das »12-Uhr-Blatt« am Tag nach der Premiere.

Nicht alle der etwa dreißig Chansons, die er für die Nelson-Revuen verfaßt hat, sind Schlager geworden, und nicht alles, was er an Liedern dieser Art in jenen Jahren geschrieben hat, ist zur Aufführung gelangt. Vieles existiert nur in Form von Manuskripten, Entwürfen und Fragmenten im Nachlaß.

Die Gondel

Noch ein letztes Mal arbeitete Tucholsky, bevor er nach Paris übersiedelte, an einem Berliner Kabarett mit, das im Juni 1923 unter dem Namen Die Gondel eröffnet wurde. Es sollte eine deutsche Variante zu der russischen Emigrantenbühne Der Blaue Vogel sein, die mit ihrem Kolorit in Berlin Furore gemacht hatte. Malerei und Ausstattung gaben auch der Gondel ihre spezielle Note. Jedes Lied bekam seine eigene Kulisse und präsentierte sich als »Schaunummer« fürs Auge. Zu Witz und Farbe kam noch eine erstklassige Musik, die vom Jazz bis zu Schumann virtuos mit ihrem Material umging.

Die Gründer der Gondel waren Hans May und Paul Leni. Sie hatten, als sie sich mit Tucholsky zusammentaten, bereits einen Namen, der ihrem Kabarett zugute kam. Den Maler Leni kannte man als Bühnenbildner und Ausstatter verschiedener Berliner Theater, aber auch als Plakatmaler und Regisseur beim Film. Für ihn war die Gondel eine künstlerische Zwischenstation, bevor er 1926 nach Hollywood ging. Der zweite Mann der Gondel, der Komponist Hans May, stammte aus Wien, war 1886 in dieser Stadt geboren und dort ausgebildet. Sehr früh schon kam er als Pianist mit dem Varieté in Berührung, er saß im Ronacher, Wiens einst berühmtem Varieté, am Klavier, und war anschließend als Theaterkapellmeister in Kairo und Konstantinopel tätig, bevor er Anfang der zwanziger Jahre nach Berlin kam und Begleitmusiken für den Stummfilm komponierte.

Die Gründer und Direktoren der Gondel.
Links: Hans May
Oben: Paul Leni
Gezeichnet von Walter Trier

Der Film ist dann auch Hans Mays eigentliches Betätigungsfeld geblieben. Seine populärste Melodie, »Ein Lied geht um die Welt«, sang Joseph Schmidt 1933 in dem gleichnamigen Film. Aber lange bevor May für die Charell- und Haller-Revuen arbeitete und Schlagerfilme mit Melodien versah, hatte er schon kleine Lieder und Chansons geschrieben, die ersten für die Sammlung »Die elfte Muse«, dazu mehrere Schlager, in denen das melodienselige Wiener Lied fortlebte. Hans May wurde jetzt Tucholskys neuer Komponist. Tucholsky war außerdem »verantwortlich für

Theater
„Die Gondel“
Bellevuestraße 4
Telephon: Amt Nollendorf Nr. 4156

Rauchtheater
Erstrangige Küche

Verantwortlich für den gesamten literarischen Inhalt: Theobald Tiger. Für die Kunstbeilagen: Paul Leni
Verlag: U. T. Z. Verlag und Annoncenexpedition, Berlin W 62, Lützowplatz 14
Druck: Buchdruckerei Max Gottlieb, Inh. M. Gottlieb & S. Javitz, Berlin SW 61, Blücherstraße 22

Seite aus dem Programmheft. Verantwortlich für den gesamten literarischen Inhalt zeichnete Theobald Tiger, der Spaß und Unterhaltung im künstlerischen Gewand versprach

den gesamten literarischen Inhalt« des sehr repräsentativen und aufwendigen Programmhefts.

Was die Gondel wollte, mußte Peter Panter dem Publikum im »Prolog« zum ersten Programmheft ankündigen – Spaß und Unterhaltung im künstlerischen Gewand.

Daß das bei ihm nicht unpolitisch gemeint war, darüber gab schon der im ersten Programm vorgestellte »Gesang der Bergleute« Auskunft. Dieses Lied hatte Kurt Tucholsky bereits im Schreibtisch, als die Gondel noch in der Vorbereitung war.

Es entstand für das im Herbst 1922 konzipierte Kabarett Rote Nachtigall, das, wie die »Rote Fahne« berichtete, das erste literarische Arbeiterkabarett im Norden Berlins werden sollte. Gemeinsam mit dem Schriftsteller Hans Siemsen, einem Mitarbeiter der »Weltbühne«, sollte es von Tucholsky geleitet werden. Rosa Valetti und Paul Graetz wären bereit gewesen, hier aufzutreten, wenn es am 9. November 1922 eröffnet worden wäre. Aber dazu kam es nicht. »Merkwürdigerweise scheinen die republikanischen Behörden von der Geburt der ›Roten Nachtigall‹ nicht erbaut zu sein. Sie finden, für ihre Konzessionierung sei ›kein Bedürfnis‹ vorhanden.« Das meldete die »Berliner Volkszeitung« am 22. Oktober 1922. An der politisch gesteuerten Nichtzulassung durch das Berliner Gewerbeamt scheiterte das Vorhaben. Aber der dafür vorgesehene »Gesang der Bergleute« war nun, ein halbes Jahr später, in der Gondel zu hören und im Programmheft nachzulesen.

Das Bühnenbild dazu zeigte frongekettete Bergleute unter lastendem Berg, an unbarmherzig fortreißendes Werkzeug geschmiedet und vorgeführt als erschütternder Totenschattentanz. Es war das erstemal, daß in einem Kabarettchanson von Tucholsky mit Blick auf den Proletarier das Thema der Arbeitssklaverei berührt wurde, im Tonfall ebenso ernst wie die »Rote Melodie« und mit einer ebenso sorgfältig durchgearbeiteten Komposition, die sich von den Dutzendmelodien des Unterhaltungskabaretts jener Jahre auffällig abhob.

Der »Gesang der Bergleute« war eines jener Gondel-Chansons mit Komposition von Hans May, die der Wiener Boheme-Verlag 1924 in sein Verlagsprogramm übernahm. Viel gelobt wurden von der Kritik auch die parodistischen Texte Tucholskys, in denen natürlich die Politik immer wieder durchschimmerte, so in dem Bild »Auf Wiedersehen, Marie!«. Es zeigte drei Wanderburschen auf der Walze, bühnentechnisch so gelöst,

Am Kabarett der Gondel wurde Hans May der Komponist Kurt Tucholskys

daß die Drei am Ort singend marschieren, während sich die Landstraße mit Dorfkulisse und besonntem Horizont in entgegengesetzter Richtung an ihnen vorbeibewegt. In den einzelnen Strophen des Wanderliedes kehrt ständig eine »Leberwurst« wieder mit dem Refrain: »Falschen Tritt, falschen Tritt, die ganze Kompagnie, / Gute Nacht, auf Wiedersehn, Marie!« Während Hühner, Kirchturm und ein trippelnder Hund ins Bild kommen, wechselt der anfängliche Ulk unversehens in die Politik hinüber:

Falschen Tritt, falschen Tritt, die Militär-
musik,
falschen Tritt, falschen Tritt, die ganze
Republik!

Die Gondel erhielt von Hans Reimann aus Leipzig eine dicke Besprechung in der »Weltbühne«. Besonders lobte er Tucholskys »Gassenhauer«; es sei für ihn »die beste szenische Darstellung« gewesen, die er bisher in einem deutschen Kabarett erlebt habe. »Wie hier der Hunger, den der kleine Mann aus dem Volke nach Gutem, Wahrem, Schönem empfindet, greifbare Formen angenommen hat, wie hier die tiefe Sehnsucht nach Tingeltangel in drei troglodytenhaften Droschkenkutschern aufgezeigt wird: das ist phaenomobil.«

Worum geht es? Das Lied ist ein Gassenhauer auf den Gassenhauer, der, von irgendeiner Soubrette im Varieté gesungen, plötzlich das Gemüt der Massen ergreift und zum Schlager wird, obwohl sein Refrain das Geistloseste ist, was man sich überhaupt vorstellen kann, etwa so wie der Inflationsschlager von Robert Steidl »Wir versaufen unser Oma ihr klein Häuschen«. Tucholsky reimte sich einen ähnlichen Refrain zusammen. Bei ihm heißt es:

Wir gebrauchen – wir gebrauchen –
keine Schwiegermamama –
wir gebrauchen – wir gebrauchen –
keine Schwiegermamama!
Was sind wir stets zu dritt gesellt –
die hab ich doch nicht mitbestellt …
Nimm sie weg, Schatz! Nimm sie weg, Schatz!
Und mach mir 'n bißchen Platz!

Die Droschkenkutscher, von dem Refrain infiziert, singen nun ihrerseits:

Leise zieht durch unser Biergemüt
so ein kleines doofes Schlagerlied.
Singt es auch das Publikum,
dann ist die Sache rum.

Und der Lümmel, der das Lied erdacht,
hat sich damit ville Geld gemacht.
Jeder singt es mit Genuß –
und wer nicht will, der muß!

Die Gondel, die bis 1926 bestand, hatte bis zu ihrer Schließung immer »Tucholskys« im Programm, selbst als er schon als Mitarbeiter der »Weltbühne« und des Feuilletons der »Vossischen Zeitung« im fernen Paris wohnte, wenn er sich auch oft genug über säumige Abrechnungen ärgerte, schriftlich mahnen mußte und sich erboste, wenn andere seine Chansons als »ihre« verkaufen wollten.

Fünf erfolgreiche Jahre

Die Jahre von 1919 bis 1924 waren erfolgreiche Jahre für den Liederdichter und Kabarettautor Theobald Tiger. Seine Chansons sind nunmehr fester Bestandteil seines Werkes, sie erscheinen im Druck bei führenden Musikverlagen wie Adolph Fürstner, dem Drei-Masken-Verlag und dem Wiener Boheme-Verlag und gehören zum Repertoire namhafter Interpreten. Wo Revue- und Kabarettschlager in Vertonungen von Rudolf Nelson, Friedrich Hollaender, Werner Richard Heymann oder Hans May aufgeführt werden, ist auch der Name Tucholskys im Gespräch. Diese berufliche Bindung zu Theater und Kabarett, Lied und Chanson bleibt nicht ohne Einfluß auf sein übriges Schaffen. Wie inspirierend gerade Musik und Vortrag auf seine Lyrik zurückwirken, erkennt man daran, daß die Satiren jener Jahre häufig Liedtitel haben. So finden sich 1919 unter seinen Gedichten die charakteristischen Bezeichnungen »Berliner Drehorgellied«, »Schäferliedchen«, »Das Lied vom Kompromiß«, »Ein altes Lied« und ein »Auftrittslied«. 1920 heißen Gedichte von ihm »Lautenlied«, »Canzonetta«, »Sommerlied«, »Kleines Couplet«, »Kleines Trällerlied« und »Literaturwalzer«. An die heitere Muse erinnern 1922 und 1923 wieder entsprechende Titel wie »Couplet für eine Bierabteilung«, »Altberliner Couplet«, »Deutsches Lied«, »Schlager« und »Mal singen, Leute!«.

Seine Texte finden sich jetzt auch in den Anthologien der Zeit. Eine literarisch bedeutsame Publikation in dieser Hinsicht war Eric Singers »Bänkelbuch« von 1920, das unter dem Gesichtspunkt des Bänkeltons zum erstenmal eine Auswahl aus der modernen deutschen Lyrik vornahm. 1922 erschien eine spezielle Sammlung fürs Kabarett mit dem Titel »Das schiefe Podium«. Tucholsky ist darin als »Scharfrichter unserer Zeit« neben Klabund, Mehring, Roda Roda, Fritz Grünbaum, Willi Prager, Robert Steidl und Ralph Benatzky mit vier Arbeiten aus den »Frommen Gesängen« vertreten. Er selbst gibt manchmal Lesungen in Berlin, die immer ausverkauft sind. Überwiegend bekommt er Zustimmung, die Kritiker empfehlen ihm, bei künftigen Abenden seine stark musikalisch empfundenen Strophen am Klavier zu akzentuieren, da sich ihr Witz erst auf diese Weise richtig erschließe.

Im Bereich des Kabaretts und Chansons kam es Anfang der zwanziger Jahre gelegentlich auch zur Zusammenarbeit mit anderen Autoren des Genres. Solche beruflichen Kontakte bestanden zu Hans Reimann, der als Leipziger Gast in Berlin häufig bei Schwannecke und Aenne Maenz verkehrte, wo Tucholsky und die Schauspieler von Theater, Kabarett und Film anzutreffen waren. Theobald Tiger wurde auf diesem Weg Autor der von Reimann geleiteten Leipziger Retorte. Von ihm und Hans Reimann wurde dort 1922 »Das Lied vom Achtel« aufgeführt. Vertont hat es Janos Elka, der Hauskomponist der Retorte. Dieses Chanson ist leider verschollen, wie so viele andere Manuskripte.

Manchen Abend saß Tucholsky auch mit dem Komiker Wilhelm Bendow zusammen und half ihm, für seine Auftritte am Schall und Rauch und später bei der Wilden Bühne seine »Tätowierte Dame« zu aktualisieren. Das war eine mit politischen Tageswitzen gespickte Ulk-Solonummer, die Bendow viel Beifall, aber auch Angriffe von rechts einbrachte.

Die künstlerische Handschrift Tucholskys hatte sich mit dem Erscheinen der »Frommen Gesänge« und seinen regelmäßigen Zeitschriften-Veröffentlichungen nunmehr so ausgeprägt, daß Parodien auf ihn entstanden, die ihrerseits wieder Repertoire fürs Kabarett abgaben. Schon 1921 erschienen sie in der »Weltbühne«, verfaßt von dem Reinhardt-Schauspieler Hans Heinrich von Twardowski.

Eine solche Parodie auf seinen Kollegen nannte er einmal »Theobald Tigers allerschönste Stunde«. Sie schloß mit der Strophe:

Komm her, du kleines Mädchen großer
 Freude,
du trägst mit Recht den Namen Adelheide.
Nimm aus dem Schrank den Sekt und auch die
 Hummern!
Wir beide werden herrlich danach
 schlummern.
Darf ich mich erst an deiner Seite strecken,
dann können alle anderen ... sich verstecken.
Zehn Uhr, die Noske-Wehr stampft schwer die
 Runde.
Sie stört mir nicht die allerschönste Stunde.

Als Dichter satirischer Couplets und Chansons hat Tucholsky 1920 bereits seinen Stil gefunden. Charakteristisch für ihn sind die pointiert lässige Schreibweise wie das Mokante im Ton, das Antippen mehrerer Themen innerhalb einer Strophe, die erotische Neigung des Verfassers und der obligate Seitenhieb gegen die Politik. Gerade Tucholskys scharf formulierte Attacken gegen die Vorherrschaft des Militarismus, gegen die Monarchisten, Putschisten, Völkischen und Nationalen, sein Kampf gegen das alte System in der neuen Staatsordnung, den er – parallel zu seiner Kabarettarbeit – in der »Weltbühne« Siegfried Jacobsohns, der »Freien Welt« Felix Stössingers, der »Berliner Volkszeitung« unter ihrem Chefredakteur Otto Nuschke, der »Freiheit«, der Zeitung der USPD, und der »Welt am Montag« unter Hellmut von Gerlach führte, zog von Anfang an die Angriffe militanter rechter Kreise auf ihn, seine Bücher, seine Chansons und seine Person betreffend. Die »Deutsche Tageszeitung« lehnte schon im Januar 1921 seine Chansons im Schall und Rauch als »Geschmacklosigkeiten« und »Plattitüden« ab. Die Hetze gegen ihn begann.

»Es tat ein Tiger hausen wohl an dem Strand der Spree.« Zeichnung von Walter Trier

Daß Tucholsky mit seinen Couplets und Chansons solche Wirkung haben konnte, beruhte nicht zuletzt auf der Qualität der Vertonungen und auf den musikalischen Einfällen, die er selbst beisteuerte. Wie stark er sich um die Musik kümmerte, ist aus den zahlreichen Hinweisen und Notizen ersichtlich, die er seinen Texten beigab und die von den Komponisten aufgegriffen wurden oder ihnen doch wenigstens die Richtung verdeutlichten, in der die Musik gedacht war. Zu einem zeitsatirischen »Lied für Pianoforte« schreibt er unter die letzte Strophe als Anregung für den Vertoner: »Musik im Stil von ›Lied des klagenden Mädchens‹ für zweihändiges Pianoforte, arrangiert von Otto Lindemann.« Zu einem anderen Chanson, der Schlagerparodie »Hawaii« für Trude Hesterberg, findet sich eine entsprechende Anmerkung für den Komponisten: »Die Vorstrophe ist gearbeitet nach ›Sonnenstrahlen‹

Elektrola EG 792. Vielleicht gibt es eine Möglichkeit, das ›A-i, Hawa-i‹ als Parodie der Guitarrentöne zu bringen.« Mitunter greift Tucholsky beim Schreiben auch auf bekannte Melodien zurück. Es gibt einen damals populären Schlager von Rudolf Nelson, »Jacques Manasse«, der ihm so gefiel, daß er sich ein neues Lied darauf ausdachte. Es heißt »Das Waisenkind der Konfektion«.

Mit nahezu hundert Arbeiten für die Unterhaltungsbühne sowie den Chanson- und Coupletvortrag war Tucholsky zwischen 1919 und 1924 Berlins produktivster Autor und, registriert man die zahllosen Erwähnungen Theobald Tigers in Zeitungen, Zeitschriften, Programmheften, Almanachen und Anthologien, zugleich der populärste.

Zeichnung von Fritz Wolff

Der falsche Ton!

~~Die Grafin~~ in Hulda,
~~Schlossfrau~~ zu Fulda,
die lehnte träumerisch auf dem Altan.
Der Graf von Wahlern,
zu Courths- und Mahlern,
der lehnte gleichfalls... und sie sah ihn aan - -
"Fluch meinem Gatten!
Auf grünen Matten
hat er mit einer Dienstmagd was getan...

Seit ich ihn s o gesehn,
da zerbrabh was in mir!
da zerbrakch was in mir!
Warum musst ich mir diesen Anblick gönnen?
Ich weiss,
ich weiss:
ich weiss - nun werd ich nie mehr lachen können

Refrain

Jüngst betrat ich kühne
die Reichstagstribüne
mit meinem Freund, der macht da die Kritik.
Zwei lasen in Briefen,
die andern schliefen,
und einer schimpfte auf die Republik.
Ich fragte meinen:
"Was tun die Kleinen?"
Er sagt: "Die machendeutsche Politik..."

Und als ich d a s gesehen,
da zerbrach nischt in mir,
da zerbrach nischt in mir -
der Anblick war direkt ein Talisman.
Ich weiss,
ich weiss,
worüber ich jetzt lachen kann-!"

Aus der Werkstatt des Chansondichters: »Lied für Pianoforte«, Typoskript aus dem Nachlaß.

Das Chanson der späten zwanziger Jahre

»Kleine Liedchen, gewiß keine Meisterwerke, meilenweit von diesen schrecklichen ›Schlagern‹ entfernt, in denen Spekulationssucht und Idiotie um die Grammophonpalme ringen. Ein paarmal habe ich mir die französischen Texte gekauft; man merkt erst beim Lesen, wie gut sie sind: da sind sie nämlich schlecht, weil sie für den Vortrag geschrieben sind. Und da das Ohr viel weniger und viel weniger schnell aufnimmt als das Auge, so haben diese Chansonniers mit ihrem untrüglichen Instinkt für das, was man mit ästhetischem Wortgefühl ertragen kann, ein Minimum von Schmalz aufgewendet, um ein Maximum von Charme zu entwickeln.«

Cabaret-Kritik, 1929

Kurt und Mary Tucholsky

In Paris – der Heimat des Chansons

Es war im April 1924. Vom Charlottenburger Bahnhof reiste der neue Frankreich-Korrespondent der »Weltbühne« Kurt Tucholsky nach Paris ab. Zusätzlich hatte er noch einen Mitarbeitervertrag für die angesehene bürgerliche »Vossische Zeitung« unterzeichnet. Für ihn bedeutete die Übersiedlung eine wichtige Zäsur. Er heiratete in zweiter Ehe Mary Gerold, gab seinen Wohnsitz in Berlin auf und hielt sich von da an nur noch besuchsweise in seiner Geburtsstadt auf.

Seine Verbindungen zu Deutschland und deutscher Politik blieben natürlich bestehen, ebenso die Kontakte zu den Berliner Schauspielern, die die Interpreten seiner Chansons waren. Er schreibt auch nach 1924 wieder neue, großartige Lieder für ihr Repertoire und darüber hinaus eine Fülle von Versen, die ursprünglich gar nicht für den Vortrag gedacht sind, in denen aber das Chansonelement so stark dominiert, daß man versucht ist, seine gesamte lyrische Produktion ab 1924 mit dem Begriff Chanson gleichzusetzen. Sprache, Tonfall und Strophenbau sind von so hoher Musikalität, daß auf viele Gedichte adäquate Vertonungen im nachhinein entstehen konnten.

Paris und Frankreich geben ihm neue Anregungen, bringen ihm die Tradition des französischen Chansons nahe. Paris – das ist eine andere Luft, ein anderes Klima und eine andere Mentalität, die ihn, der Preußen und Berlin mit seinen Offiziers- und Beamtentypen, Raffkes und Wendriners gerade den Rücken gekehrt hat, freier atmen läßt. Im Park Monceau läßt er sich auf einer Bank von der Pariser Frühlingssonne bescheinen und schreibt erste Verse in sein Pariser Poesiealbum: »Hier ist es hübsch. Hier kann ich ruhig träumen. Hier bin ich Mensch – und nicht nur Zivilist«, und an den befreundeten Paul Graetz gehen via »Weltbühne« die schwungvollen Zeilen: »Mensch, ein Mal auf dem Buhlewar! Mensch, ein Mal in Paris!«

Dr. Tucholsky, ein soignierter Herr in den Dreißigern, doch älter wirkend, wenn er in Cutaway, mit Hut und Spazierstock durch die Straßen schlendert, ist in Paris wie in Berlin der gleiche intensive Arbeiter. In seiner Bibliothek stehen neben dem Großen Sachs-Villatte, dem Dictionnaire Française-Allemand, auch die Werke des von ihm geliebten Dichters Courteline, die Memoiren der Yvette Guilbert und ihre Chansons in der Ausgabe von Gustave Ferrari. Selbstverständlich befindet sich in seinem Haus auch ein Klavier. Zuweilen kommen Walter Mehring, George Grosz und Walter Hasenclever, die ebenfalls in Paris leben, zum Nachmittagskaffee mit Kuchen und Whisky, oder man trifft sich zum Abendessen im Restaurant, verbunden mit dem Besuch des Theaters, des Kabaretts oder der Revue.

Die Revue wird in Paris noch immer groß geschrieben. Es ist die Zeit der Folies-Bergères mit den wirbelnden Beinen der Girls und den komödiantisch glänzenden Stars wie Maurice Chevalier und Mistinguett. Eines seiner ersten Feuilletons, mit denen er sich in der »Vossischen« den Lesern vorstellt, beschreibt die großen Ausstattungsrevuen im Casino de Paris und den Folies-Bergères als hübsch und lebenslustig wie die ganze Seine-Stadt. Als Kenner bevorzugt Tucholsky aber mehr die kleineren Revuen, wo die Chansonniers ihre netten Lieder singen, die ihm gefallen, weil sie bei aller Anzüglichkeit doch charmant sind. Nicht, daß die Leute alle Genies wären, aber »sie schwitzen nicht, sie rackern sich nicht mit Humor ab, sie mimen nicht, sie stehen fast alle still und singen, je frecher, je unbewegter ihre Liedchen.«

In der Distanz zum Berliner Amüsierbetrieb fiel ihm so recht auf, daß den Deutschen solche kleinen, netten, angenehmen Lieder fehlten, daß hier Charme allzu häufig durch Schmalzigkeit, Geist durch plumpe Anspielung ersetzt wurden.

Aristide Bruant, Frankreichs legendärer Chansonnier, im Foto und in dem 1892 von Toulouse-Lautrec geschaffenen Plakat. Tucholsky, der ihn 1925 in Paris auf der Bühne sah, nannte ihn »den Ruhm des alten französischen Cabarets« und gab ihm die Bezeichnung »Dichter«. Seine Gesänge waren zu seiner Zeit Volkslieder

In seinen Aufsätzen für die »Weltbühne«, die seine Impressionen und Erfahrungen in Paris betreffen, bewegt ihn des öfteren die Frage, warum es in Deutschland nicht möglich sei, im Chanson oder Couplet einen solchen Liedtyp der kultivierten Unterhaltung zu schaffen. Von den Franzosen könne man da manches lernen. Einem dieser hübschen kleinen Lieder, die er damals in einer Revue hörte, hat er in der Zeitschrift »Die Dame« sogar ein Feuilleton gewidmet: »T'en fais pas – viens à Montparnasse! – Mach dir nichts draus – komm nach Montparnasse!« So hieß das Lied. Es war nichts Außergewöhnliches, Sensationelles gleich gar nicht, aber die Leute sangen am Schluß begeistert mit und waren dem Sänger dankbar. Tucholsky, der im Publikum saß, versuchte sich Antwort auf diese Reaktion zu geben. »Wir sollen nach Montparnasse kommen, gut und schön, doch wozu teilt er uns das mit? Kein Mensch dachte darüber nach. Da war ganz etwas anderes: Da war Heimat!« Und während er im bequemen Theatersessel saß, fielen ihm wieder seine Erlebnisse im Krieg ein, als sie an den Abenden Grammophonplatten abspielten und sich von ihren

Lieblingsschlagern über ihren tristen Alltag hinwegtrösten ließen. Er sagt, es sei kein Zufall, daß solche Lieder gerade im Krieg »so unendlich populär geworden sind, denn in ihnen war Heimat«. Lieder wie das vom »Montparnasse« gebe es in allen großen Städten der Welt. Sie sind sehr populär, obwohl eigentlich nichts weiter drin steht als vielleicht »die halbe Andeutung einer Liebesgeschichte, ein paar einfache Reime und dann als Refrain und Clou: ein Ortsname. ›Das war in Schöneberg – im Monat Mai‹ und ›It is a long way to Tipperary‹ und ›T'en fais pas – viens à Montparnasse‹ ...« Darin lag aber gerade das Besondere.

Tucholsky besuchte nicht nur die Revue, er ging auch zu dem Sänger Aristide Bruant, der 1925 einen Abend in Paris gab. Zu dieser Zeit schon ein alter Mann, doch trotz seiner 74 Jahre noch immer eine imposante Gestalt, herausgetreten aus dem Plakat von Toulouse-Lautrec und von ungebrochenem Montmartre-Geist, wie es schien. Er ließ in seinen Gesängen noch einmal das Paris vor der Jahrhundertwende auferstehen mit seinen Apachen, Kneipen, den verblühten Schönheiten, die abends Karee gingen, und ihren Galanen mit dem Tuch um den Hals, die verächtlich auf die Fettwänste der Bourgeoisie spuckten. In den Liedern des Aristide Bruant, der als der Schöpfer des sozialen Kabarettchansons gilt, wurde das Paris der neunziger Jahre des vorigen Jahrhunderts für Stunden noch einmal lebendig. »Es ist die regnerische Luft der Vorstadtstraßen, in denen abends spärliche Laternen brennen, Kreuz und Schafott liegen gleich nah, und alle Tragödien der Messerstiche und Frauenzimmergeschichten enden im Spital der Universitätsklinik. Man hat das tausendfach nachgeahmt, und fast immer erfolglos und snobistisch.«

Das Imponierende für Tucholsky war, zu erleben, welche Verehrung dem Sänger dargebracht wurde und wie dankbar die Franzosen mit ihrem Sinn für Tradition dafür waren, daß Bruant ihr Paris »in der Weltliteratur unsterblich gemacht hat«. Diese Begeisterung für einen Nationalhelden äußerte sich darin, daß der Saal alle Strophen seiner Lieder mitsang, nicht nur die Refrainzeilen.

Begegnungen mit den Traditionen des klassischen Chansons ergaben sich auch bei anderer Gelegenheit. 1925 unternahm Tucholsky von Paris aus mit seiner Frau Mary eine längere Reise durch die Pyrenäen, die ihn von einer ganz anderen Seite mit dem französischen Chanson und

Sie waren einst die Attraktion des alten »Moulin Rouge«: das Tänzerpaar La Goulue und Valentin, die in den neunziger Jahren zum Inbegriff des Can-Can wurden. Hier von Toulouse-Lautrec 1894 gezeichnet bei einem Walzer

Tucholskys Liebeserklärung an Paris nach der Rückkehr aus den Pyrenäen: »Da stehe ich auf der Brücke und bin wieder mitten in Paris, in unser aller Heimat. Da fließt das Wasser, da liegst du, und ich werfe mein Herz in den Fluß und tauche in dich ein und liebe dich.« Blick auf die Seine. Foto aus dem Jahre 1926

dessen großen Künstlern in Berührung brachte. Er machte auf der Rückreise Station in dem südfranzösischen Albi, jener Stadt, in der Toulouse-Lautrec, der Zeichner des Moulin-Rouge, geboren war. Er besuchte die dortige Bildergalerie, die zu Ehren des berühmten Sohnes der Stadt im erzbischöflichen Schloß eingerichtet worden war. In den drei Sälen stak er nun den ganzen Tag, wie er bekannte. Er betrachtete die Porträts, die Toulouse-Lautrec vom Theater, vom einstigen Montmartre-Künstlermilieu, von Aristide Bruant, der Guilbert und der Goulue geschaffen hatte. Vom Kustos des Museums ließ er sich auch das zeigen, was nicht in der Ausstellung zu sehen war – Skizzen, Entwürfe, die Schulhefte mit den frühen Zeichnungen. Nachdem alles wieder in die Mappen und Schubfächer zurückgelegt war, stieg Tucholsky nochmals die Treppen zur Ausstellung im ersten Stock hinauf, um Abschied zu nehmen von Yvette Guilbert.

Im »Pyrenäenbuch« gibt er eine detaillierte Schilderung von den Eindrücken, die die in so zarten Farben flammenden Plakate und Porträts auf ihn gemacht haben. Ein spezielles Blatt hat es ihm angetan, das zeigt die Tänzerin »La Goulue«, die in den neunziger Jahren als Inbegriff des rauschenden Moulin-Rouge-Vergnügens und des Can-Can galt.

Die Goulue, die »Gefräßige«, mit bürgerlichem Namen Louise Weber, war eine der berühmtesten Varietétänzerinnen ihrer Zeit, von zügellosem Temperament, herausfordernd, mit ihrer Frisur und Haarfarbe das Idol ihrer Generation.

Toulouse-Lautrec war mit ihr befreundet, er malte 1895 auf ihre Bitte die Dekorationen für ihre Schaubude und hat die Tänzerin in mehreren Blättern konterfeit. Auch Tucholsky ließ sich von dem elektrisierenden Schwung des Can-Can und der Person jener Goulue mitreißen. Er schreibt in den Pariser Jahren ein Chanson auf sie, das in seine Werke nicht aufgenommen worden ist, wie sehr viele andere seiner Arbeiten für Kabarett und Revue auch.

Vor langer Zeit
lief ganz Paris
nach Moulin-la-Galette.
Plakat, das schreit,
Reklame blies –
denn dort tanzt ein Ballett.
Hoppla, hoppla, mit den Beinen – hoppla,
hoppla ...
hoppla, hoppla ... mit den Beinen in der Luft!
Und eine war dabei, die hieß: La Goulue!
Und wo die war, da weht Pariser Luft.

Ja, da – da traten sie zum Cancan an,
und da stand jeder Mann
auf seiner Bank.
So konnt er La Goulue, die Fesche, sehn
und ihre Wäsche sehn,
die ganze Wäsche sehn –
Hallo! Geschrei! Champagner und Gesang!

Das hier zitierte Chanson – es ist ein Gruß an das alte Moulin Rouge und an Toulouse-Lautrec – existiert nur als Werkstattmanuskript: drei Schreibmaschinenseiten, unter die letzte Strophe hat Tucholsky einige Can-Can-Takte von Offenbach geklebt, ausgeschnitten aus einem Musikaliendruck, mit dem Hinweis für einen eventuellen Komponisten: »Im Refrain zu verwenden!«

Pläne für neue Revuen

In Paris erreichte Tucholsky 1925 aus Berlin ein Auftragsangebot für ein interessantes, neues Theaterprojekt. Die Reinhardt-Bühnen hatten den Plan, eine Revue mit Fritzi Massary und Max

Fritzi Massary, die Wienerin mit den Samtaugen, Primadonna der Berliner Operette – kultiviert, klug und souverän. Tucholsky saß bei ihr im Salon und spielte am Klavier Chansons vor, die zu der geplanten Revue gehörten. Der Star zeigte sich reserviert: »Es ist in dem, was Sie gebracht haben, kein Wort, das ich singen kann.« Tucholsky war verstimmt

Pallenberg in den Hauptrollen herauszubringen. Diese Form der künstlerischen Bühnendarbietung mit Tanz, Gesang, Spiel und losem Handlungsfaden war Mode geworden, und man wollte »mit der Zeit gehen«. Alfred Polgar und Kurt Tucholsky sollten das Textbuch und die Chansons dafür schreiben.

Natürlich reizte Tucholsky dieses Projekt. Er gehörte ja, seit er in Berlin die Kritiken für die »Schaubühne« schrieb, zu den Verehrern der Massary, die er als »Bachstelze«, »Zauberin« und »die einzige Darstellerin der grande cocotte, die unser Theater zur Zeit besitzt«, bewunderte. 1925 stand sie noch immer auf der Höhe ihres Ruhms, wenn auch älter geworden. Als Diva ihres Fachs zählte sie zu den Bühnenstars der zwanziger Jahre, vom künstlerischen Rang her vergleichbar mit der Bergner oder der Durieux. Tucholsky hätte gern gesehen, wenn Fritzi Massary Chansons von ihm vorgetragen hätte.

Sie brachte alle Voraussetzungen dafür mit – Geschmack, Klugheit, Sprachkultur und das gewisse Etwas –, hielt sich aber vollkommen fern vom literarischen Kabarett und seinen Chansons. Trotzdem widmete Tucholsky ihr 1921 seinen »Tamerlan« und warb noch einmal um sie, als er im gleichen Jahr »Prinzessin Olala« besprach und von ihr sagte: »Sie ist, wie stets, das Beste, was es in diesem Genre augenblicklich gibt – und der ihr so oft Kränze geflochten hat, möchte auch diesmal nicht verfehlen, ihr so viele gelbe Rosen zu überreichen, wie er nur kaufen kann.«

Ende Mai 1926 handelten die beiden Autoren in Wien mit Reinhardts Geschäftsführer die Vertragsbedingungen aus.

Um Ruhe zum Schreiben zu haben, quartierte sich Tucholsky fern vom Pariser Alltag in einem kleinen Ort in der Normandie ein. Es zeigte sich aber schon nach wenigen Tagen, daß der gewählte Aufenthalt zu seinem Verdruß laut und ungeeignet war. Noch mehr ärgerte er sich, als Alfred Polgar schrieb, daß er nicht zu dem vereinbarten Termin anfangen könnte, weil er noch anderes für Reinhardt zu erledigen hätte und sich außerdem krank fühlte. »Polgar läßt mich im Stich«, klagte Tucholsky gegenüber seiner Frau Mary, die zu dieser Zeit in Paris auf Wohnungssuche war und in dieser Sache noch immer keinen Erfolg melden konnte – außer, daß die Mietpreise sehr hoch seien und ständig steigen würden. Alles lief in diesen Wochen verquer. Wenn ihm trotz dieser vielen Querelen einmal ein guter Refrain einfiel, dann paßte er nicht in die Revue,

Alfred Polgar – Partner Tucholskys für die von Max Reinhardt bestellte Revue. Es wurde jedoch nichts daraus

wie er fand, sondern viel besser zu Nelsons Frau Käthe Erlholz:

Das, was ich haben möcht, sind Ihre Sorgen –
und dann noch Rothschilds Geld so nebenbei.
Und was Sie sonst noch wolln, das machen wir
morgen –
ach, komm'n Sie doch morgen,
komm'n Sie doch morgen mal vorbei!

Obwohl die Revue unter keinem guten Stern zu stehen schien, begann er mit den ersten Szenen und arbeitete einige Couplets aus. Für Rosa Valetti, gleichfalls als Darstellerin für die Revue in Aussicht genommen, entstand das »Lied der Kupplerin«:

Ich gucke durch keen Schlüsselloch.
Ick stopp mein Mann seine Strümpe.
Ick laß sie muddeln noch und noch –
ich stopp bis früh um fimfe.

Zwei weitere Couplets, die er abschloß, sind »Mañana« und »Zohl nix«. Das letztere fand Polgar, dem er es geschickt hatte, nicht gut, da »Pleitehumor«. Tucholsky akzeptierte diesen Einwand, entschloß sich aber, nichts wegzuwerfen, damit er bei der Endbesprechung recht viel vorlegen könne. Wenn er nicht an den Szenen arbeitete, saß er am Klavier und probierte die Gesangstexte durch. »Ich brülle und spiele den ganzen Tag – etwa acht Stunden hintereinander«, schrieb er an Mary nach Paris. Die Lieder der Revue wollte er zuerst fertig haben, weil das Schreiben und Bearbeiten der Szenen dann schneller von der Hand ginge. Ende Juni waren vierzehn Lieder und sechs Szenen fertig. Das Ganze sollte vereinbarungsgemäß in Garmisch zu Ende gebracht werden, wohin die beiden Autoren von Fritzi Massary und ihrem Mann eingeladen worden waren. Und so kam es, daß Tucholsky an einem schönen Juniabend in dem kultiviert und großzügig eingerichteten Haus des Künstlerehepaares seine Lieder am Klavier vorspielte:

Reisest du im Lande Spanien,
fragst du nach der Eisenbahn,
läßt du rösten die Kastanien,
stehst du bei dem Stierkampf an. –
Die machen sich keine Sorgen,
die sagen immer: morgen, morgen, morgen.
Alles gibt sich, alles macht sich,
zähl bis siebzig, zähl bis achtzig,
zähl bis hundert, dann ist's da –
Mañana, Mañana, Mañana ...

Was sagte Frau Massary dazu? Sie verhielt sich zu ihren künftigen Chansons sehr reserviert. Am nächsten Tag berichtete Tucholsky seiner Frau: »Lieder vorgesungen: ›Mañana‹ als Idee ja, aber nicht so, die Strophen wären nicht kompliziert und frech genug; ›Zohl nix‹ ja, ›Zeitung‹ Ia noch sonst manches. Im ganzen: zu nelsonhaft, mehr literarisch, was mir lieb ist.«

Es stellte sich heraus, daß er noch weitere Couplets schreiben mußte, ebenso den Dialog, und da Polgar kein verwendbares Szenarium mitgebracht hatte, fand er die ganze Sache »schief und krumm«. Auch auf der Besprechung am nächsten Tag kaum Erfreulicheres. »Es ist in dem, was Sie gebracht haben, kein Wort, das ich singen kann«, beanstandete die Massary. Sie will, meint Tucholsky, »Literatur und Grazie und Schlager und Geist und Popularität – also: nichts«. Das scheint auch Polgars Auffassung gewesen zu sein. Eine schwierige Situation. Sie müssen aber die Revue irgendwie zu Ende bringen. Fünf Tage Zeit haben sie noch dafür. Zwischendurch unterrichten sie Reinhardts Geschäftsführer telegrafisch, daß Frau Massary die Sache so nicht gefällt, sie die Revue aber vertragsgemäß zum Termin liefern werden.

So sehr Tucholsky die Art der Massary schätzt, so sehr ermüdet ihn in der Zusammenarbeit vor allem eins: seine Lieder anpreisen und erklären zu müssen. Immer mehr gewinnt er die Überzeugung, daß nach der Arbeit an dieser Revue so et-

Garmisch-Partenkirchen war im Juni 1926 für einige Zeit Aufenthaltsort von Kurt Tucholsky. Auf Einladung des Schauspielerehepaars Pallenberg-Massary trugen er und Alfred Polgar im Haus der Künstler die fertiggestellten Szenen und Chansons ihrer Revue vor

was für ihn nicht mehr in Frage kommt. Er steht generell auf dem Standpunkt: »Die sollen Lieder singen oder nicht – ich bin nicht der Mann, ihnen die meinen aufzudrängen.« Hinzu kommt, daß es nicht sein Stil ist, mit Unfertigem zu hantieren, es zur Prüfung weggeben oder vorlesen zu müssen.

Nachdem die beiden Autoren gemeinsam mit den Pallenbergs noch einen Ausflug ins Grüne mit Besichtigung der Zugspitze gemacht haben, Tucholsky schon ans Abreisen denkt, und zwar über München, wo er abends zu Karl Valentin gehen will, lesen sie an einem Donnerstag – es ist der 15. Juli 1926 – den beiden in Aussicht genommenen Hauptakteuren längere Passagen aus der Revue vor. Wie Tucholsky befürchtet hat, erkennen sie die Mängel des Bühnenmanuskripts sofort; sie meinen diplomatisch, daß es vielleicht besser wäre, das Stück im Künstlertheater unter Direktor Saltenburg herauszubringen und nicht mit Reinhardt. Das ist das endgültige Urteil.

Mühe und Aufwand hatten sich für Tucholsky und Polgar nicht gelohnt. Es hätte vielleicht etwas völlig Neuartiges, Aufsehenerregendes sein müssen wie die »Dreigroschenoper«, um damit zum Zuge zu kommen. Die Reinhardt-Bühnen verfolgten das Projekt jedenfalls nicht weiter, zumal die Konkurrenz auf diesem Feld außerordentlich groß war. 1926 brachte Marcellus Schiffer bereits seine erste zeitkritische Kabarettrevue »Die fleißige Leserin« heraus. 1926 war auch das Premierenjahr für die ersten beiden Hollaender-Revuen »Laterna magica« und »Hetärengespräche«, und schließlich war auch Erik Charell als Revueproduzent nicht untätig: Er zeigte – ebenfalls 1926 – mit seiner Inszenierung »Von Mund zu Mund« mit Wilhelm Bendow, Claire Waldoff und Marlene Dietrich in einer Aushilfsrolle, wie moderne Form der Unterhaltung auszusehen hatte.

Wie sich herausstellte, hatte auch Direktor Saltenburg an der Tucholsky-Polgar-Revue kein Interesse, so daß nach einem Jahr weiter nichts davon übrig war als einige Couplets, die die »Weltbühne« 1927 abdruckte. Die Öffentlichkeit erfuhr von einer langwierigen Arbeit lediglich in Form einer Glosse auf die bürgerliche Boulevardpresse:

Du lieber Gott, ich pfeif am letzten Loche:
Das sind die Zeitungen von einer Woche!
Die muß ich alle, alle lesen:
Die westliche Ostsee ziemlich bewegt.
Pola Negri endgültig trockengelegt;
Churchill gestürzt – die Kammer tobt;
der Papst mit Mary Wigman verlobt;
(Das ist ihm recht!) – Sturm auf den Azoren;
Ludendorffs Dackel hat seinen Schwanz
verloren.
In Grönland Badehosen-Hausse;
Pallenberg hundertmal in einer Posse
Verfilmung des Dramas Ain und Kabels;
Prämiierung des kleinsten Damennabels;
Mussolini und das schwarze Hemd seiner
Amme –
Nachrichten, Nachrichten, Telegramme,
Telegramme.

Die wenig erfreulichen Erfahrungen mit der Revue für Max Reinhardt mögen den Ausschlag dafür gegeben haben, daß Tucholsky im Februar 1928 die Anfrage der Piscator-Bühnen wegen eines ähnlichen Projektes abschlägig beantwortete. An sich wäre ihm das vorgeschlagene Kollektiv recht gewesen, auch Brecht als Mitarbeiter, jedoch die Zeit dafür war zu kurz. Es ginge nicht, weil er »ein sehr schlechter Improvisator« sei, alles lange bedenken müsse und Schwierigkeiten habe, unter Zeitdruck zu schreiben. Er wolle nicht gezwungen sein, »in fünf Wochen und noch dazu in Berlin etwas herunterzuhauen«.

Auf *einen* Spaß verzichtet er allerdings nicht: seine Erfahrungen und Beobachtungen zu einem kleinen Stück Literatur zu verdichten, das der Zeit und dem Rummel um die Revue auf den Leib rückt. Er nennt es »Die Zeit schreit nach Satire«. Es ist die bekannte Geschichte von dem Varietémanager Dr. Milbe, der die prominenten satirischen Schriftsteller der Zeit – Kästner, Mehring und Tucholsky – wegen einer Revue zu sich ins Büro bestellt und sich im Stil Wendriners exponiert, daß sich alle Theaterdirektoren den Bauch vor Lachen halten: »Also, sehn Se, ich hab mir das so gedacht: Wir machen eine Revue, verstehn Se, also eine Revue, so was hat Berlin überhaupt noch nicht gesehn! Scharf, verstehn Sie mich, witzig, spritzig – also es ist ja gar kein Zweifel: diese Zeit schreit ja nach Satire! – Das wird eine ganz große Sache! Wir haben sofort an Sie gedacht – nehm Sie ne Zigarette? – kommt ja gar kein anderer in Frahre. Wir engagieren Pallenberg, die Valetti, Paul Graetz, Ilka Grüning, Otto Wallburg – – Hallo? 'tschuldjen 'n Momentchen! (Viertelstündiges Telefongespräch) – also, wo waren wir stehengeblieben – Ja! Engagieren also die Massary, Emil Jannings, Lucie Höflich ... Nu ist da allerdings ein Haken: Ablieferungstermin des Manuskripts in acht Tagen. Ja, also das is nich anders! Warten ist zu teuer. Wir haben das Theater gepachtet – wir müssen mit der Sache raus. Na,

Sie werden das schon machen! Regie? Piscator! Seffaständlich! Hat schon zugesagt; wenn er also nicht kann, dann Jeßner. Oder Haller. Auf alle Fälle: I a. Da können Sie sich auf uns verlassen. – Und gehn Sie ran, besonders in den Couplets ... nein, halt, machen Sie keine Couplets – machen Sie Sonx – jetzt macht man Sonx – natürlich nicht zu literarisch, nicha, wir wenden uns ja an ein großes Publikum ... also 'n bißchen allgemein-verständlich ... wir haben so etwa gedacht: ›Dreigroschenoper‹ mitm Schuß Lehár. Komponisten? Na, wahrscheinlich Meisel und Kollo oder Hindemith und Nelson, ein bißchen einheitlich muß es ja schon sein.«

Lyrik im Zeichen des Chansons

Im Juni 1925 ziehen Tucholskys in Paris um. Bis dahin haben sie möbliert in der Avenue Mozart gewohnt, nun beziehen sie ein kleines Haus im Villenviertel von Le Vésinet bei St. Germain in der Nähe von Paris. Die literarische Produktion zeigt den gewohnten Schwung. Er hat die »Weltbühne« und das Feuilleton der »Vossischen Zeitung« zu beliefern, man erwartet von ihm die polemischen Beiträge zur deutschen Politik, Impressionen über Paris, neue Theobald-Tiger-Gedichte und die hübschen Feuilletons im Plauderton, die den Zeitungsleser, speziell auch die Leserin der »Dame«, amüsant unterhalten sollen. Um Stoff zu sammeln, beginnt er vom ersten Tage an mit der Besichtigung der Stadt, besucht Museen, den Eiffelturm, bummelt die Seine-Quais entlang, geht öfters ins Theater, nimmt als Auslands-Korrespondent an mehreren Gerichtsverhandlungen teil und genießt ansonsten die Pariser Leichtigkeit und Vergnüglichkeit. »So dumm das klingt«, schreibt er an eine Bekannte, »ich werde richtig nochmal jung.«

Le Vésinet, das Haus, das berühmte Besucher sah: Walter Mehring, George Grosz, Frans Masereel, Marita und Walter Hasenclever. Im Juni 1925 zogen Kurt und Mary Tucholsky hier ein

Über seiner Begeisterung für Paris vergißt er nicht seine Schauspielerfreunde in Berlin. Sie waren vorher schon ein wichtiges Stimulans für seine Arbeit und bleiben es auch weiterhin. Wie sehr er sich mit ihnen verbunden fühlt, davon sprechen die Fotografien, die er von ihnen im Treppenflur seines Pariser Hauses hängen hat, und die Chansons, die er ihnen aus der Pariser Ferne widmet.

Paul Graetz erhält 1924 das schwungvolle Vortragsstück »Immer raus mit der Mutter!« und Kate Kühl das Couplet »Mal singen, Leute!«. In späteren Liedern tauchen als Widmung wiederholt auch die Namen Claire Waldoff, Gussy Holl und Rosa Valetti auf.

Jetzt erst, zwischen 1924 und 1930, entsteht das eigentliche, klassische Tucholsky-Chanson mit seinen spezifischen Merkmalen. Es sind besondere Gütezeichen, die auch seinen Platz in der Literatur bestimmen. Der Begriff »Chanson« darf dabei nicht zu eng ausgelegt werden. Nahezu seine gesamte Lyrik weist, wenn man vom aktuellen Zeitungsgedicht einmal absieht, den Chansonstil auf. Es ist weitgehend Refrainlyrik. Die Strophen sind geprägt von einem geschmeidigen,

1928 erschien der erste Sammelband »Mit 5 PS«. Zu dieser Zeit kamen »so viel Aufträge, wie kein gescheiter Mensch zusammenschreiben kann«

federnden Rhythmus mit klarer Untergliederung, kenntlich gemacht durch Einrücken der Zeilen. Gab es in den frühen zwanziger Jahren, besonders in den Tagescouplets und den Nelson-Chansons, mitunter noch einen Leerlauf von Worten auf einen gewollten Reim hin, so zeigt die Lyrik ab 1924 in ihren besten Stücken eine Verdichtung in Sprache und Stil. Die eigentliche Tucholskysche Sprachmelodie bildet sich heraus; seine Strophen haben Erzählstil und Bekenntnischarakter wie in dem Lied »Der Priem«, aus dem man das Spiel des Schifferklaviers herauszuhören vermeint:

Es haben die Matrosen
wohl auf dem blauen Meer
nicht nur die weiten Hosen –
sie haben noch viel mehr.

Beste Chansonlyrik mit leicht angeschlagenem Humor sind das »Herz mit einem Sprung«,

Im Gesicht und auch in Sachsen,
wo die Meise piepst,
laß ich den Bart mir wachsen,
weil du mich nicht mehr liebst.

das »Sauflied, ganz allein«

Manchmal denke ich an dich,
das bekommt mich aber nich,
denn am nächsten Tag bin ich so müde …

und das »Lied ans Grammophon«, das Tucholsky als Troubadour unverkennbar berlinischer Herkunft ausweist:

Nun komm, du kleine Nähmaschine,
und näh mir leise einen vor.
Ich denke dann an Clementine,
du säuselst sanft mir in das Ohr.
  Und am Klavier ohn Unterlaß
  führt rhythmisch einer seinen Baß.

O spiele weiter! Clementine
war ihrerseits aus Brandenburch.

Zeichnung von Walter Trier.

Luftveränderung.

Fahre mit der Eisenbahn,
fahre, Junge, fahre!
Auf dem Deck vom Wasserkahn
wehen deine Haare.

Tauch in fremde Städte ein,
lauf in fremden Gassen;
höre fremde Menschen schrein,
trink aus fremden Tassen.

Flieh Betrieb und Telephon,
grab in alten Schmökern,
sieh am Seinekai, mein Sohn,
Weisheit still verhökern.

Lauf in Afrika umher,
reite durch Oasen;
lausche auf ein blaues Meer,
hör den Mistral blasen!

Wie du auch die Welt durchflitzt
ohne Rast und Ruh —:
Hinten auf dem Puffer sitzt
du.

Theobald Tiger.

Walter Trier illustrierte die »Luftveränderung«, die 1924 als Erstdruck in der »Berliner Illustrierten Zeitung« erschien

Sie trog mich mit der Unschuldsmiene
und ging mit einem Dichter durch.
Bei dem ist sie bis heut geblieben.
Gewiß ... der Mann hat keinen Bauch.
Und er hat alles klein geschrieben;
stefan george tut das auch.
  und im klavier ohn unterlaß
  führt rhythmisch einer seinen baß.

Nach wie vor hat Tucholsky Spaß am Parodieren, einer poetischen Verfahrensweise, der schon so manches seiner Vorkriegsgedichte seinen erfrischenden Witz verdankte. Die zwanziger Jahre liefern ihm dafür neue Anregungen in wahrlich üppiger Fülle. Es sind nicht nur die Schlager von den »Bananen« oder vom »Meyer am Himalaya«, vom »Sonny Boy« oder dem süßen »Nachtgespenst«, die er durch den Kakao zieht, auch der Mackie-Messer-Song aus der Brechtschen »Dreigroschenoper«, den er in einem Gassenhauer auf das Thema »Willis neuer Hut« verarbeitet, steht Modell:

Mackie Wilhelm trägt ein Hütchen,
und er trägt es im Gesicht.
Aber leider ists nicht seiner –
doch das merkt ja keiner nicht.

Man ist erstaunt, wie viele solcher übermütig formulierten, klassischen Stücke an Chansonlyrik sich beim Durchblättern der Werke finden lassen. Da ist zunächst »Das alte Vertiko« für Claire Waldoff, das sich lustig macht über jene Leute in der SPD, »die noch glauben / an Taktik, Maß, Gerechtigkeit … / Das will ich ihnen auch nicht rauben. / Mein Gott, ihr seid ja so gescheit / und stammt noch aus der Muschelzeit.« Eine Perle ist auch die ironisch funkelnde Vereinshymne auf den deutschen Spießer und dessen Mitläufer-Mentalität:

In mein' Verein bin ich hineingetreten,
weil mich ein alter Freund darum gebeten,
ich war allein.
Jetzt bin ich Mitglied, Kamerad, Kollege –
das kleine Band, das ich ins Knopfloch lege,
ist der Verein.

Da draußen bin ich nur ein armes Luder
Hier bin ich ich – und Mann und
Bundesbruder in vollen Reihn.
Hoch über uns da schweben die Statuten.
Die Abendstunden schwinden wie Minuten
in mein' Verein.

1928 entsteht auch der köstliche Gesang von den »Igeln in der Abendstunde«, die »still nach ihren Mäusen gehn«. Ernst Busch wird es bald als sein Lied betrachten. Im Ullstein-Magazin »Uhu« finden die Leser das wundervoll gezeichnete Porträt »Liebespaar am Fenster«. Die »Weltbühne« veröffentlicht »Das Lächeln der Mona Lisa«, so charakteristisch für Tucholsky, daß es ein Jahr später den Titel für seinen zweiten Rowohlt-Sammelband abgeben wird.

Vielgestaltig in Form und Thematik ist diese Chansonlyrik. Die verschiedenen Lieder »aufs

Jack Hylton, der Dirigent der Tanzmusik, der jahrelang die Abendfreude der Radiohörer war und die Hauptstädte des Kontinents in Schwingungen versetzte. Seine Zauberworte hießen Saxophon und Charleston. Tucholsky saß oft in seinen Konzerten in Paris, London und Berlin und bewunderte die rhythmischen Energien des kleinen Mannes aus Lancashire

Grammophon«, die die Liebe behandeln, gehören genauso dazu wie die soziale Satire, der »Priem«, das »Sauflied« und »Alwine« ebenso wie der »Graben« und die Gedichte für die »Arbeiter-Illustrierte-Zeitung«, abgekürzt AIZ genannt. Ein starker Akzent liegt auf Berlin, wofür die Gedichte »Mutterns Hände«, »Berolina – Claire Waldoff«, »Heinrich Zille« und »Singt eener uffn Hof« stehen.

Tucholsky hatte ein ausgesprochenes Faible für die heitere Muse und kaufte sich alle Schlager-Schallplattenneuheiten, die ihm gefielen. So kam es, daß in den späten Zwanzigern die englischen und amerikanischen Schlagerplatten eine gewisse Bedeutung für sein Schaffen hatten. In dem gedruckten und mehr noch in dem bis heute unveröffentlichten Teil seines Werkes gibt es nicht wenige Aufsätze und Feuilletons, die darauf Bezug nehmen und über diese spezielle Seite seiner Interessen Aufschluß geben. Wenn er an der Schreibmaschine saß, seine Artikel tippte oder wenn er sich's nach der Arbeit auf dem Sofa bequem machte, kurbelte er das Grammophon an und legte eine von seinen Lieblingsplatten auf, um sich bei seiner Pfeife und einem Glas Rotwein zu entspannen. Wenn er in der Nacht noch las oder etwas arbeitete, hatte er manchmal sogar das Grammophon auf dem Nachttisch und ließ leise Jack Hylton mit seinem Unterhaltungsjazzorchester spielen. »Das beruhigt ungemein.« In Paris ging er sogar zweimal in einer Woche zu Hyltons Konzerten; die Erinnerung daran bewahrte er sich in Grammophonplatten auf. Er hörte und sah es wieder, dieses Bild: »Der kleine, dicke Bauernjunge hampelte da vor seinem Orchester umher, und den Jungens machte das einen Spaß! Der weiß, was Musik ist.«

Im Dezember 1926 stirbt Siegfried Jacobsohn. Tucholsky muß nach Berlin zurückkehren und die Leitung der »Weltbühne« übernehmen. Die Aufforderung, das Amt des Herausgebers zu bekleiden, traut er sich nicht abzulehnen, obwohl er weiß, daß er für den organisatorischen Aufwand, den die Leitung der Zeitschrift erfordert, nicht geeignet ist. Er ist, was das Persönliche betrifft, mit sich uneins. An Mary Tucholsky schreibt er: »Was soll ich nur tun?« Im Deutschen Theater hält er eine Gedenkrede für Jacobsohn, die er mit den Worten beschließt: »Kämpfen! Arbeiten! Weitermachen!«

Der Verlust des Mentors und Freundes hinterläßt tiefe Wunden. Tucholsky, dessen Vater früh starb, als der Junge 15 Jahre alt war, hatte zu S. J. eine starke persönliche Bindung. Fast täglich hatten sie seit 1913 in Berlin miteinander telefoniert; waren sie im Urlaub, gingen alle paar Tage Briefe hin und her. Das gleiche wiederholte sich, nachdem Kurt Tucholsky Pariser Korrespondent geworden war. Was er lieferte – meist vier oder fünf Sachen auf einmal mit ein paar Zeilen an den Empfänger dabei –, löste in der kleinen Redaktionsstube immer Reaktionen aus, Lob oder Tadel. Beides war für Tucholsky notwendig zum Schreiben, dieses direkte Echo beflügelte ihn. Nun, da Jacobsohn tot war, blieb es aus. Ihm war es kein Ersatz, daß das neue »Weltbühnen«-Heft jetzt mit dem Vermerk erschien: »Begründet von Siegfried Jacobsohn. Herausgeber Kurt Tucholsky.« Der Freund fehlte, der Mann, der zwar nicht den Weg des Jüngeren zu radikal-demokratischen und mit der Arbeiterklasse solidarischen Positionen mitging, ihm aber uneingeschränkt den publizistischen Freiraum für seine politischen Überzeugungen gewährte und bis zu seinem Tode für seine Mitarbeiter ein Vorbild an Integrität, Arbeitsbesessenheit und Standfestigkeit war. Dieses Erbe übernahm Tucholsky. Zum Zeichen der Verehrung ließ er in sein »Pyrenäenbuch« die Zeile eindrucken: »Zum Andenken Siegfried Jacobsohns.«

Die Chefredakteurstätigkeit währte nur ein halbes Jahr. Für die Dauer wollte und konnte er diese Aufgabe nicht übernehmen.

Nachdem es in Verhandlungen mit der Witwe Jacobsohn gelungen war, Carl von Ossietzky für die Übernahme der Chefredaktion zu gewinnen, konnte Tucholsky wieder nach Paris zurückkehren.

Lottchen und das Grammophon

Anfang 1927 hat er während seines Berlin-Aufenthaltes die Journalistin Lisa Matthias, das »Lottchen«, kennengelernt. Mit ihr – die Trennung von seiner zweiten Frau Mary, die endgültig 1928 erfolgte, zeichnete sich bereits ab – ist er einige Jahre intim befreundet. Sie hat wie er ein Faible

Zwei Lieblinge Tucholskys: Max Pallenberg und Jack Smith (rechts), der flüsternde Bariton. Dem englischen Sänger mit der »leichten, angenehmen Stimme« widmete er 1927 einen Aufsatz: »Electrola EG 178«. Die Platte hatte den Refrain: »O Caecilie! O Caecilie! Say that you'll be mine!«

für die moderne Schlager- und Unterhaltungsmusik. »Tucholsky liebte – genau wie ich – einige der damals modernen und jetzt wieder viel gespielten Soft-Music-Schlager. ›Always‹ – in jeder nur denkbaren Version – ›Blue Skies‹ mit den Revellers, Sophie Tucker in ›My Yiddishe Momme‹, Jack Smith, den flüsternden Bariton, nicht zuletzt ›Nola‹ und ›Lucindy‹ spielten wir oft, wenn wir uns trafen. Später kam noch das auch von H. H. Stuckenschmidt besonders geliebte ›Ain't she sweet‹ hinzu.«

Der hier erwähnte Musikkritiker Hans Heinz Stuckenschmidt war Mitarbeiter der »Weltbühne« und gehörte zum engeren Freundeskreis von Lisa Matthias. »Tucholsky und Stuckenschmidt aktuelle Schlager vierhändig spielen zu sehn war auch nur mir und meinen Gästen vergönnt. Bei einigen geselligen Zusammenkünften produzierten sich die beiden zu unserem größten Vergnügen auf meinem Flügel.«

Musikkritiker H. H. Stuckenschmidt. Er setzte sich an den Abenden bei Lisa Matthias ans Klavier, um mit Tucholsky gemeinsam Schlager zu spielen. Seine Lieblingsmelodie: »Ain't she sweet«, ein Schlager von Irving Berlin. Die Favoriten Tucholskys waren Jack Smith, die Revellers, Josephine Baker und »My Yiddishe Momme«, von Sophie Tucker gesungen. Besonders amüsierte er sich über Stuckenschmidts Frage: »Bei wem lassen Sie komponieren?« (Zeichnung von Emery Göndör)

H. H. Stuckenschmidt hat die Angaben, die Lisa Matthias über das Klavierspiel Tucholskys und seine Vorliebe für die englisch-amerikanischen Schlagerplatten macht, bestätigt. Er erinnert sich noch heute an jene Tage und Begegnungen mit Tucholsky und sagt von ihm: »Er war weder ein permanenter Witzereißer noch ein ständig bedrückter Melancholiker und bestimmt alles andere als Einzelgänger. Sein Klavierspiel war recht korrekt, und bei Lisa musizierten wir gern zusammen. Übrigens war er ein guter Kollege, half gern und spendete Lob, wenn ihm zum Beispiel eine Arbeit von mir wie ›Der Deutsche im Konzertsaal‹ (›Weltbühne‹, 1927) wegen ihrer Unverschämtheit gefiel.«

Die großen Revue- und Schlagerstars der Zeit, wie Josephine Baker, die tanzende und singende dunkle Schönheit mit dem Bananengürtel als Bühnenkostüm, Jack Smith, der aufregende Flüsterbariton, und die Revellers, das amerikanische Vokalquartett, haben im Werk Tucholskys mehrfach Spuren hinterlassen. Als er seinem »Lottchen« im Sommer 1927 die »Memoiren der Josephine Baker« schenkte, schrieb er als Widmung hinein: »Wegen S. 135.« Das war die Seite, auf der der Schlager »Always«, ein langsamer Walzer von Irving Berlin, vorkam, den beide liebten und der auch zum Repertoire der Baker gehörte.

Bemerkungen über Jack Smith, Sophie Tucker und andere Plattenstars der Zeit finden sich um 1927/28 sehr häufig in Tucholskys Arbeiten. So auch im »Wirtshaus im Spessart«. Das ist das weinselige Tagebuch-Feuilleton von seiner Wanderung mit Karlchen und Jakopp, den beiden Freunden aus dem Kriege. Er schildert darin einen Abend, den er in Veitshöchheim, dem Winzerort mit dem Barockschlößchen, zum Abschluß seiner Herrenpartie, nachdem Karlchen und Jakopp wieder abgereist sind, mit der »schwarzen Prinzessin« bei Wein und schöner Grammophonmusik verbringt. Die »schwarze Prinzessin« ist Lisa Matthias. Die Stelle liest sich wie ein Stück

Josephine Baker – die Tänzerin mit dem Kostüm aus Bananen. Tucholsky sah sie in den Revuen in Paris, kaufte ihre Schallplatten und ihre Memoiren und nahm sie in Schutz gegen politisches Muckertum

Lisa Matthias und Kurt Tucholsky 1928 auf einem Ausflug mit Besichtigung von Schloß Eutin

»Spätrheinsberg«. Es ist Sonnabend, der Sommer, der Main und der Frankenwein zeigen sich von ihrer besten Seite: »Die Sonne strahlt in den Park, die Putten stehen da und sehen uns an, die Prinzessin plappert wie ein Papagei. Sie sagt ›daddy‹ zu mir, eigentlich höre ich das gerne. Nun ist die Sonne röter, der Abend zieht sachte herauf, und die Prinzessin wird, wie immer, wenn es auf die Nacht geht, Mutter und Wiege und Zuhause. Wir sagen gar nichts – wir haben uns lange nicht alles gesagt, aber das muß man auch nicht, zwischen Mann und Frau. Der 25er wirft uns fast um. Wir fahren nach Würzburg zurück, das Grammophon spielt, Jack Smith flüstert, und ich höre allen Atelierklatsch aus ganz Berlin. Gute – – Wie bitte? Gute Nacht.«

Auf die »Gute Nacht« folgt noch ein kleiner Nachsatz: »Würzburg, den ich weiß nicht wievielten. Auf einmal ist alles heiter, beschwingt – die Läden blitzen, wir trinken mit Maß und Ziel, ich pfeife schon frühmorgens in der Badewanne. Wir werden noch aus dem Hotel fliegen – das tut kein verheirateter Mann.«

So guter Stimmung ist er freilich nicht, betrachtet er die heimatliche Unterhaltungskunst. In gelegentlichen Aufsätzen in der »Weltbühne« schimpft er in jener Zeit ein paarmal auf die deutschen Schlager- und Chansonhumoristen, die er mitverantwortlich macht für den Tiefstand des Kabaretts. Er spricht von »Schmalzstimmen« und »Margarine-Liedern«, vom »Charme aus der Bötzowbrauerei«, und lieber wolle er eine Tasse warmes Maschinenöl im Bauch haben, sagt er, als »dabeisein müssen, wenn die Konfektion lyrisch wird«. Was ihn am meisten ärgert, ist die Unsitte vieler Vortragskünstler, sich zwischen das Lied und das Publikum zu drängen und, statt dem Sinn des Textes zu dienen, sich in den Vordergrund zu spielen und dabei das Lied obendrein noch zu verhunzen. Der französische Chansonnier, sagt er, würde sein Lied vom Blatt absingen und käme gar nicht auf die Idee, »das zu machen,

womit seine Prominenz in Berlin so viele Texte zerstört«. Er räumt sogleich ein, daß es lobenswerte Ausnahmen gebe, wie die Valetti oder Paul Graetz, auf die man sich verlassen könne, aber der Durchschnitt – ob sie nun Couplets, Chansons oder Songs singen – mache sich eben mausig, derart, daß es wenig Spaß mache, für deutsche Schauspieler zu schreiben. Seine Philippika gegen diese Sorte Kabarett-Tenöre schließt mit dem Hilferuf: »Junger Reinhardt des Cabarets – wo bist du?«

Diese Frage, rhetorisch vorgebracht, ist im Grunde eine Aufforderung an sich selbst. Er findet, es sei an der Zeit, daß er sich wieder einmal ans Klavier setzt und ein Chanson zu Papier bringt, so amüsant und amourös, wie ein gutes Chanson d'amour in deutscher Sprache zu sein hat. Es entsteht der »Stoßseufzer einer Dame in bewegter Nacht«.

Der Teufel hol den schwarzen Kaffee,
wieviel Uhr mags denn sein,
ich kann ja, ich kann ja nicht schlafen.
Und neben mir der alte Affe
schläft immer gleich ein,
ich kann ja, ich kann ja nicht schlafen.

Das Notenbild zeigt eine leicht einprägsame Melodie mit Viertel- und Achtelnoten, die amüsant dahintrippeln. Die Töne sind in ihren Zeitwerten und Intervallen dem Textverlauf der Strophe so angeschmiegt, daß das Lied, auf der Mitte zwischen Gesang und Sprechgesang gehalten, seine kabarettistischen Pointen voll präsentieren kann. Tucholsky hat beim Vertonen natürlich an die Schauspielerstimme gedacht, die trotz festgelegten Notenbildes den notwendigen Freiraum für die individuelle Gestaltung haben muß.

Ein so »häusliches« Chanson wie dieses von den nächtlichen Beinpaaren hat Tucholsky in Personalunion von Autor und Komponist nicht wieder geschrieben. Der »Stoßseufzer« ist und bleibt das einzige so perfekt von ihm komponierte Chanson der »Lottchen«-Zeit.

Bei seiner Vorliebe für die modernen Platten der leichten Muse, die er sich kaufte und abhörte, mitunter auch rezensierte, blieb es nicht aus, daß mancher englische und amerikanische Schlager auch Pate bei den neuesten Arbeiten für die »Weltbühne« stand. Eine besondere Geschichte

Die Revellers, das erfolgreichste Gesangsquartett der zwanziger Jahre, mit ihrem Begleiter und Musikarrangeur Frank Banta (zweiter von links) während ihres Gastspiels in der Berliner »Scala« 1929. Schlager, die sie sangen, fanden in den Feuilletons und Chansons von Tucholsky ihren Niederschlag

unter diesen Liedern fürs Grammophon hat »Nola oder Fotomontage des Lebens«.

»Nola« war ein populärer Schlager der Revellers, jenes weltberühmten amerikanischen Vokalquartetts, dessen Platten 1928 erstmals nach Deutschland kamen und hier großen Verkaufsumsatz erzielten. Während die Revellers mit ihrem schwingenden, in der Wiederholung farbigen und elastischen Gesang ihr Idol anschwärmten – »Nola – I love you – A Girl like you« –, lag das Lottchen – in seiner Erinnerung – erkältet im Bett mit einem Wickel um den Hals. Die Platte mit der Schlagermelodie drehte unentwegt ihre Runden. Tucholsky lag auf dem Bauch und las den neuesten Kriminalroman, so wie er es in seiner lyrischen »Fotomontage« beschreibt.

Die Polizei ist fieberhaft im Schwung,
die viere graben einen schwer geheimen
Gang, –
Manfred verrät. Verrät er? Oder nicht?

»Nola«, ertönte es währenddessen freundlich aus den schwarzen Rillen. Es kam – auch das Erinnerung – der Abend sanft und blau, »das Lottchen ist mit Wonne krank und lieb und freundlich, ich trage ihr Kamillentee ans Bett«, denn »A girl like you« …

Und stürze mich von neuem in den Keller,
wo Manfred gräbt. Das Attentat gelingt!
Tot wird der Chef in seinem Kabinett
gefunden,
und Lottchen liest das Thermometer ab.

So war es einst. 1928, als er die Platte in seinem Grammophonschrank wiederfindet, gedenkt er dieser Tage. Er legt sie auf und träumt sich zurück: »Die hellen Herbstesnächte sind entflohn ... / Erinnerung, du süßes Grammophon!«

Auf dem Etikett der Electrola-Platten mit den Revellers war zu lesen: »Negergesang in Englisch mit Klavier«. Sie brachten die Schlager »Valencia« von Padilla, »The Blue Room«, »Ol' Man River«, »Evenin's«, »Comin' Home« und »Oh Lucindy« nach Deutschland. Die Texte ihrer Lieder waren keineswegs große Literatur, auch sie sangen nur amüsante Nettigkeiten wie

We'll have a Blue Room,
We'll have a New Room,
And everyday is Holiday,
because I love you,

doch war ihr Gesangsstil etwas für die Zeit Neues. Hier war zum erstenmal ein elastisches Stimmgefüge, das durch Aufspaltung, Trennung, Wiederzusammenführung der Einzelstimmen unter Einbeziehung des Pianos eine poetische Weichheit im Klangbild wie auch ein rhythmisch interessantes Kolorit ergab. Die Revellers boten ihren Schlagergesang höchst anspruchsvoll, fast konzertmäßig dar, dominierend waren humoristische, heitere Titel. Mit ihren Liedern bestimmten sie den Schlagerton der endzwanziger Jahre und wurden das musikalische Vorbild der auf Berliner Boden entstandenen Comedian Harmonists. Mit dem Lied »Lucindy« haben sie auch Eingang in das Werk Kurt Tucholskys gefunden.

»Gib mir deine Hand, Lucindy! Du, im fernen Land, Lucindy!« bittet er 1929 in seinem »Lied fürs Grammophon«. Er läßt sich mit der amerikanischen Mona Lisa in einen melancholischen Flirt ein. Es ist die Zeit, da auch das Verhältnis zu Lisa Matthias schon kein ungetrübtes mehr war, weshalb er Klagetöne einfließen läßt wie diese:

Meine, die will mich verlassen, Lucindy!
Deiner, der will dich fassen, Lucindy!
Kehr zu ihm zurück!
Vielleicht ist das das Glück ...
Ich guck in den Mond immerzu –
oh, so blue – mm –

Wie man auch setzt im Leben, Lucindy!
Man tippt doch immer daneben, Lucindy!
Wir sitzen mit unsern Gefühlen
meistens zwischen zwei Stühlen –
und was bleibt, ist des Herzens Ironie ...
Lucindy!
Lucindy!
Lucindy –!

Tucholsky befand sich noch in Paris, als in der ersten Januar-Nummer der »Weltbühne« 1929 seine »Lucindy« erschien. Ein Berliner Komponist fand sogleich Gefallen an dem Poem, setzte sich ans Klavier und komponierte eine Melodie in d-Moll dazu, die er 1932 mit anderen Chansons im Musikverlag »City« in Leipzig erscheinen ließ. Der Komponist hieß Allan Gray. In Berlin war sein Name bereits ein Begriff durch die Filmmusiken für »Berlin-Alexanderplatz« und für den Kästner-Film »Emil und die Detektive«. Auch für Kabarettnummern von Paul Graetz, wie den »Berliner Bilderbogen«, hatte Gray die Musik geschrieben. Die Liebe zur kleinen Form führte den Komponisten, der von Schönberg herkam, schon früh mit dem literarischen Kabarett zusammen. Sowohl Trude Hesterberg wie Werner Finck, der Leiter der Katakombe, schätzten seine Chansons.

Unter seine »Lucindy« setzte Allan Gray die Bemerkung: »Das Stück ist etwa im Stil einer Revellerplatte vorzutragen: rhythmisch sehr elastisch, ziemlich ironisch im Ausdruck.« Auf diese

Grammophonplatten

Mit allen meinen Buntstiften lese ich, was uns Hans Reimann hier an Platten empfiehlt, und vieles kaufe ich davon. Und dann muß ich mich wundern. Nicht über Reimannen, — nein, über ganz etwas andres.

Die ungeheure Komik an diesen Platten steckt darin, daß jeder eine Lieblingsnummer hat, die fast niemals auf andre zu übertragen ist. „Also das müssen Sie sich kaufen —!" Gehst hin, kaufst. Drehst auf, spielst.

Mirjam, mein Leben, mein Kind, schlaf ein ... wie fern Menschen doch voneinander sind. — Was hat jener nur mit dieser Platte? Ein langsames Gebember, schrille Frauenstimmen — nehmen Sies mir auch nicht übel ... Der andre, tief beleidigt, ab. Altenberg: „Jeder versteht nur seine eigne Poesie."

Man muß wohl selber die Platten kaufen, was ja bekanntlich kein Vergnügen ist. Aber man muß. Und so habe ich langsam herausgefunden, was mir frommt.

Es ist vor allem der Rhythmus, der mich musikalischen Hornochsen reizt — wenn er so erbarmungslos abschnurrt, das ist schön, und da habe ich einen großen Kollegen bei der Zunft, das ist Stravinsky. „Dies Orchester", soll er einmal gesagt haben, „ist sehr gut; es läuft wie eine Nähmaschine." Komm an mein Herz! Da ist, zum Beispiel, in Jonnys Triumphlied bei Krenek ein Mittelteil; wie da ein nach Saxophon schmeckendes Cello über dem Plam-Plam singend schwebt, das ist, um in den Apparat zu kriechen. Die Bläser sind eine Kleinigkeit zu laut. (Wahrscheinlich sind sie nicht bei jenem Kapellmeister in die Schule gegangen, der auf jeder Probe bat und flehte: „Leiser! leiser die Bläser! Mein Gott! Noch leiser! Noch viel leiser!" Und da haben sie denn auf der Generalprobe überhaupt nicht mehr geblasen. Und da hat er gesagt: „Sehr gut, meine Herren. Nur ... morgen noch eine winzige Nuance leiser ...!")

Ja, es ist der Rhythmus und das Piano, blau muß eine Platte sein, und ein Bariton muß sie singen, Cello und klagendes Saxophon — aber nur ja nicht die gelben Trompeten und die hellspitzen Damenschreie ... nichts wie raus.

Und was den „speed" angeht, die Umdrehungsgeschwindigkeit, so hat der Erfinder dieses Apparats zu Emil Ludwig etwas Wunderschönes gesagt, was mir gleich eingegangen ist. Der alte Edison sagte: „Wir stellen instinktiv den Apparat so, daß die Geschwindigkeit etwa dem Rhythmus unsres Herzschlages entspricht ...", eine sonderbare und sehr einleuchtende Bemerkung. Der Herzschlag geht seinen Gang; aber die Neuerwerbungen mißbrauche ich, indem ich sie mir immerzu vortrudele. Das soll man nicht tun: nach dem vierundsechzigsten Mal macht sich eine leichte Abspannung bemerkbar.

Wenn Sie meine Lieblingsplatten hören, dann schlagen Sie die Beine über dem Kopf zusammen. Mir aber erfreuen sie das Herz, und wenn ich meine Lieblinge in der Literatur verarzten muß, dann stehe ich ab und zu auf, kurbele den Kasten an, und dann singen sie:

„A room with a view —"

plim — plam — und beruhigt kehre ich zurück zu den feinen Gedankengängen des Kulturdichters Binding oder zu andern Büchern, die wir lieb haben.

Peter Panter

Weise entstand, dank Tucholsky, ein neuer »Reveller«, für den die Kabarettisten unter den Schauspielern dankbar waren. Sie erhielten endlich wieder etwas Neues für ihr Repertoire.

Tucholsky bleibt in all den Jahren, in denen er – zunächst von Paris, später von Schweden aus – Chansons für Bühnen und einzelne Interpreten schreibt, weiterhin ein kritischer und interessierter Beobachter der deutschen Politik wie auch Berichterstatter auf dem Feld seiner musischen Interessen. Humor, Satire und Gebrauchslyrik, Chanson, Schlager und Couplets, Revue und Varieté gehören zu den beständigen Gegenständen seiner Beschäftigung und literarischen Betrachtung. So wie er in früheren Jahren schon die Bücher von Morgenstern, die Songlyrik Walter Mehrings und Hans Reimanns »Sächsische Miniaturen« besprochen hat, so befaßt er sich auch jetzt wieder mit den einschlägigen Neuerscheinungen auf dem Büchermarkt, denen er manche Erkenntnis und Anregung verdankt. Er rezensiert das »Bänkelbuch« von Eric Singer, in dem er selbst mit Versen vorgestellt ist, schreibt über die französischen Erinnerungen von Maurice Donnay ans Chat noir, nimmt das Otto-Reutter-Gedenkbuch freundlich unter die Lupe, würdigt die Publikation über den Berliner Volkskomiker Erich Carow und dessen Lachbühne sowie das »Karl-Valentin-Buch«. Ausführlich bespricht er auch die Gedichtbände von Klabund, Kästner und Ringelnatz sowie Bert Brechts »Hauspostille«, die in jener Zeit erscheinen. In Aufsätzen und Glossen finden sich seine Meinungen und Gedanken über den Coupletvortrag, über Gebrauchslyrik, moderne Schlager und einzelne Interpreten.

Als sich 1927 die Berliner »Funkstunde« wegen Mitarbeit an ihn wandte, schlug er diese Bitte nicht ab. Zwei Humoresken lieferte er der Redaktion. Für die Nummer vom 15. Mai schrieb er unter Peter Panter zunächst eine Betrachtung über das Thema »Serenaden von gestern und heut«. Der Artikel wurde von der Redaktion mit alten Stichen der Biedermeierzeit und zeitgenössischen Bildern illustriert. Als letztes sieht man ein Foto von Tucholsky, wie er an einem Hauseingang die Klingel drückt: »Vertreter der ›neusachlichen‹ Serenade von 1927.«

Sehr amüsant liest sich auch sein zweites Funk-Feuilleton, wie zwei Berliner Spinnen mit Namen Berta und Ottilie zwecks Rundfunkempfang ihre Netze in der Wuhlheide aufspannen, um vergnügt ihre Lieblingsschlager zu hören – »Valencia« und »Was macht der Meier am Himalaya?«. Das gefällt insbesondere Bertan, »da sie aus Berlin ist, gern einen vor sich hin schwooft und überhaupt so vergnügt ist«.

Die AIZ und das politisch-soziale Chanson

Das Jahr 1928 bringt für Tucholskys Schaffen auf dem Feld des politischen und sozialen Chansons einen neuen, höchst bedeutsamen Einschnitt. Es beginnt die Mitarbeit für die AIZ und damit jener Zeitabschnitt, in dem sein Wirken am engsten mit den Zielen der kämpfenden Arbeiterbewegung verbunden ist. Die »Arbeiter-Illustrierte-Zeitung« erschien ab 1925 im Neuen Deutschen Verlag, dessen Leiter Willi Münzenberg war. Mit einer Auflage von mehr als 400 000 Exemplaren galt sie als einflußreiche und populäre Massenzeitschrift. Henri Barbusse bewertete sie 1931 sogar als »die bedeutendste aller zeitgenössischen Illustrierten der Welt«. Als Tucholskys Mitarbeit begann – das war im Frühjahr 1928 –, orientierte sich die AIZ verstärkt auf das Bildgedicht, das ein besonders wirksamer, weil in Versform gehaltener Kommentar zum Arbeiteralltag war.

Faksimile aus der »Weltbühne« 1928/29

Tucholsky hat vom April 1928 bis zum Herbst 1930 neben anderen Beiträgen rund vierzig solcher Bildgedichte für die AIZ geliefert, zum Teil noch von Paris aus, später aus Schweden. Wenn er sich in Berlin aufhielt, besuchte er auch die Redaktion und die Verlagsleitung in der Wilhelmstraße. Dort war man an seiner Mitarbeit stark interessiert.

Die Hinwendung Tucholskys zu Publikationen für die revolutionäre Arbeiterbewegung kam nicht von ungefähr und erfolgte auch nicht plötzlich. Gedichte dieser Art hatte er schon Jahre vorher veröffentlicht. Im Kampf gegen den deutschen Militarismus, die krassen sozialen Mißstände und die einäugige Justiz der Weimarer Republik, den Reformismus sowie die Bagatellisierung der heraufziehenden faschistischen Gefahr war der Name Tucholsky bei Freund und Feind längst ein Begriff. Da es ihm stets um die Wirkung seiner Arbeit und nicht nur um den äußerlichen Erfolg zu tun war, konnte ihm die Mitarbeit an der »Weltbühne« oder der »Berliner Illustrierten«, die ebenfalls Bildgedichte von ihm druckte, nicht genügen.

Louis Fürnberg meinte, der Weg zu dieser Entscheidung hin sei aufgezeichnet in Tucholskys Werken. Es sei kein geradliniger Weg gewesen, eher ein beschwerlicher, reich an Abirrungen. »Sein Bekenntnis zum Proletariat war so auch kein zufälliges, plötzliches. Es war das Produkt intensivsten Bemühens, gründlicher Auseinandersetzung, es war die richtige Summe aus gutem Gefühl und genauester Abwägung, es war das schönste Zeugnis des edlen Herzens, das ihm innewohnte.«

Die AIZ weitete seinen Leserkreis beträchtlich aus. Die Verse daraus gelangten aufs Podium, Arbeiterkabaretts und Agitprop-Gruppen nahmen sie in ihr Programm auf, sie wurden vertont und auf Schallplatte gesungen. Es waren insbesondere Gedichte, die heute als klassische Chansons gelten, die für die AIZ entstanden sind, darunter »Mutterns Hände« und die »Augen in der Großstadt«. »Mutterns Hände« ging in Claire Waldoffs Repertoire ein, »Augen in der Großstadt« und »Fragen an eine Arbeiterfrau« wurden bekannte Vortragsstücke von Paul Graetz. Das soziale Gedicht »Das Gesetz« übernahm Rosa Valetti aus der AIZ. Andere Verse wie »Asyl für Obdachlose«, »Deutsche Richter von 1940«, »Zehn Jahre deutsche Revolution«, »Die Leibesfrucht« oder »Zwei alte Leute am 1. Mai« wurden überall auf Arbeiterveranstaltungen rezitiert.

Zu den bisherigen Interpreten des Tucholsky-Chansons kam 1928 ein neuer Schauspieler hinzu: Ernst Busch. Er brachte mit dem neuen Ton eine neue Qualität in den Vortrag. War Claire Waldoff ein Begriff wegen ihrer humoristisch derben Note, Paul Graetz wegen seiner unschlagbaren Berliner Quasselstrippe, Rosa Valetti und Kate Kühl wegen ihrer engagierten Sozialkritik, so wurde Ernst Busch vor 1933 zum profilierten Sänger des politischen Tucholsky-Chansons. Busch mit seiner Hemdsärmeligkeit und metallischen Stimme hatte einen so erstaunlichen Erfolg, daß er über Nacht, wie sein Komponist Hanns Eisler sich erinnerte, »ein Begriff für das proletarische Berlin wurde«. Von Tucholsky sang Busch damals den »Graben« in der Vertonung Hanns Eislers, eine eindringliche, zum Nachdenken zwingende Melodie, die den Proletarier dazu auffordert, mit dem Krieg und dem Sterben Schluß zu machen und sich übern Graben die Bruderhand zu reichen.

Seid nicht stolz auf Orden und Geklunker!
Seid nicht stolz auf Narben und die Zeit!
In die Gräben schickten Euch die Junker,
Staatswahn und der Fabrikantenneid.
Ihr wart gut genug zum Fraß für Raben –
für das Grab, Kameraden, für den Graben!

Originalseite aus der AIZ Nr. 11/1930 mit der Erstveröffentlichung der »Augen in der Großstadt«

AUGEN IN DER GROSSTADT

VON THEOBALD TIGER

Wenn du zur Arbeit gehst
am frühen Morgen,
wenn du am Bahnhof stehst
mit deinen Sorgen:

da zeigt die Stadt
dir asphaltglatt
im Menschentrichter
Millionen Gesichter:

Zwei fremde Augen, ein kurzer Blick,
die Braue, Pupillen, die Lider
was war das? vielleicht dein Lebensglück ...
vorbei, verweht, nie wieder.

Du gehst dein Leben lang
auf tausend Straßen;
du siehst auf deinem Gang,
die dich vergaßen.

Ein Auge winkt,
die Seele klingt;
du hast's gefunden,
nur für Sekunden ...

Zwei fremde Augen, ein kurzer Blick,
die Braue, Pupillen, die Lider;
was war das? kein Mensch dreht die Zeit zurück ...
vorbei, verweht, nie wieder.

Du mußt auf deinem Gang
durch Städte wandern;
siehst einen Pulsschlag lang
den fremden Andern.

Es kann ein Feind sein,
es kann ein Freund sein,
es kann im Kampfe dein
Genosse sein ...
Es sieht hinüber
und zieht vorüber ...

Zwei fremde Augen, ein kurzer Blick,
die Braue, Pupillen, die Lider;
was das war?

Von der großen Menschheit ein Stück!
Vorbei, verweht, nie wieder.

Eisler gibt der Strophe auf den Schluß hin den großen Atem, der die Zuhörer in das Geschehen voll einbezieht.

Es gab nach den Worten Eislers keine Kneipe zu klein und keinen Saal zu groß, wo sie mit ihren Brecht-, Weinert- und Tucholsky-Liedern nicht aufgetreten wären. Mit dem »Graben« sah und hörte man Busch 1929 auch bei einer Tucholsky-Matinee in Berlin. Unter den vielen Veranstaltungen war diese ein besonderes Ereignis. Das starke Echo auf diese Sonntagsveranstaltung in der Presse zeigte abermals, welch große Wirkung seine politische und satirische Dichtung, speziell auch seine Chansons, in der Öffentlichkeit hatten.

Zu den mitwirkenden Schauspielern gehörten neben Ernst Busch auch Annemarie Hase, Anni Mewes, Rosa Valetti und Paul Graetz. Der im Programm genannte Friedrich Hollaender war verhindert, so daß an seiner Stelle Rudolf Nelson für den gesamten Abend die Begleitung am Flügel übernahm. Der französische Dichter Henri Barbusse, der sich gerade zu dieser Zeit zum Antifaschisten-Kongreß in Berlin aufhielt, sprach die einleitenden Worte. Er bekannte sich im Sinne von Maxim Gorki und Anatole France zur Internationale des Geistes, die an der Seite des Proletariats für dessen Befreiung kämpft. Seine Rede schloß mit den Worten: »Ich trage den Rock des Bürgers und spreche wie ein Franzose. Aber ich bin weder Bürger noch Franzose – ich bin ein Revolutionär und ein Mensch. Und so bringe ich Tucholsky unsere Grüße.«

»Nicht enden wollende Sympathiebezeugungen des dichtgefüllten Hauses«, so die »Welt am Abend« vom 25. 3. 1929, folgten auf seine Rede. Das Lob der Presse war einhellig: »Diese Matinee der Universum-Bücherei für Alle gehörte zu den anregendsten und lebendigsten Veranstaltungen des Winters. Sie führte die Sache, der sie dienen wollte, mit den richtigen Leuten und in einem gut aufgebauten, sich steigernden Programm aus.« (»Börsen-Courier« vom 26. 3. 1929) »Einer wie starken Popularität sich, mit Recht, Kurt Tucholsky erfreut, der Mann mit den 5 PS, mutiger, streitbarer Zeitsatiriker, nebenbei Erfinder des Herrn Wendriner und ein herrlicher Chansondichter, bewies wieder dieser Sonntagvormittag.« (»Montag Morgen« vom 25. 3. 1929)

Manche Gedichte, die in der AIZ erschienen waren und bei den Lesern viel Zuspruch gefunden hatten, nahm Tucholsky in sein Buch

»Deutschland, Deutschland über alles« auf, das im August 1929 im Neuen Deutschen Verlag herauskam. Das Buch entstand gemeinsam mit John Heartfield, der die Bilder auswählte, Montagen zulieferte und den Einband gestaltete. Dieses »Deutschland«-Buch war die am heftigsten debattierte und befehdete Neuerscheinung auf dem

Das Programm der Matinee vom 24. 3. 1929. Friedrich Hollaender konnte allerdings nicht kommen

Kurt Tucholski-Matinee

der

„Universum = Bücherei für Alle"

VORTRAGSFOLGE:

HENRI BARBUSSE: Einleitende Worte
ERNST BUSCH: Der Graben
HANS STRÖHM: Die Leibesfrucht
MANFRED GEIS: Die Löcher im Käse
ANNEMARIE HASE: All people on board
Träume
Am Flügel: LILI SCHÖNFELD

PAUSE

ERWIN KALSER: Der General im Salon
Herr Wendriner erzählt eine Geschichte
ANNI MEWES: Anne-Louise
Am Flügel: RUDOLF NELSON
Das NELSON-ORCHESTER
ERNST BUSCH: Ein Rundfunkvortrag
Am Flügel: LILI SCHÖNFELD
ROSA VALETTI: Rote Melodie
Am Flügel: FRIEDRICH HOLLAENDER
PAUL GRÄTZ: An eine Arbeiterfrau

Nächste Veranstaltung Sonntag, 28. April
URAUFFÜHRUNG:
„Aufruhr im Mansfelder Land"
von RUDOLF FUCHS
Näheres in der Tagespresse

Henri Barbusse, der Autor des weltberühmten Buches »Le feu« (1916) und Organisator der »Clarté«-Bewegung, war als Pazifist einer der führenden Köpfe unter den Intellektuellen und Künstlern Frankreichs, die sich zu den Zielen des Sozialismus, zur Völkerverständigung und Zusammenarbeit bekannten (Aufnahme von 1930)

Büchermarkt des Jahres. Der Neue Deutsche Verlag übernahm damals vom Rowohlt-Verlag auch die beiden Sammelbände »Mit 5 PS« (1928) und »Das Lächeln der Mona Lisa« (1929) für seine Universum-Buchgemeinschaft. Zusammen mit dem Zille-Buch von Otto Nagel standen sie in der Liste der meistbestellten Autoren an der Spitze.

Die neuen Tucholsky-Sammelbände boten einen Querschnitt durch sein humoristisch-satirisches Werk und gaben Schauspielern, Komponisten, Rezitatoren und den Arbeiterkabaretts mannigfache Anregungen.

CINEMA
U.S.A.

Tucholsky und seine berühmten Interpreten vor 1933

»Ich habe zwar zwei Schreibmaschinen, aber nur zehn Finger. Und ich plage mich hier mit allerlei Arbeit, die geht so langsam ... Und wenn sie nachher da ist, dann sagen die Leute: ›Ach der – man versteht ja jedes Wort! Das schüttelt er so aus dem Ärmel.‹ Ein Kompliment – aber in Deutschland eines vierten Ranges.

Leichtigkeit, das ist im Deutschen ein Vorwurf für den Autor. Tief ... tief mußte sein.«

Briefe an eine Katholikin, 1930/31

Gussy Holl – »Die blonde Dame singt«

Gussy Holl, geboren am 22. 2. 1888 in Frankfurt (Main), war schon in jungen Jahren eine attraktive Diseuse, für die sich Tucholsky auch recht persönlich interessierte. Sie verkörperte den Frauentyp der frühen zwanziger Jahre. Der erste Aufsatz, den er zu ihrem Lobe veröffentlichte, ließ keinen Zweifel daran, daß er die Chansons, die er einmal schreiben würde, von einer Schauspielerin ihrer Qualität vorgetragen wünschte. Ihm gefiel damals an dieser Frau alles – »ihre dunkle Altstimme, ihr Kleid, ihre dünnen Arme, das Fräulein Holl und die Gussy«, und so konnte er in der »Schaubühne« 1913 schwärmen: »Das ist eine! Chansons singt sie, geschickt, intelligent, klug, geschmackvoll.«

Im Juni 1919, noch vor dem Schall und Rauch, kam auch eine persönliche Bekanntschaft zustande. Wiederholt war Tucholsky bei Gussy Holl, damals verheiratet mit dem Stummfilmschauspieler Conrad Veidt, eingeladen. Für die amüsanten Abende bei Bowle oder Wein dankte Theobald Tiger mit einem sehr guten, literarisch ausgefeilten Chanson in der »Weltbühne«, das er »Die blonde Dame singt« nannte. Es trug den Vermerk »Gussy Holl gewidmet«. Man konnte aus dem Text ersehen, daß ihm für den Vortrag genau diese und keine andere Schauspielerin vorschwebte, wie er es kurz zuvor in einem Aufsatz geschrieben hatte. Dieser hieß »Politische Couplets«, und darin beklagte er besonders das Fehlen politischer Coupletdichter und Coupletsänger in Deutschland und die Tatsache, daß die Zensur zwar abgeschafft sei, man aber nichts davon merke, weil »die härteste und unerbittlichste deutsche Zensur gar nicht in dem Amtszimmer der Behörden, sondern im Parkett« sitze. Und von dort übe der bürgerliche Mittelstand einen so starken moralischen Druck auf Andersdenkende aus, daß den Künstlern des Kabaretts die Lust und die Courage zu einer politischen Stellungnahme überhaupt vergehe und eben nur »das dünne und farblose Zeug« übrigbleibe, »das wir heute anzuhören haben«.

Tucholsky meinte, daß Gussy Holl, wenn sie die richtigen Texte bekäme, hier verändern helfen könne. Er schätzte ihre diesbezüglichen Fähigkeiten sehr hoch ein und schrieb in Anspielung auf ihren Geburtsort: »Frankfurt hat zwei große Männer hervorgebracht: Goethe und Gussy Holl. Diese seltene und prachtvolle Frau wäre wie keine zweite deutsche Künstlerin befähigt und berufen, die große politische Sängerin zu werden. Sie ist kein Kind des Volkes, es ist nicht seine elementare Kraft, mit der sie fortreißt. Es ist Kunst, aber eine von der stärksten und sieghaftesten Sorte. Sie kann alles: hassen und lieben, streicheln und schlagen, singen und sprechen – da ist kein Ton, der nicht auf ihrer Leier wäre. Sie kann machen, daß aller Herzen denselben Takt schlagen, – sie singt irgendeine kleine Dummheit, und die Leute bekommen weiche Augen –, sie lacht, und eine unbändige Heiterkeit breitet sich aus.«

Für Gussy Holl sind ihm selbst die Weihnachtsfeiertage 1919 zum Arbeiten nicht zu schade. Er feilt bis zuletzt an seinen Manuskripten für das Programm, in dem sie das erstemal im Schall und Rauch auftritt. Themen zu finden war nicht schwierig. Sie lagen buchstäblich auf der Straße oder klebten an der Litfaßsäule. So schickt Tucholsky eine Dame mit ihrem Hündchen, während Herrchen an der Börse spekuliert, auf einen Bummel durch die Geschäfts-City, »immer um die Litfaßsäule rum«, an der es das Neueste zu lesen gibt.

Kabarettdiseuse Gussy Holl. Ihr gehörten Tucholsky-Chansons wie »Immer um die Litfaßsäule rum«, »Zieh dich aus, Petronella«, »Japanlied«, »Wenn der Mond, wenn der Mond«, »Es lebe die Gleichheit« und »Die blonde Dame singt«

SCHALL UND RAUCH

IM GROSSEN SCHAUSPIELHAUS

Direktion: RUDOLF KURTZ

Künstlerischer Beirat: PAUL ERKENS, HEINZ HERALD, FRIEDRICH HOLLÆNDER, KLABUND, THEOBALD TIGER

JANUAR-PROGRAMM:

ERSTER TEIL

1. FRITZ FELD: Der Wundertheaterdirektor
   Text: Klabund — Kostümentwurf: Rudi Feld
2. ÄNN HEUSINGER: Lieder zur Laute
   1. Hamburger Hurenlied
      Text: Klabund — Musik: Werner R. Heymann
   2. Matrosenlied
      Text: Klabund — Musik: Werner R. Heymann
   3. Das kesse Lied
      Text: Walter Mehring — Musik: Friedr. Hollaender
3. HILDE GAD: Tänze
4. OLLI SUOLAHTI: Finnischer Kantelespieler
5. GUSSY HOLL:
   1. Der Korporal
      Text: Walter Heymann — Musik: Dr. Hirsch
   2. Immer um die Litfaßsäule 'rum
      Text: Theobald Tiger — Musik: Friedr. Hollaender
   3. Petronella
      Text: Theobald Tiger — Musik: Friedr. Hollaender
   4. Bauernkirchweih'

Zweiten Teil des Programms siehe Seite 6/7.

Musikalische Leitung: FRIEDRICH HOLLÆNDER — Am Flügel: FRIEDRICH HOLLÆNDER

Eröffnung 1/2 8 Uhr — **Abänderungen des Programms vorbehalten!** — Beginn 1/2 9 Uhr

Text und Musik der Vorträge sind am Büchertisch in „Schall und Rauch" zu haben.

Programmzettel des Schall und Rauch mit Star Gussy Holl. »Sie lud mich ein paarmal ein – wir saßen immer lange zusammen, bis spät in die Nacht.«

Schau ich rechts und schau ich links,
immer steht so'n rundes Dings,
voll von Noske, Henny Porten, Sarasate –
nichts wie Zettel, Zettel, Zettel und Plakate.
Wer das alles glaubt, der ist schön dumm!
Immer um die Litfaßsäule,
immer um die Litfaßsäule,
immer um die Litfaßsäule rum!

Zusammen mit Paul Graetz gehörte Gussy Holl zu den frühesten Interpreten des Tucholsky-Chansons. Beide standen am Beginn des literarischen Kabaretts in Deutschland, als die zwanziger Jahre des Chansons begannen. Er: Typ fixer

Rechts:
Die Chansonkarriere war zu Ende. Gussy Holl mit Emil Jannings im Land ihrer Träume. Aufnahme vor ihrer Villa am Hollywood-Boulevard. Ihre letzte Rolle in Berlin vor ihrer Abreise nach Amerika spielte Gussy Holl in der Reinhardt-Inszenierung von »Orpheus in der Unterwelt«

Junge mit Einschlag Berlin NO, sie: damenhaft souveräne Brettldiva in der Nachfolge der großen französischen Diseusen, blond und birkenschlank und die Freude Kurt Tucholskys, wenn sie sein pointengespicktes Chanson auf die Nackttänzerei und den Theater-Entkleidungsrummel hinlegte, daß es nur so knisterte:

Es atmet klamm das Publikum,
es gäb was drum, es gäb was drum,
erhöre nur sein Flehen:
Das Publikum will sehen.
Zieh dich aus, Petronella, zieh dich aus!
Denn du darfst nicht ennuyant sein,
und nur so wirst du bekannt sein;
und es jubelt voller Lust das ganze Haus:
»Zieh dich aus, Petronella, zieh dich aus!«

Es sind nicht allzu viele Chansons von Tucholsky, die Gussy Holl im Repertoire hatte; einige davon haben sich über die Jahrzehnte ihre Ausstrahlungskraft erhalten. Dazu gehört das graziöse, durch und durch französische »Japanlied« über eine Liaison d'amour.

Da ist ein Land – ein ganz kleines Land –
Japan heißt es mit Namen.
Zierlich die Häuser und zierlich der
Strand,
zierlich die Liliputdamen.
Bäume so groß wie Radieschen im Mai.
Turm der Pagode so hoch wie ein Ei –
Hügel und Berg
klein wie ein Zwerg.
Trippeln die zarten Gestalten im Moos,
fragt man sich: Was mag das sein?
In Europa ist alles so groß, so groß –
und in Japan ist alles so klein!

Die Freunde Gussy Holls wie Kurt Tucholsky und Walter Mehring, die beide sehr erfolgreiche Chansons für sie schrieben, auch die Bühnenkollegen Hubert von Meyerinck und Willi Schaeffers bedauerten, daß sie mit der Spielzeit 1921/22 ihre Karriere beschloß und mit Emil Jannings, den sie nach Veidt geheiratet hatte, für längere Jahre nach Hollywood ging. Als Jannings mit ihr 1929 zu den Dreharbeiten für den »Blauen Engel« nach Berlin zurückkehrte, war die Zeit des literarischen Chansons vorbei. Tucholsky befand sich in diesem Sommer schon zu seinem ersten Arbeitsaufenthalt in Schweden, so daß es nicht mehr zu einer neuen Zusammenarbeit kam. Seine einstigen Hoffnungen, mit dieser Künstlerin dem engagierten Lied in Deutschland zum Durchbruch zu verhelfen, hatten sich nicht erfüllt.

Gussy Holl lebte mit Emil Jannings und ihrer Tochter in den dreißiger Jahren abwechselnd in Berlin und auf ihrer Besitzung am Wolfgangsee. Sie ist am 16. Juli 1966 in Salzburg gestorben und wurde an der Seite von Emil Jannings in Strobl am Wolfgangsee beigesetzt.

Paul Graetz – bei Muttern groß geworden

Graetz war 29 Jahre alt, als er zum erstenmal Chansons von Tucholsky vortrug. Er hatte damals noch keinen großen Namen – seine Laufbahn als Reinhardt-Schauspieler hatte während des Krieges gerade erst begonnen – und so vergaß er es Tucholsky nie, daß der ihm mit Chansons künstlerisch auf die Beine half. Stets bewahrte er sich Tucholsky gegenüber eine liebevolle Zuneigung, vielleicht auch deshalb, weil es so viele Gemeinsamkeiten zwischen ihnen gab. Sie stammten aus ähnlichem Milieu, waren beide Berliner, im gleichen Jahr geboren, in Berlin zur Schule gegangen und ihrer Vaterstadt auf besondere Weise verbunden durch den Berliner Humor und das originelle Mundwerk seiner Typen. Graetz als einer

»Dann aber der Graetz! Als fliegender Zigarettenfritze! (Im Krieg war er ›Schafför‹!) Inbegriff der Vitalität des Berliner Pflasters! Platzende Energie! Unverwüstliche Zuversicht des Berliner Bluts, das über die Laschheit der jetzigen zerfahrenen Schieberzeit hinweg schon wieder von Zukunft und Verheißung träumt: ›Wenn der alte Motor wieder tackt ...‹« (Aus dem Programmheft von Schall und Rauch, 1919)

der populärsten Komiker setzte sich für das Werk Tucholskys auf Bühne und Podium, im Rundfunk und auf Schallplatte wie kaum ein zweiter Schauspieler ein, er half mit, es wirklich populär zu machen.

Eines der erhalten gebliebenen Dokumente ihrer Freundschaft ist ein Foto von Paul Graetz, das dieser Anfang der zwanziger Jahre Tucholsky widmete und das Mary Tucholsky in ihrem Archiv über die Jahrzehnte hinweg sorgfältig bewahrt hat. Mit diesem Bild, das ihn in seiner Rolle als »Zigarettenfritze« im Schall und Rauch zeigt, stattete »Paule« dem »›Refräng‹-Dichter, dem ›Poängten-Former‹, dem ›Schulter-an-Schulter-Kämpfer‹, ›Worte-in-den-Mund-Leger‹, dem Kamäradn, dem lieben Menschen Kurt« seinen Dank ab.

Wer war Paul Graetz? Wie hat man sich den »berlinischsten aller Berliner Komiker«, wie Tucholsky ihn nannte, vorzustellen, und worauf beruhte die Popularität dieses Schauspielers? Er war klein von Statur, hielt sich stets übertrieben gerade und trug, wie sich der Journalist Fred Hildenbrandt erinnerte, den stark ausgeprägten Hinterkopf immer weit ins Genick zurückgeworfen. Das gab ihm eine provozierend angreiferische und trotzige Haltung. Dabei bewegte er sich mit der Anmut eines Tänzers. »Die Figur ist klein und schlank, aber oho, und sie hat Linie«, meinte der »Berliner Herold«. Eine Hand hatte Graetz beim Vortrag meist in der Hosentasche, der Sweater, den er trug, war gestreift à la Liliom. »Wie er die Worte durch die Zähne zieht – schärfer und bissiger als Maxe Adalbert – und wie er mit den Händen redet, das muß man gehört und gesehen haben.«

Zu Graetz gehörten ebenfalls eine auffällige Nase, kleine pfiffige Augen unter schweren, halbgesenkten Lidern. Er sprach das authentische Berlinisch der zwanziger Jahre, war gewissermaßen die Schallplatte dieser Riesenstadt mit Kintopp, Sechstagerennen, Sportpalast und sonntags 'raus zum Müggelsee und war, gleichsam eine Figur aus Tucholskys Werken, deren genauer und warmherzig nachgestaltender Interpret.

Um 1920 bereits beginnt er mit Schallplattenaufnahmen. Seine beiden ersten Titel sind Tucholsky-Chansons, und zwar die, die er im Schall und Rauch an der Weidendammer Brücke, dicht an der Spree, kreiert hat: der an anderer Stelle des Buches bereits erwähnte Zeitschlager »Wenn der alte Motor wieder tackt« mit der fortreißenden Melodie von Hollaender und das Chanson »Das ist der Herzschlag«, ebenfalls von Hollaender vertont. Letzteres ist eine Liebeserklärung an Berlin, ein Bekenntnis zur Republik als demokratisch gesicherter Staatsform und ein Bekenntnis zum arbeitenden Volk mit dem Refrain:

Solang die Kiefern stehn im Grunewald,
solang die Sonne auf den Asphalt knallt,
solang wir noch auf Arbeit gehn –
Nein, 'ne solche Stadt, die darf nicht
untergehn!

Diesen ersten Odeon-Grammophonplatten von 1920/21 – es waren die ersten Schallplatten mit Tucholsky-Chansons überhaupt – folgten bis Ende 1932 noch sehr viele Aufnahmen mit Graetz. Und immer sind Lieder, Gedichte oder Satiren von Tucholsky dabei. Ein Paradestück unter den Komikerplatten von Paule, wie man ihn nannte, war 1930 die Familienszene »Wo kommen die Löcher im Käse her?«. Kinder stellen eine Frage, die ganz natürlich, ja selbstverständlich erscheint, die Erwachsenen jedoch in ihrer Halbbildung und Besserwisserei in ärgste Verlegenheit stürzt, Dispute auslöst und schließlich Krach stiftet, ohne daß einer aus der Familie den Kindern auch nur eine halbwegs zufriedenstellende Antwort hätte geben können. Die Sprechkunst von Paul Graetz, kultiviert, pointiert, konnte solchen Texten Glanzlichter aufsetzen.

Graetz hat Tucholskys Gedichte und Chansons auch oft außerhalb des Kabaretts vorgetragen. Seit 1923, mit der Einrichtung der Berliner Funkstunde, war er im Radio dabei, keinen Bunten Abend und kein Funkkabarett gab es ohne Paule. Fünf Jahre lang conférierte er für den Rundfunk jeden Samstag das heitere Wochenende; die Stücke, die er dabei sprach, kannte fast jedes Kind. Es waren der wonnige »Sonntagvormittag« mit »Badewanne« und »Kaffeekanne«, »Der Tintenfisch«, »Der Führerschein«, »Schulze beim Eskimo«, seine »Berliner Bilderbogen« und von Tucholsky »Mutterns Hände« sowie das Loblied auf Mutterns Beste, adressiert »an die Berlinerin«. Der Ton der neuen Sachlichkeit in der Liebe war damit kreiert und machte in der Gebrauchs- und Kabarettlyrik Schule bis hin zu Kästner und Werner Finck. Bei Tucholsky heißt es:

Venus der Spree – wie so fleißig
liebst du, wie pünktlich dabei!
Zieren bis zwölf Uhr dreißig,
Küssen bis nachts um zwei.
Alles erledigst du fachlich,
bleibst noch im Liebesschwur
ordentlich, sauber und sachlich:
Lebende Registratur.

Wochentags führst du ja gerne
Nadel und Lineal.
Sonntags leuchten die Sterne
preußisch-sentimental.
Denkst du der Maulwurfstola,
die dir dein Freund spendiert?
Leuchtendes Vorbild der Pola!
Wackle wie sie, geziert.
Älter wirst du. Die Reste
gehn mit den Jahren dahin.
Laß die mondäne Geste!
Bist ja doch Mutterns Beste,
du süße Berlinerin!

Mit der Vertonung dieses Liedes für Paul Graetz bekam Tucholsky auch einen neuen Komponisten. Es war der Leiter des Odeon-Schallplatten-Aufnahme-Orchesters Hans Bund. Graetz arbeitete mit ihm ab 1930 zusammen. Bund schrieb ihm die Musik zu »Mutterns Hände«, zu »Augen

Die zeitgenössischen Bühnensterne des Chansons, vorgestellt in der »Münchner Illustrierten Presse«. Oben Paul Graetz als Plakatfritze in seinem Chanson »Wenn der alte Motor wieder tackt«

1928 / Nr. 36 Münchner Illustrierte Presse Seite 1167

son

SPIEGELT SEINE ZEIT

DAS STERBENDE BRETTL

Die Mistinguette
heute wie vor dreißig Jahren

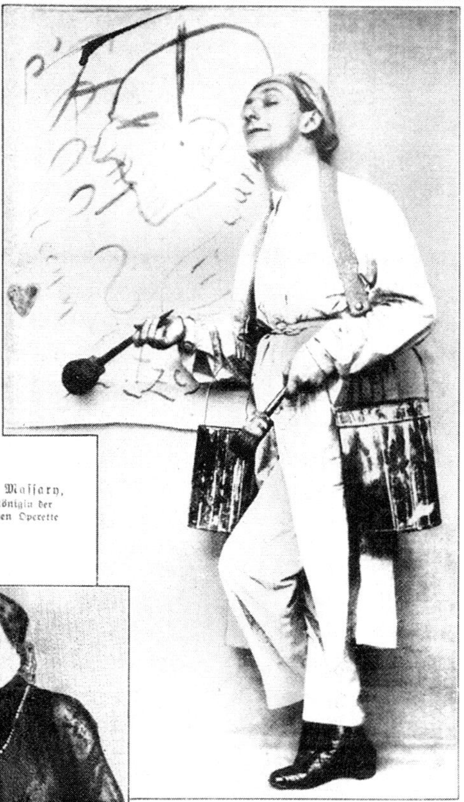

Paul Graetz:
Wenn der alte Motor wieder tobt . . .

zu morden; etwas was Idol der Masse werden könnte, zu Wasser, zu Schall und Rauch werden zu lassen. Kurz: Übertriebenheiten zu nivellieren, Überschätze zu köpfen. — Meinetwegen einen vergötterten Kinohelden, einen Übersportsmann, einen kritiklos — lediglich aus Sentimentalität verherrlichten Helden oder Politiker oder Schauspieler. Kurzum alles Übersteigerte auf das richtige Maß zurückzuführen. Andererseits Dinge, die in der Luft liegen, auffangen; Keime zur Entfaltung bringen, Persönlichkeiten, die aus irgendwelchen Gründen nicht vorwärts kommen, auf den Schild heben. Solange von ihnen schreien und posaunen, bis sie Besitz der Masse,

Fritzi Massary,
die Königin der deutschen Operette

Gussy Holl:
„S' war mal ein schicker Niggerboy — boy — boy . . ."

Rosa Valetti,
[illegible] Vertreterin des politischen Chansons

der Welt sind. Die beste Zeit für das Chanson war immer eine neue Zeit. — Eine Zeit, in der etwas Außerordentliches sich anzeigte oder geboren war. In den Chansons spiegelte sich diese Zeit. Und das politische Chanson? „Ein politisch Lied, ein garstig Lied", sagt Goethe, schränkt dies aber wieder ein (Eckermann „Gespräche mit Goethe"): „Allein solche wie Béranger sie gemacht hat, lasse ich mir gefallen." Es kommt nur darauf an, daß sie mit Witz, Geist, Ironie und Geschmack und aus ehrlicher Überzeugung gemacht sind. Der Herzschlag der Zeit muß in ihnen pochen. Und diese Chansons müssen von ganz erwählten Künstlern den Massen solange und so eindringlich vorgesungen und vorgespielt werden, bis sie volkstümlich sind, bis sie in das Bewußtsein des einzelnen so tief eingedrungen sind, daß er ihre scherzhaft oder parodierend oder anklagend vorgebrachte Wahrheit für sein eigenes geistiges Eigentum hält. Nur ganz, ganz wenige sind imstande eine derartige suggestive Kraft auszuüben. Es sind Künstler von überragendster Kraft, Genies, die naturgemäß selten sind. Es sind die echten Brettlkünstler, die über die Rampe greifen, intim mit dem Publikum korrespondieren, die deutlich machen und improvisieren können. Der Chansonnier muß — auch über ihnen auf dem Podium stehend — doch mitten unter dem Publikum sein; zu ihm geboren, scheinbar ein Privatgespräch mit ihm haben.

Der Vater des modernen Chansons ist Aristide Bruant, der auf dem Montmartre in Paris

Käthe Haa[illegible],
die [illegible] ihrem Mann in Berlin [illegible]

in der Großstadt« und zur »Berlinerin«, die alle enorme Schallplattenerfolge wurden.

Paul Graetz war der populärste Berliner unter den Komikern und Kabarettisten der Jahre vor 1933. Sein Foto erschien auf den Titelseiten der Illustrierten; wenn Großveranstaltungen angekündigt wurden, war sein Name stets dabei, ob es sich um die Berliner Volksfeste der »Welt am Abend« handelte, wie sie der kommunistische Neue Deutsche Verlag Willi Münzenbergs organisierte, oder um die Wohltätigkeitsaktionen der Bühnengenossenschaft oder um Bunte Programme für Arbeitslose im Sportpalast, im Wintergarten und anderswo: Graetz war nicht wegzudenken, war wie Otto Reutter oder Claire Waldoff ein Stück Berliner Inventar. Grammophonplatten mit seinen Vorträgen waren so beliebt, daß das Odeon-Musik-Haus in der Leipziger Straße 1929 ein Jahr lang nur Schallplatten von Paul Graetz im Schaufenster ausstellte. Im Kabarett der Komiker, im Alt-Bayern und bei den Veranstaltungen der Internationalen Arbeiterhilfe fand man seinen Namen neben denen von Ernst Busch, Carola Neher, Erich Weinert, Rosa Valetti und Karl Schnog. Paul trat dann nach vorn an die Rampe – denn ohne die Rampe und die Panke war er nicht zu denken, wie Walter Mehring von ihm sagte – und rezitierte seinen Tucholsky: Herrn Wendriner, »Mutterns Hände«, den »Berliner Herbst«, die »Fragen an eine Arbeiterfrau« oder die »Augen in der Großstadt«. Sein Vortrag endete immer mit seinem selbstgedichteten Bekenntnis zu Berlin.

Hier is ma wohl,
hier weeß ick, wo ick bin.
Und wenn's im Pflaster bloß 'n Katzenkopp is
und wenn's im Hinterhof 'n Blumentopp is –
Det is doch *unsre* Erde!
Und keene hundert Pferde
jibt's, die mir ziehn
weg von Berlin.

Tucholsky und Graetz trafen sich hier in ihrer Liebe zur Berliner Sprache und zum Berliner Witz sowie in ihrem gemeinsamen republikanisch-demokratischen Berlinertum, das auf die Traditionen Glaßbrenners und des Eckenstehers Nante, auf den urkomischen Bendix und die lokalen Traditionen der Berliner Volksposse mit ihren aufmüpfigen Couplets im Spreedialekt zurückging. Wenn einer den richtigen Berliner richtig reden lassen konnte, so war es Tucholsky, und Graetz war derjenige, der dieser Sprache sozusagen die Figur, den Avec, den Schißlaweng verlieh, ausgedrückt in seiner Redensart: »Hier bin ick zuständig!«

Zur Charakterisierung des Berlinischen, wie es Graetz in so ausgeprägter Form repräsentierte, läßt sich keine bessere Definition finden als die, die Theodor Fontane gegeben hat. In seinem Aufsatz »Die Märker und die Berliner« bezeichnete er das Berlinertum als »ein eigentümliches Etwas, drin sich Übermut und Selbstironie, Charakter und Schwankendheit, Spottsucht und Gutmütigkeit, vor allem aber Kritik und Sentimentalität die Hand reichen«.

Für Tucholsky blieb Graetz stets ein Stück lebendiges Berlin, selbst in der Emigration. Die persönlichen Kontakte zwischen beiden blieben bis in den Dezember 1935 hinein bestehen. Man telefonierte miteinander, besprach die neuen Texte oder traf sich, solange Tucholsky noch auf Berlin-Besuch kam, in der Redaktion der »Weltbühne«. Die gemeinsamen Gespräche waren immer anregend. Der Schauspieler inspirierte den Dichter Tucholsky; der Sprechanismus von Graetz ist, literarisch stilisiert, in vielen Arbeiten wiederzufinden, die aber gar nicht durchweg heiter waren: »Wenn du zur Arbeit gehst / am frü-

Brief aus dem New-Yorker Hotel an Gertrude Meyer nach Schweden. Sie hatte Paul Graetz die Nachricht vom Tode Kurt Tucholskys zugestellt

THE MAYFLOWER
Fifteen Central Park West
NEW YORK

8. Januar 36

Liebe Gertrude Meyer!

Heute – vor einer Stunde – kam Ihr Brief mit der furchtbaren Nachricht —: Ich kann es nicht fassen.

Ich kann dies nicht verstehen.

Gestern bekam ich Kurt's Brief am 14. Dezember geschrieben.

Ich kann Sie nur von Herzen bitten mir sofort nach Erhalt dieser Zeilen ausführlich Alles zu schreiben:

Es ist für mich unvorstellbar.

Entschuldigen Sie diese wirren Zeilen – Sie werden mich schon verstehen

Ihr

Paul Graetz

hen Morgen, / wenn du am Bahnhof stehst / mit deinen Sorgen.« Oder: »Wenn eena dot is, kriste 'n Schreck. / Denn denkste: Ick bin da, un der is weg. / Un hastn jern jehabt, dein Freund, den Schmidt, / denn stirbste 'n kleenet Sticksken mit.« Oder das Gedicht über die »Fliegen im Herbst«, das kenntlich macht, daß es im Register von Paul Graetz auch so etwas wie berlinische Trauer gab, nicht nur Berliner Lachen und Berliner Komik.

»Allemal für Paulchen« steht auch unter dem Gedicht von 1932 »Wenn eena jeborn wird«, in dem er meditiert:

Da liechste nu in deine Wieje
un fängst noch mah von vorne an.
Na, Mensch, ob ick mah Kinda krieje?
Man jloobt ja imma wieda dran.

Wenn Herr Wendriner ins Theater geht, redet er mit Graetzens Zunge, und wenn Lottchen einen Geliebten beichtet, zitiert sie einen Lieblingsausspruch von Paul Graetz: »Und überhaupt, wie Paul Graetz immer sagt: Kaum hat man mal, dann ist man gleich!«

Paul Graetz, Sproß einer jüdischen Kaufmannsfamilie, politisch konsequent links stehend, mußte mit seiner Frau Ebba 1933 Berlin verlassen. Er fand zeitweilig Beschäftigung beim Film in England, wo Richard Tauber sich für ihn einsetzte, und emigrierte 1936 weiter nach Hollywood. Obwohl er mit der englischen Sprache glänzend zurecht kam und auch hier wieder Arbeit beim Film fand, konnte er nie so recht glücklich werden. Er litt an Heimweh – so stark, daß er sich ein Leben, getrennt von seinem Berlin, nicht mehr vorstellen konnte. Als Friedrich Hollaender 1936 in Hollywood seinen 40. Geburtstag feierte, deklamierte Graetz ein selbstgeschriebenes Gedicht mit den wehmütigen Zeilen: »Was einst die Schumannstraße war, / wird nie der Hollywood-Boulevard.« Beschäftigung, Arbeit hat er fern von Berlin finden können, aber keine neue Heimat. Mitten in den Proben zu dem Greta-Garbo-Film »Marie Waleska« erlitt er am 16. 2. 1937 einen Gehirnschlag.

Paul Graetz vor seiner Emigration nach London

Die Künstler der Hollywooder Kolonie – unter ihnen Marlene Dietrich, Ernst Lubitsch, Friedrich Hollaender, Dolly Haas, Werner Richard Heymann, die Dieterles und Helene Thimig – begleiteten ihn auf seinem letzten Weg. Ernst Toller sprach die Abschiedsworte, gerichtet an einen Menschen, »den wir liebten, weil er der treueste Kamerad war; den wir bewunderten, weil er ein großer, ein besessener Künstler war; und dem unsere Herzen in Zärtlichkeit zuschlugen, weil in seinen Augen, seiner Stimme, seinem Gefühl und seinem Geist eine uns zärtlich vertraute Stadt lebte: Berlin«.

Rosa Valetti – »ein herrlicher alter Kasten«

»Rosa Valetti war eine Persönlichkeit von ungewöhnlichem Ausmaß, im Ernst wie im Scherz, auf der Bühne, im Film wie im Kabarett. Sie war die anerkannte Lehrmeisterin des Ensembles. Und wenn ich bald auf diesem Gebiet eine gewisse Bedeutung als Mentor in der Vortragskunst erlangte, so habe ich es zumeist ihr zu verdanken.« Diese Einschätzung der Schauspielerin gab der Komponist Claus Clauberg, der 1921 in ihrem Kabarett Hauskomponist wurde. In einem ähnlichen Sinne äußerten sich auch Kate Kühl, Blandine Ebinger, Friedrich Hollaender und andere Künstler, die mit ihr auf der Bühne zusammenarbeiteten. Für Tucholsky war sie »ein herrlicher alter Kasten«, und wenn einige auch einräumten, daß Rosa als Mensch im Umgang etwas schwierig gewesen sei, so steht andererseits fest, daß sie vielen jungen Schauspielern das Rüstzeug für den Chansonvortrag mit auf den Weg gegeben hat, das sie befähigte, in dieser Kunst, gleich ihr, Außergewöhnliches zu leisten.

Rosa Valetti gründete zwischen 1923 und 1928 mehrmals eigene Vortragsbühnen, weil sich ihre Vorstellungen von dieser Kunstform nicht in den zu dieser Zeit üblichen Animierunternehmen, die meist Wein-, Bier- oder Tanzcabarets waren, verwirklichen ließen. Bei ihr stand das Soziale im Vordergrund. Was Alfred Kerr einst von der Französin Yvette Guilbert sagte, daß um ihr Haupt die »Carmagnole« rausche und man ihr sofort eine rücksichtslos demokratische Kunst zutraue – das traf auch auf die am 25. 1. 1876 in Berlin geborene Valetti zu. Montmartre-Geist hieß bei ihr Aufruhr, Zorn und Anklage. Sie verstand das Chanson als demokratisches Lied, das sich großen Themen der Zeit verpflichtet fühlte, weshalb sie auch von Tucholsky Texte mit Songcharakter bevorzugte, in dem Stil, wie er sie für die AIZ schrieb.

Ihr erstes Kabarett Größenwahn war eine kleine, verrauchte Bude über dem alten »Café des Westens« und hatte einen schwarzen Samtvorhang, auf dem die Namen ihrer Schutzpatrone eingestickt waren: die Franzosen Aristide Bruant, Yvette Guilbert, Xanrof, Pére Frede, die Pétroleuse, François Villon und Béranger. Schmal war der Raum, etwa so wie die engen, kleinen, vom Volke »Handtuch« genannten Berliner Kinos. Es wurden hier – in Zigarettenrauch, bei Tee und Kaffee, serviert an kleinen runden Tischen – großartige Lieder geboren, während in Berlin das Gespenst der Inflation umging. Friedrich Hollaender und Blandine Ebinger kreierten bei der Valetti die »Lieder eines armen Mädchens« – Gesänge für »Lieschen Puderbach« und alle armen Geschöpfe der Berliner Mietskasernen-Hinterhöfe. Kate Kühl wagte hier ihre ersten Schritte als Interpretin, in Repertoire, Stil und Haltung geprägt von der Valetti. Claus Clauberg, der Komponist, ging an Rosas Bühne seine erste Verbindung zum literarisch-politischen Kabarett ein. Ferdinand Hardekopf dichtete die bis heute unübertroffenen und als klassisch geltenden Pariser Chansons von Aristide Bruant für die Prinzipalin nach – alles Leistungen, die eingeschrieben sind in die Annalen des deutschen Chansons.

Die Valetti war eine der stärksten Charakterdarstellerinnen der Berliner Bühnen. Parallel zum Kabarett hat sie immer auch Theater gespielt. Ehe sie sich dem Brettl und dem Chanson zuwandte, hatte sie schon mehr als zwanzig Jahre Erfahrung als Bühnenschauspielerin hinter sich, was ihrem Vortrag das klassische Maß verlieh. Wenn man diese Diseuse in ihrem Wesen erfassen will, muß man vor allem eine Beschreibung der *Schauspielerin* Valetti geben. Der Theaterkritiker Julius Bab nannte sie »eine richtige Teufelsschönheit«. Für ihn gab es kein auffallenderes Gesicht als ihres »mit den breiten Backenknochen, dem wildgeschlitzten Mund, der toll aufgewölbten Nase und dem überquellenden Brandrot

Rosa Valetti (1. Reihe unten rechts) und ihr Hauskomponist Claus Clauberg (Mitte) im Kreis von Freunden

der Haare«. Ihren Gang beschrieb er als Bewegung »ohne alle Biegung«, mit riesenhaft gesetzten, ungeheuer langsamen Schritten, ihren Schrei empfand er als »gradlinig, gräßlich, wie aus einem Urwald hervorbrechend«. Eine ähnliche Beschreibung von ihrer Schauspielkunst gibt Peter Panter, der sie 1927 in einem Kriminalstück sah: »Mit mausartigen Bewegungen ruckt Frau Valetti auf die Szene … am ergreifendsten, wenn sie schweigt; wenn sie unruhig zuckt, wenn sie Unheil wittert und wie ein Tier in der Falle den nahenden Henker ansieht: Kann man entrinnen? Wer greift noch so über die Rampe mitten ins Herz?«

Rosa Valettis Anschrift lautete Berlin NW 87, Eyke-von-Repkow-Platz 2. Hier, am Spreeufer des Tiergartens, lebte sie in einer großen Etagenwohnung, mit alten Platanen vor den Fenstern. Hier empfing sie ihre Gäste, es waren meist Kollegen vom Theater, wie Rudolf Forster, die befreundeten Bassermanns und Käthe Dorsch, die zu ihren engsten Vertrauten gehörten. Die Fenster der Hinterzimmer gingen nach dem Hofgarten hinaus.

Ihr eigentliches Reich in der Altberliner Wohnung mit dem Mobiliar im bäurischen Stil war ein ganz kleines, schmales Boudoir, das den Eindruck eines Eisenbahnabteils 1. Klasse machte; an jeder Längswand ein Sitzsofa mit vielen Kissen, im schmalen Gang einige kleine, niedrige Tische, an denen bei Mokka, Likör, Cognac und Zigaretten die Angelegenheiten des Theaters besprochen wurden. Am Ende des langen Korridors wohnte in dem letzten, geräumigen Zimmer Rosa Valettis Mann, ein kleiner, zarter Herr, schwer herzkrank, der still und abgeschlossen für sich und seine Bücher lebte.

Vom Repkow-Platz ging im Juli 1929 ein Brief an die Redaktion der »Weltbühne«. Rosa Valetti schrieb an ihren Autor: »Lieber Tucholsky! Du weißt, wie sehr ich nach Chansons für mich ›giepere‹ – denn es gibt keine, und wenn einer eins schreiben kann, bist Du es ... Ich glaube, ich kann politische Sachen vortragen, wenn die Tendenz auf meiner Linie liegt. Und je deutlicher ein Text ist, desto lieber ist er mir in artistischer Hinsicht ... Auch alles, was Du über die Musik sagst, unterschreibe ich. Ich würde die Komposition erst dann akzeptieren, wenn Du sie gutgeheißen hast. Am besten ist es, Du schickst mit dem Text auch die Melodie, die Du Dir auf dem Klavier ›zurechtgemacht‹ hast – als Anhaltspunkt für den Vertoner.«

Zu dem Zeitpunkt, da Rosa Valetti diesen Brief schrieb, hatte ihr neues Kabarett Larifari schon eine Spielzeit hinter sich; mit einem Bein stand sie im Kabarett, mit dem anderen in den Dreharbeiten zum »Blauen Engel«. Sie wußte noch nicht, ob ihr Larifari im Herbst wieder spielen würde, und fragte deshalb in dem Brief, *wer* sie dann »ein so scharfes Chanson« vortragen lasse. »In dem üblichen blöden Amüsierprogramm der sogenannten Berliner Cabarets wirken solche Dinge auch gar nicht. Zum Glück gibt es

»Hier denkt man natürlich an die Guilbert, und allerdings hat in der wüsten Kraft, der revolutionären Geste niemals eine Deutsche die Französin so erreicht wie die Valetti. In dieser Frau ist alles Spannung.« (Julius Bab)

aber gelegentlich noch Tucholsky-Matineen und ähnliche Veranstaltungen. Schicke mir deshalb gleich den Text, ich bin riesig gespannt.«

Tucholsky schickte ihr sein neuentstandenes Chanson »Das Gesetz«, das gleichzeitig in der AIZ abgedruckt wurde. Dem Text waren ein Foto der Schauspielerin sowie eine Vorbemerkung der Redaktion vorangestellt: »Dieses Chanson schrieb Theobald Tiger für Rosa Valetti, eine der wenigen warmherzigen und großen Schauspielerinnen

Deutschlands. In den Berliner Amüsierbetrieben ist ihr nur der Vortrag ›pikanter‹ Chansons gestattet. Dieses Lied der sozialen Anklage lernte die Arbeiterschaft durch die AIZ kennen.«

Zehntausend warten ungeduldig
in den Zellen, geduckt wie ein Tier …
Die sind vorm Paragraphen schuldig –
aber Menschen, Menschen wie wir!
Wach auf, wach auf, Barmherzigkeit!
Ein neuer Ton – eine neue Zeit!
Recht und Recht sind immer zweierlei …
Hört ihr den Schrei? Hört ihr den Schrei?

In ihrem Larifari, das 1928 in Berlin eröffnete, blieb Rosa Valetti ihrem Vorsatz treu, politisch bewußtes Kabarett zu machen. In einer Zeitungskritik hieß es: »Den Ton gibt sozusagen Rosa Valetti an, obgleich sie erst nach der Pause auf dem Podium erscheint. Ihr Couplet ›Es sitzt bei uns nicht richtig!‹ mit der republikanischen Schlußstrophe wird, hinreißend, wie sie es macht, der Schlager des Abends.« Erwähnt sind in der Rezension als Mitwirkende außerdem Valeska Gert mit Tanzparodien, Kate Kühl mit Brechts Ballade von der »Hanna Cash«, Leonard Steckel, Rosas Bruder Hermann Vallentin, der bisher bei allen Brettlgründungen seiner Schwester dabei war, sowie der Hauskomponist Erich Einegg, »produktiv, mit Sinn für das Wesentliche. Das Wesentliche freilich geben ihm Kurt Tucholskys Strophen, die sich von selbst komponieren.«

Sie war Tucholskys »alte Liebe«: Rosa Valetti, die künstlerisch stärkste und kompromißloseste Interpretin des politischen und sozialen Kabarettchansons, 1933 zur Emigration gezwungen. Max Herrmann-Neiße nannte sie eine »mitreißende Sängerin des revolutionären Weltgefühls«. In ihren Kabaretts traten u. a. Kate Kühl, Ernst Busch, Valeska Gert und Hermann Vallentin auf. Zu ihrem Repertoire gehörten die gegen Militarismus, Proletarierelend, politischen Justizmord und soziale Not gerichteten Lieder Tucholskys

Der erwähnte Erich Einegg war Mitbegründer des Larifari. In ihm hatte Rosa Valetti einen versierten Komponisten gewonnen, der neben Spoliansky, Heymann, Hollaender, Clauberg, Hans May und Allan Gray zu den profiliertesten Musikern des Genres gehörte, seit 1920 ohne Unterbrechung dabei. Gleich Friedrich Hollaender war er eine Doppelbegabung und verfaßte zu seinen Liedern die Texte oft selbst. Obgleich er für ungezählte Chansons die Musik schrieb, auch zu den Tucholsky-Texten der Valetti, sind keine derartigen Vertonungen von ihm erhalten. Selbst Mary Tucholsky konnte in jahrzehntelanger Such- und Sammelarbeit für das Tucholsky-Archiv nur eine einzige Liedkomposition von ihm ermitteln, und zwar das »Schifferlied« aus dem Repertoire von Kate Kühl, das in Tucholskys Werken unter dem Titel »Mal singen, Leute« zu finden ist. Auch die Kataloge der Musikabteilung der Deutschen Staatsbibliothek weisen keine Bestände in dieser Richtung aus. Verzeichnet sind hier ab 1920 lediglich Shimmy-, Foxtrott- und Tango-Lieder, auch einzelne Kompositionen für Klavier, wie »Der blaue Jazz« oder »Boston-Intermezzo«; man findet Zigeunerlieder und den »Nachtfalter«-Slowfox, aber keines von den Chansons, die Einegg über einen Zeitraum von fast einem Jahrzehnt für Berlins bekannte Schauspieler und Kabarettisten geschrieben hat. Diese Arbeiten müssen wohl endgültig als verschollen angesehen werden, nachdem sich auch in dem schwedischen Nachlaß Tucholskys, der für das vorliegende Buch herangezogen wurde, keine Noten von Einegg oder Hinweise darauf gefunden haben.

Wie verlief nun der weitere Weg der Rosa Valetti? Sie spielte bis 1933 noch an Berliner Bühnen, häufig in Boulevardstücken, Schwänken und Komödien, trat oft auch im Kabarett der Komiker auf. Nach dem Machtantritt der Nazis emigrierte sie nach Wien, war dort am Theater in der Josefstadt engagiert, gab auch Gastspiele am Neuen

Theater in Prag und 1936 Konzertabende mit jiddischen Liedern in Palästina.

Am 10. Dezember 1937 ist sie mit 62 Jahren in Wien gestorben – eine Frau, von der Walter Mehring rühmend sagte:

Sie duldete kein Ungewiß,
drum wollte sie verlodern
als Fackel – statt in Finsternis
lebendig zu vermodern.
Den Andern: ja! – Sich nichts vergeben!
Nein,
kein Zugeständnis
und kein Kompromiß,
selbst nicht um's Leben!

Kate Kühl – genannt »Kulicke«

Kate Kühl war mit 21 Jahren noch verhältnismäßig jung, als sie zum erstenmal Chansons auf der Bühne vortrug. Mit ihrer zurückhaltenden, etwas herben Art wurde sie nicht nur ein neuer Darstellertyp, sondern brachte auch einen neuen Ton ins Chanson. Ihr Kostüm auf der Bühne waren Rock und Bluse, sie verzichtete auf alle theatralischen Requisiten und Effekte, verließ sich ausschließlich auf den Text und ihre Stimme sowie die Wirksamkeit ihrer Erscheinung. Sie war Rheinländerin, verfügte über eine glasklare, makellose Aussprache.

Als Elfriede Katharina Nehrhaupt wurde Kate Kühl am 16. Dezember 1899 in Köln geboren, wo ihr Vater Arzt war. Sie studierte Gesang und galt als potentielle Oratoriensängerin. Nach dem ersten Weltkrieg kam sie nach Berlin, schloß sich hier dem Kreis der engagierten jungen Boheme an, die sich im künstlerischen Nachkriegskabarett zu Hause fühlte. Tucholsky, der ihr das erste Lied schrieb, nannte sie mit dem Berliner Portiersnamen zärtlich »Kulicke«.

Kate Kühl in der Wilden Bühne. Zu ihrem Brettlruhm verhalfen ihr die erotischen Balladen und Chansons von Kurt Tucholsky

Trude Hesterberg erinnerte sich an die gemeinsame Zeit der turbulenten Tage der Wilden Bühne noch genau und schilderte die Situation auf den Proben bis in die Einzelheiten. »Weißt du noch, Kate, wie du bei den Proben Blut und Wasser schwitzen mußtest und ich nicht locker ließ, um deine sechsundvierzig Hände und Füße unter Kontrolle zu kriegen? Weißt du noch, wie du verzweifelt nach Cognac riefst, als du so gut wie fertig warst und ich immer noch nicht zufrieden war? Gib zu, so herrlich war's nie wieder!« Wenn am Abend die blutjunge Kate aus Köln mit ruhig beherrschter Geste vor die Rampe trat, war

Besondere Bestimmungen.

Kontrahent II ist das Auftreten in einem andern Etablissement während der Engagementsdauer verboten. / gestattet.
Falls das Pendeln ausdrücklich erlaubt ist, ist als Auftrittszeit festgesetzt .... Uhr, und beträgt die Dauer des Auftretens .... Minuten.

Frau Kühl wird genau so gross annonciert wie Herr Bendow. Frau Hesterberg hat am 15. Oktober das Recht der Prolongation & ist Frau Kühl verpflichtet an keinem anderen Institut während der Dauer dieses Vertrages aufzutreten. Ausgenommen Theater

Charlottenburg den 25. Septbr. 1920

Unterschrift des Artisten: Unterschrift der Direktion.

Bürgerl. Name: Kate Kühl

Artisten-Name:

Bestimmungen zum Vertrag mit der Wilden Bühne: Frau Kühl wird genauso groß annonciert wie Herr Bendow. Auftritte an anderen Kabaretts – ausgenommen Theater – sind nicht gestattet. Die Hausordnung ist einzuhalten

aller Kummer vergessen. Werner Richard Heymann gab am Klavier die ersten Takte zu ihrer Ballade von der »Dorfschönen« an – Tempo di Mazurka. Dieses Lied von Tucholsky war ihr auf den Leib geschrieben, es erzählt von einem Mädchen und der alles verwandelnden Macht der Liebe.

Wehn im Winde meine blauen Röcke,
meine Röcke, meine Röcke –
sind die Jungens alle wie die Böcke,
wie die Böcke – meck – meck.
Wenn im heißen Heu sie mich nur
wittern,
nur wittern, nur wittern –
dann beginnen alle gleich zu zittern – …

Doch sie, die Schöne, bleibt immer angelehnt an der Wand. Kate Kühl sah vom Podium in die verschwimmenden Gesichter der Premierenbesucher. Sie wußte, daß in der ersten Reihe Alfred Kerr, Tucholsky, Polgar, die Massary, Rosa Valetti, Leo Fall, Gussy Holl und all die anderen Prominenten der Berliner Bühnen saßen, und sie rief sich die Worte von Trude Hesterberg ins Gedächtnis: »Bleib fest mit beiden Armen an der Wand, Kate, erst beim letzten Vers: ›Gestern abend, als die Vöglein sangen – sangen – sangen – / kam ein Mann die Straße lang gegangen‹, geh langsam nach vorn und breite die Arme aus: ›Nie mehr angelehnt, nie mehr angelehnt!‹«

An dem Abend gab es brausenden Beifall für dieses Chanson, mit dem Tucholsky seiner »Kulicke« eine maßgeschneiderte, tadellos sitzende Arbeit geliefert hatte. Es sollte noch mancher Titel für sie folgen.

Kurz nachdem er in Paris Wohnung bezogen hat, schreibt er ihr nach Berlin: »Kulicke, Sie fehlen mir sehr. Paris ist eine schöne Stadt – aber *nie* singt hier einer: ›Schiff ahoi!‹ Das hat sich wohl noch nicht herumgesprochen. Wann kommen Sie zu Ihrem alten Tiger.« Zunächst bittet er sie um ein Foto, das er im Treppenhaus neben die anderen Schauspieler hängen möchte, und als sie ihm eins schickt, schreibt er zurück: »Aber, Kulicke, ein Bild haben Sie mir da übermacht, das treibt einen allerdings in die Arme des Briefträgers!« Ob sie kein anderes habe, vielleicht ein Konterfei, am liebsten wäre ihm ein Bild mit »Immer angelehnt«, wegen der Erinnerung. Er sei aber auch mit einem guten Kopf zufrieden. Als Kate Kühl ihm gegenüber in einem Brief einmal die Andeutung macht, daß sie von ihm ja doch keine Couplets kriege, nimmt er sie beim Wort: »Da gibt es ein sehr gutes Mittel: bestellen Sie sich welche.«

Das Bestellen sah so aus, daß Kate Kühl zu einer Idee, die ihr vorschwebte, genauere Angaben machte, wie sie sich den Stimmungsgehalt des gewünschten Liedes vorstellte, worauf sich die Pointe beziehen sollte und in welcher Richtung die »Verarbeitung« des Stoffs generell erfolgen sollte. Hatte sie schon eine feste Formulierung oder etwas Geeignetes für den Refrain, gab sie das als Rohmaterial dazu. Für Tucholsky war das eine Stimulanz und eine willkommene Hilfe beim Schreiben, er war dankbar dafür, wie man aus seinen Briefen erfahren kann. „Sie haben mir schon oft gute und wirkungsvolle Tips gegeben – manchmal genügt ein einziges Wort – und es sitzt. Wenn Sie wieder so was haben – dann her zu mir.« Manchmal war es aber auch umgekehrt, daß *ihm* Auftrittsideen für »Kulicke« einfielen und *er* dann die Vorschläge machte. Das ergab sich gelegentlich beim Klavierspielen. Er besuchte in Paris manchmal den Musiker Albert Jarosy, den er aus Berlin von der Gondel her kannte. Eines Tages saß er wieder in dessen Wohnung, spielte am Flügel eines seiner Lieblingschansons – das vom »Ritter Blaubart« und seinen hundert Frauen – und versank darüber in Reminiszenzen an die Kabarettabende in Berlin. Dabei fiel ihm etwas für Kate Kühl ein. Er malte es ihr aus: »Gedacht habe ich an: Schiffsgalion – die Figur mit Brüsten, die die Fischer früher vorn an die Schiffe zu nageln pflegten – so etwas läßt sich, mit zwei Brettern und Ihnen dazwischen, leicht aufbauen – und ›Nachts auf Notre Dame‹ – was man den Berlinern wohl nahe bringen kann – weil es einfach der nächtliche Rundblick über eine große Stadt überhaupt ist.«

Kate Kühl sang damals von Brecht die »Ballade von der Hanna Cash« und den »Surabaya-Johnny« auf der Kabarettbühne. Ihren Briefen nach Paris legte sie immer die Texte ihrer neuen Lieder bei, um Tucholsky von ihrer Arbeit ins Bild zu setzen, aber auch, um ihn zu möglichst guten, adäquaten Songs für sich anzustacheln. Tucholsky ist sich jedoch seiner Grenzen, im Vergleich zum »Surabaya-Johnny« etwa, vollkommen bewußt, wenn er schreibt: »Der Refrain, erste, aber auch

Kate Kühl in der Karikatur

Nach 1945 bei künstlerischen Veranstaltungen häufig auf dem Programmzettel zu lesen: »Mitwirkende Ernst Busch und Kate Kühl.« Herbert Ihering urteilte: »Welche willensstärkende Erschütterung, wenn sie mit Tucholsky auffordert, über den Graben die Hände zu reichen. Sie hatte die Fähigkeit, vom Inhalt her einen Song zu beleben.«

allererste Nummer – so etwas würde ich *nie* zustande kriegen!«

Im August 1929 startete die Zeitschrift »Uhu« eine Umfrage bei prominenten Diseusen Berlins, was ihr liebstes Chanson sei. Kate Kühl nannte von Tucholsky das Lied »Mal singen, Leute«, ihr einst vom Autor gewidmet und von Erich Einegg vertont. Zur Zeit dieser Umfrage war Kate Kühl längst ein Begriff. Sie trat bei Werner Finck in der Katakombe auf, war am Kabarett der Komiker engagiert, trug ihre Lieder im Alt-Bayern, bei Willi Schaeffers, auf kleinen und großen Bühnen und zusammen mit Ernst Busch auf ungezählten Veranstaltungen bis 1933 vor, im Stil »gerafft, gestrafft«, wie Alfred Kerr lobte.

Ein kleiner Teil ihrer Lieder, darunter Tucholskys »Graben«, ist 1949 in Berlin im Schallplattenverlag Lied der Zeit erschienen. Das kleine Heft, herausgegeben von Ernst Busch, zum Teil mit Noten, heißt »Kate Kühl singt«. Im Foto zeigt es die Sängerin mit den großen ausdrucksstarken Augen und dem glatt nach hinten gekämmten Haar. Der Publikation gab Herbert Ihering ein Vorwort bei. Hatte er schon zwanzig Jahre zuvor, 1927, als sie den Song »Hoppla, wir leben« in dem gleichnamigen Ernst-Toller-Stück auf der Piscatorbühne sang, geschrieben: »Außerordentlich«, so sprach er jetzt, 1949, von ihr als »Volkssängerin« und meinte, es gebe »manche Elsa im ›Lohengrin‹, doch nur eine Kate Kühl«.

Kate Kühl spielte bis Ende der fünfziger Jahre in Berlin an verschiedenen Theatern, unter anderem Frau Peachum in der »Dreigroschenoper«, die einst Rosa Valettis große Rolle war, nahm Engagementsangebote von Kabaretts an, trat im Rundfunk auf und machte Schallplattenaufnahmen. Sie war eng befreundet mit Muschelkalk Ringelnatz, lebte zurückgezogen und ist, schwer zuckerkrank, am 29. Januar 1970 in Westberlin gestorben: Zeugin einer bewegten, widerspruchsvollen Zeit, der sie ihre Stimme geliehen hatte.

Trude Hesterberg – Schmiß mit Eleganz

Der Weg der kleinen, kapriziösen Gertrud Hesterberg zur Bühne schien vom Schicksal vorgezeichnet. Ihr Vater mit seiner Drogerie-Handlung en gros in der alten Elsasser Straße im Norden Berlins lieferte jahrelang die Farben ein-

Mit 5 PS und Tucholsky-Chansons auf dem Weg zur Karriere

schließlich Lacken und Firnis fürs Deutsche Theater in der Schumannstraße, und hier hatte das Fräulein Tochter auch ihr Debüt als Schauspielerin an der Seite des berühmten Alexander Moissi. Ihr Weg führte von der Berliner Invalidenstraße, wo sie am 2. Mai 1892 geboren wurde, über das Sternsche Konservatorium, private Gesangsausbildung, Theater und Operette zu Willy Prager und Rudolf Nelson und zum Chanson. Ihre Bekanntschaft mit Kurt Tucholsky datiert von 1921, aus der Zeit der Wilden Bühne.

Nachdem sie sich als Schauspielerin durchgesetzt hatte – sie sagt, ohne Protektion, ohne Geld, mit wenig Glück und einem ungeheuren Aufwand an Zähigkeit und Energie –, spielte sie fast nur mondäne Frauen. Diese Seite ihrer Begabung spiegelte sich auch in den Chansons wider, die Tucholsky für sie schrieb. Ihr besonderes Naturell – die Vitalität und Berliner Schlagfertigkeit – hat er stets berücksichtigt.

Musikalisch gesehen, kommt Trude Hesterberg aus der Schule Rudolf Nelsons. Willy Prager, der Schlagerkomponist und Nelsons Textautor, verhalf ihr vor dem ersten Weltkrieg mit kleinen Schlagerliedern zu ersten Erfolgen. Damals war sie der »Sprühteufel, keck und voll Rasse«, wie es im »Ladenmädel« von Nelson hieß – eine gewinnende Erscheinung mit Charme, Schmiß und Berliner Mutterwitz.

Bald wurde sie zum Begriff für das künstlerisch anspruchsvolle Unterhaltungstheater, gleichermaßen zu Hause im musikalischen Schwank, in der Revue und im literarischen zeitsatirischen Chanson. In der Operette glänzte sie als »Fräulein Mama«, brillierte sie mit dem Lied »Ich hol dir vom Himmel das Blau« und dem Schlager »Wer wird denn weinen, wenn man auseinandergeht«. Im Film war sie »Die Hochstaplerin«, »Die große Abenteurerin« und »Die Frau mit dem Etwas«. Ihre eigentliche Glanzrolle hatte sie jedoch in der »Lustigen Witwe«.

Als ihre Wilde Bühne Ende 1923 ein Opfer der Flammen geworden war und sie wieder zur Operette wechselte, versuchte sie, den Stil der Sou-

Die fulminante Hesterberg auf der Bühne ihres Kabaretts Musenschaukel

Ein vielgelobtes und weitgereistes Chanson des Repertoires der Hesterberg waren die »Herren Männer« von Theobald Tiger

brette und den Stil der Diseuse für den Chansonvortrag miteinander in Einklang zu bringen. Als Diseuse war sie, vom Theater her kommend, stärker dem gesprochenen Wort verpflichtet, wogegen es bei der Soubrette lediglich auf das Singen ankam. Sie schuf, wie der Lyriker Max Herrmann-Neiße schrieb, ein »phantastischeres, flimmrigeres, elektrischeres Soubrettentum«. Diese Ausstrahlung war es auch, die Heinrich Mann, der sie bei Charell in den »Drei Musketieren« sah, so bezauberte. Tucholsky ließ sich von ihrem Temperament ebenfalls mitreißen. War er in Berlin, ging er ins Kabarett der Komiker, um Trude zu sehen. 1928 freut er sich, als die Hesterberg von ihm wieder »was haben will«. Kurze Zeit darauf, nachdem er sie mit dem neuen Chanson in der Vorstellung gesehen hat, vermerkt er, mit sich und seiner Interpretin zufrieden: »Alles war ganz schlecht, bis auf die Hesterberg.«

Die »rote Trude«, wie sie ihrer Haarfarbe wegen genannt wurde, sang schon verhältnismäßig früh ihr Repertoire auf Schallplatte. Neben Paul Graetz hat sie mit dafür gesorgt, daß die Chansons von Theobald Tiger auf Grammophonplatte kamen. 1922 standen die neuen Schellacks von der Ultraphon bereits in den Schaufenstern: »Die Dorfschöne« und »Das Leibregiment«, beide mit der Musik von Werner Richard Heymann. Electrola folgte 1929 mit den »Herren Männern«, musikalisch parodistisch verulkt von Friedrich Hollaender.

Wenn Trude Hesterberg in den zwanziger Jahren ein Gastspiel antrat, konnten die Theateragenturen mit gutem Gewissen Reklame für sie machen, wie 1931 in Köln, als dort der Kaiserhof wieder eröffnet wurde: »Mit einem ganz neuen Repertoire wird die Hesterberg vor Sie hintreten; wird Ihnen Songs und Chansons von unerhörtem Prickel, von unerhörtem Charme und mit unerhörtem Können präsentierten.« Wie sah ihr Programm aus? Sie sang – was sie auch an Neuem brachte – stets ihre vier großen Erfolgstitel. Das waren »Die Knöpfelschuhe« von Heymann auf einen Text von Leo Heller, Walter Mehrings hintergründige Idylle »So klein ist meine Stadt«, Erich Kästners »Ganz besonders feine Damen« und von Tucholsky »Die Herren Männer«. Sie hatte die Verve einer Diva zwischen Theater, Operette und Brettl. Im roten Stilkleid stand sie da, mit langen schwarzen Handschuhen – eine Referenz an Yvette Guilbert – und sang das Loblied auf die Männer, »diese Kerle«.

Und dann ziehn sie sich vorm Spiegel –
denn sie sind doch eitel,
ach, die Kerle,
auf dem glattrasierten Kopp
'nen kleinen Kinderscheitel –
ach, die Kerle!

1929 erschienen zwei neue Electrola-Platten von Trude Hesterberg. Eine davon waren »Die Herren Männer« mit Walter Mehrings »Kleiner Stadt« auf der Rückseite. Hans Reimann lobte die Aufnahmen in der »Weltbühne«: »Was hat die Hesterberg ein großes Register! Was hat sie echtes Gefühl, ja Herzlichkeit! Was kann sie duftig sein und reich an Zwischentönen. Beide Platten sind so saftig, so echt, so pointiert, daß einem leid tut, wer die Hesterberg, die wirklich ein ganzer Kerl und dabei ein ganzes Weib ist, nicht gerne mag.«

Elejant sind sie zum Quieken,
doch du darfst sie nich bekieken
nackt im Badezimmer – denn dann wird
dir schwach …

Trudes Notenblätter von diesem Chanson, noch erhalten, sind bunt mit Bleistift und Tinte bemalt, mehrmals geklebt, mit eingerissenen Rändern und abgebrochenen Ecken, imprägniert durch die Zeit. Oben rechts ihr Stempel: »Trude Hesterberg, München 2, Prannerstraße 15.« Das bräunlich eingefärbte Papier läßt erkennen, wie viele Jahre dieses Lied von Tucholsky mit ihr von

Engagement zu Engagement und von Stadt zu Stadt gereist ist.

Um dem literarischen Chanson eine Heimstatt zu geben, eröffnete sie 1932 in Berlin den Groschenkeller – es war die Bühne, auf der die Münchner Vier Nachrichter ihr Berlin-Debüt hatten – und 1934 in der Behrenstraße, dicht an der Friedrichstraße, die so viele Bühnen und Theater der elften Muse gesehen hatte, noch einmal ein Kabarett unter dem Namen Musenschaukel, das sich aber angesichts der politischen Verhältnisse nicht halten konnte.

Nach dem zweiten Weltkrieg übernahm sie wieder anspruchsvolle Theaterrollen, sie war die Mrs. Peachum in der Wiederaufführung der »Dreigroschenoper« an den Münchner Kammerspielen, spielte bei der DEFA in der Fontane-Verfilmung »Frau Jenny Treibel« und in der Hauff-Verfilmung »Der kleine Muck«, ging mit Werner Finck auf Tournee, gab Chansongastspiele, machte Schallplattenaufnahmen und trat auch im Fernsehen auf. Am 31. 8. 1967 ist sie in München verstorben. Ihre Erinnerungen an das Berlin der frühen zwanziger Jahre, an die Zusammenarbeit mit Kurt Tucholsky und den andern Großen des Chansons hat sie in dem Buch »Was ich noch sagen wollte« niedergeschrieben, das nach ihrem Tode 1967 erschien.

Claire Waldoff – »Mach keen Meckmeck!«

Claire Waldoff brachte schon als junge Schauspielerin enorm viel Lebenskenntnis für den Lied- und Chansonvortrag mit. Sie stammte nicht aus wohlhabenden Verhältnissen wie Rosa Valetti oder Paul Graetz. Der Vater von Clara Wortmann, wie sie eigentlich hieß, war Steiger im Kohlenrevier gewesen und besaß später eine kleine Gastwirtschaft mit Futtermittelhandlung und Logis in Gelsenkirchen, wo Claire am 21. 10. 1884 geboren wurde. Der Alltag zwischen Zechen, Gruben und ihres Vaters Schankwirtschaft, das Milieu der kleinen Leute, gehörten zu ihren prägenden Kindheitserinnerungen und entwickelten in ihr ein starkes soziales Bewußtsein. Ärztin, wie sie wollte, konnte sie nicht werden, so ging sie nach dem Abitur zum Theater, das immer schon ihre große Liebe war.

Mit dem Übertritt zum Kabarett, den sie in Berlin vollzog, kam die junge Waldoff künstlerisch in beste Hände. Schon bei ihrer ehemaligen Theaterdirektorin Olga Wohlbrück, die auch eine bekannte Vortragskünstlerin war, konnte sie sich für ihren Beruf manches abgucken, doch gehörte der Wohlbrück-Stil noch der alten Schule an, geprägt von den Überbrettl-Divas, Hofschauspielerinnen und Wiener Soubretten. Diese traten in großer Aufmachung mit Federboa und Lorgnon auf, auch hatte ihr Humor meist etwas Salonhaftes, Gekünsteltes. Unberührt davon jedoch waren die Kultur des Vortrags und das Schauspieleri-

Claus Clauberg, der Komponist von »Mutterns Hände«. Zu sieben Tucholsky-Chansons hat er die Musik geschaffen: »Augen in der Großstadt«, »Das Mitglied«, »Na – und denn« (»Danach«), »Der andere Mann«, »Der Graben«, »Mutterns Hände« und »Rote Melodie« (»General«)

Die Schauspielerin Ilse Trautschold. Sie sang zuerst »Mutterns Hände«. Ihr Name war bekannt durch ihre Auftritte am Staatstheater, an den Barnowsky- und Piscator-Bühnen, am Kabarett der Komiker und am Berliner Sender. Sie spielte in dem proletarischen Film »Mutter Krausens Fahrt ins Glück« und trat vor 1933 auch auf vielen Veranstaltungen linker Organisationen auf

sche der Gestaltung, was auch Claire Waldoff erlernen mußte.

Daß sie ans Chat noir kam, hier mit Rudolf Nelson, Walter Kollo und Willy Prager zusammenarbeitete, war ein Glück für sie. Ihre volkstümliche Note fand sie mit Berliner Liedern am Linden-Cabaret, und seit dieser Zeit taucht ihr Name in den Betrachtungen und Feuilletons Kurt Tucholskys auf.

Von Tucholsky nahm Claire mehrere Titel ins Programm, doch keiner davon hat für sie den Rang gehabt wie »Mutterns Hände«. Die Geschichte, wie sie zu diesem Lied kam, erzählt der Komponist Claus Clauberg. Er trat damals mit dem fliegenden Kabarett Die Wespen in Berlin auf, meistens in Arbeiterkneipen, auf Tanzböden, manchmal bei Veranstaltungen der AIZ oder der Internationalen Arbeiterhilfe. Immer war bei diesen Auftritten die Schauspielerin Ilse Trautschold dabei, die damals »Mutterns Hände« sang. Clauberg hatte dieses schöne AIZ-Gedicht für sie vertont. Im Dezember 1929 waren beide Künstler bei Willi Schaeffers im Korso engagiert, zur gleichen Zeit und im gleichen Programm wie Claire Waldoff. Das Tucholsky-Lied hinterließ auch hier allabendlich den stärksten Eindruck, wenn in der Erinnerung der inzwischen groß gewordenen Kinder der Sorgen und Mühen der Mutter gedacht wurde: einfühlsam, ruhig, herb und poesievoll zugleich.

Hast uns manches Mal
bei jroßem Schkandal
auch 'n Katzenkopp jejeben.
Hast uns hochjebracht,
wir warn Sticker acht,
sechse sind noch am Leben.

Claire Waldoff hörte stets sehr aufmerksam zu. Eines Nachmittags kam sie im Künstlerzimmer auf den Komponisten zu und schwärmte ihn an: »Clauberg, ich liebe Sie ja so!!!« Das war die diplomatische Einleitung zu einem Verhandlungsgespräch. Ob sie von ihm nicht »Mutterns Hände« bekommen könne. Zwar gehöre das Chanson schon einer Schauspielerin, aber sie möchte es doch gern erwerben. Clauberg versprach es ihr, wenn es Ilse Trautschold weiter singen dürfe. Die Waldoff war glücklich. Sie holte aus ihrer Handtasche gleich einen weiteren Text,

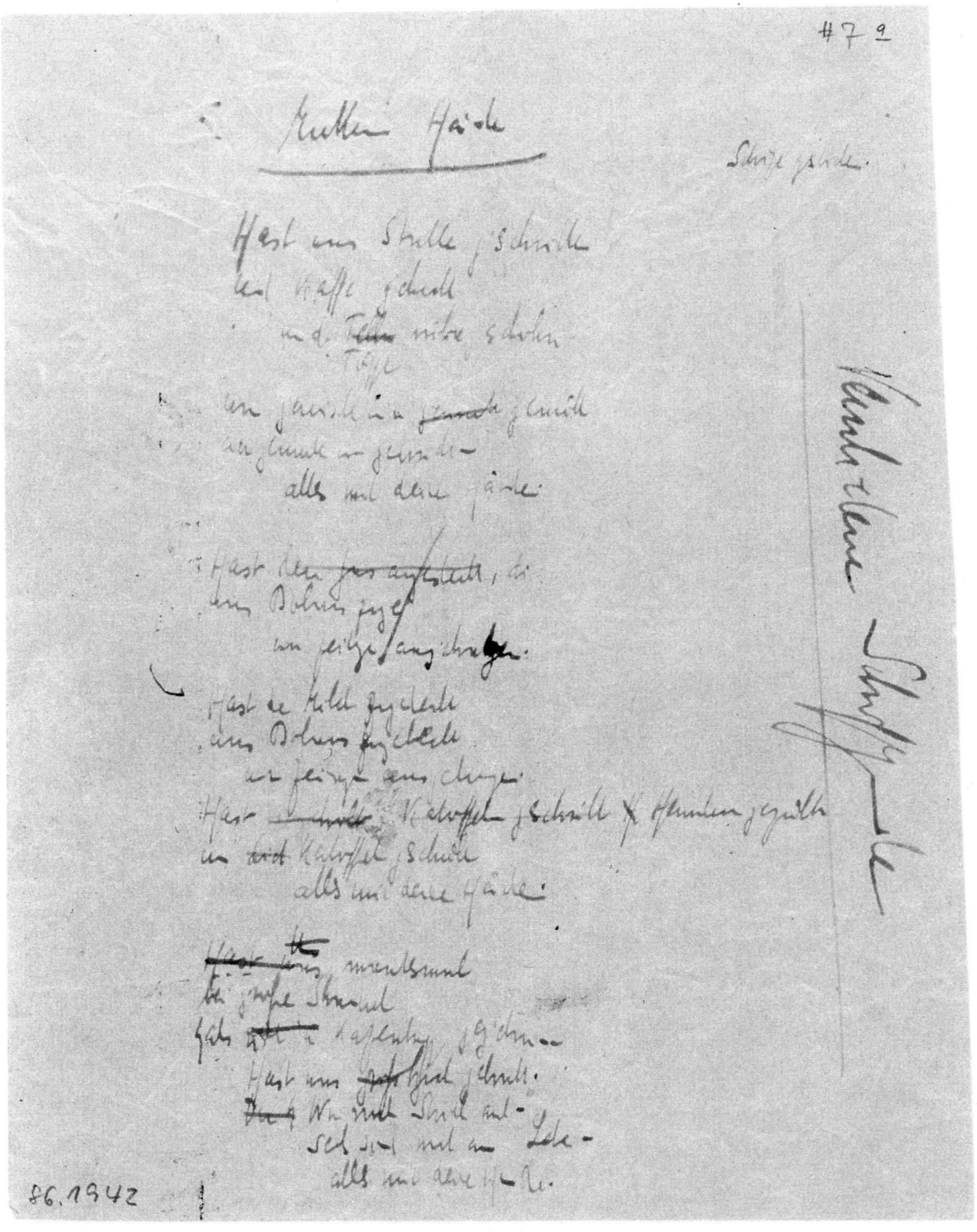

Das Manuskript der Vertonung von Claus Clauberg

den sie ihm als Kompositionsauftrag in die Hand drückte. Termin: Bis nächsten Tag, Mittag zwölf Uhr!

In einem Kino in der Bismarckstraße, gegenüber der Städtischen Oper, sang Claire Waldoff »ihr« Lied, am Flügel begleitet vom Komponisten, im Dezember 1929 zum erstenmal – und blieb stecken. Dennoch wurde es einer ihrer ganz großen Erfolge. Claire Waldoff hat dieses Lied, wie sie sagt, eigentlich immer für ihre Mutter gesungen, eine gütige Frau, die mit ihren elf Kindern und ihrer Ehe viel Kummer hatte.

Links:
»Mutterns Hände«. Das Original-Manuskript mit den Korrekturen Kurt Tucholskys

Das »Mutter«-Lied gehörte zusammen mit dem »Nußbaum links vom Molkenmarkt«, dem »Vater Zille«, der »Großstadtpflanze« und »Heinrich heeßt er« zu jenen nachdenklichen Großstadtliedern, die den Menschen in den Mietskasernen und Hinterhöfen gewidmet waren.

Die Beziehungen zwischen Claire Waldoff und Kurt Tucholsky waren von gegenseitiger hoher Achtung ihrer künstlerischen Leistungen bestimmt. Waren beide in Berlin, rief sie von ihrer Wohnung in der Regensburger Straße bei Tucholsky in der Redaktion der »Weltbühne« an, um über etwas Neues mit ihm zu verhandeln. Sie bat um seine Genehmigung, als sie die zwei Nelson-Chansons vom »Dirndlkleid« und von der »Verwandtschaft« bei der Grammophon und »Mutterns Hände« für die Parlophon auf Schallplatte singen wollte. So gingen viele Gespräche per Telefon auch zwischen Paris und Berlin hin und her.

Seit die drollige Pflanze aus dem Rheinland sich 1913 mit »Hermann«, dem »Bräutigam und der Braut« und den »Beenekens« Tucholskys Sympathien ersungen hat, ist ihr Name in seinen Arbeiten präsent. In der »Schaubühne« schreibt er bereits 1913, sie sei so sehr Berlin und, wenn sie nicht dick würde, »die Vollendung des Berliner Gamins, des Schusterjungen«. 1918 sieht er sie in ihrer Glanzrolle als Auguste in der Operette »Drei alte Schachteln«, schnoddrig, doch als »Spezialistin in diesem Fach vollkommen«. 1926 widmet er ihr »Das alte Vertiko«, und 1929 erhebt er seine »Klea Waldoff« gar zu einem Denkmal, indem er sie der »Berolina«, dem einstigen Wahrzeichen der Stadt Berlin auf dem Alexanderplatz, gleichsetzt.

Claire Waldoff hatte etwa zehn Chansons von Tucholsky in ihrem Repertoire, Schallplatten inbegriffen, und gehörte damit zu den maßgeblichen Tucholsky-Interpreten vor 1933. Es sind folgende Titel darunter:

- Mutterns Hände
- Berolina – Claire Waldoff
- Zieh doch dein Dirndl an vom Tegernsee
- Fang nie was mit Verwandtschaft an
- Das alte Vertiko
- Happyend (Danach)
- Berliner Margueritenkranz (bestehend aus drei Liedern)
- Der Jagdschein
- Gassenhauer

Er nannte sie die »Berolina« des Chansons und schickte ihr drei neue Lieder aus Paris, eigens für sie gedichtet und vertont. Doch Hunde konnte er nicht leiden – wegen Lärm und Geräusch. Claire Waldoff schrieb Jahre später an ihren Komponisten Claus Clauberg nach Schwerin: »Ihr wunderschönes Lied von ›Mutterns Hände‹ – Text von Kurt Tucholsky (meinem alten Freund) – hat von jeher kolossalen Beifall gehabt. Männlein und Weiblein weinten alle.«

Vom »Jagdschein« und vom »Gassenhauer« konnten bisher zwar die Melodien, nicht aber die Texte dazu aufgefunden werden. Sie sind weder im Nachlaß von Claire Waldoff noch im Nachlaß von Tucholsky vorhanden. So haben wir bei den beiden Titeln »Lieder ohne Worte« vor uns.

Beim »Berliner Margueritenkranz« handelt es sich um einen eigens für sie geschriebenen Soloauftritt mit drei Liedern, die niemals veröffentlicht wurden. Thema ist die Liebe in ihren verschiedenen Stadien – Sehnsucht, Erfüllung, Erfahrung und Enttäuschung –, abgehandelt nach dem Abzählreim: »Er liebt mich – er liebt mich nicht – von Herzen, mit Schmerzen.« Inhaltlich ist es eine lustige Variante auf das bekannte Waldoff-Lied »Wegen dir hab ich meine jute Stellung bei Tietz uffjejeben«.

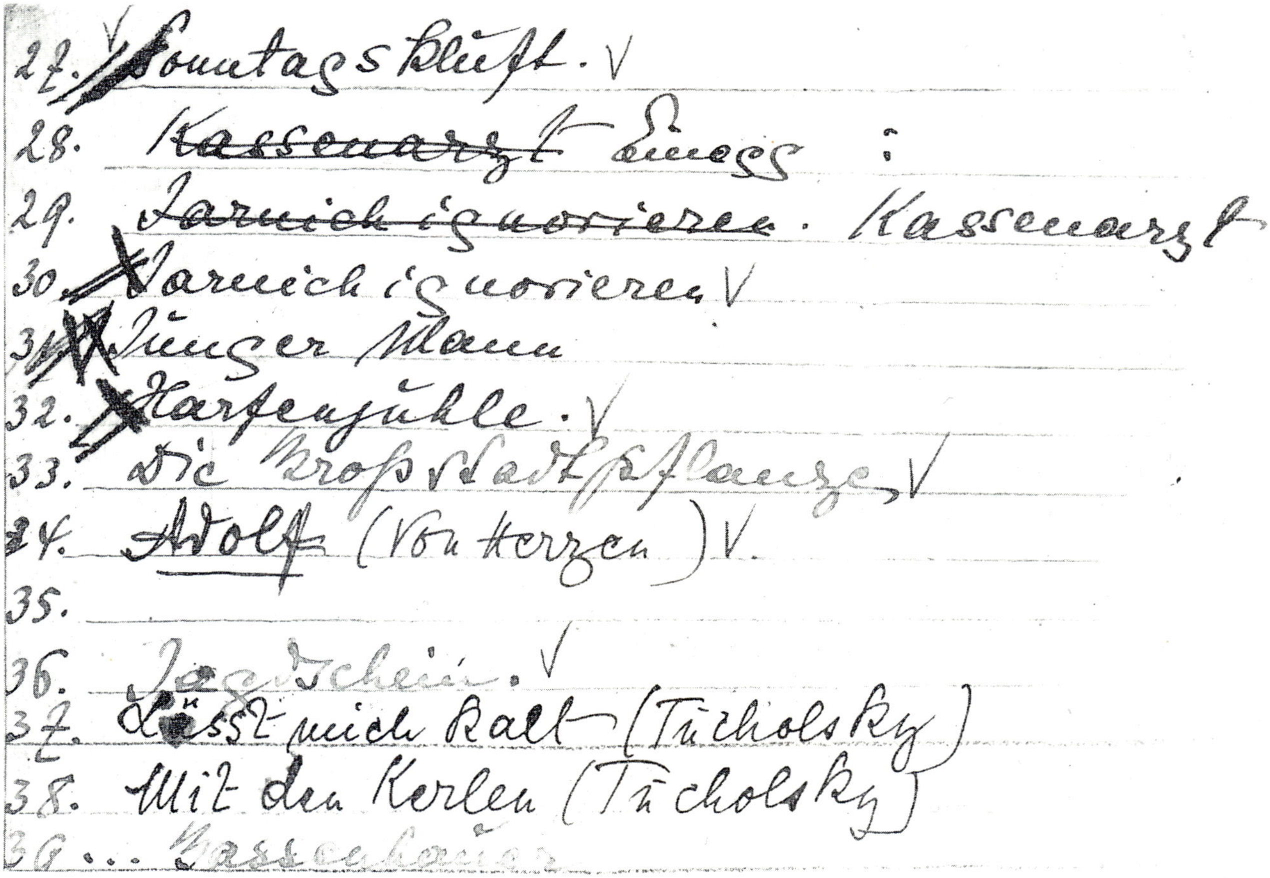
27. Sonntagskluft. V
28. Kassenarzt
29. Darum ich ignorieren. Kassenarzt
30. Darum ich ignorieren V
31. Junger Mann
32. Harfenjulle. V
33. Die Großstadtpflanze V
34. Adolf (Von Herzen) V.
35.
36. Jagdschein. V
37. Lässt mich kalt (Tucholsky)
38. Mit den Kerlen (Tucholsky)
39. ...

Faksimile aus den Notenbüchern Claire Waldoffs mit den Eintragungen ihrer Tucholsky-Titel

Bei Tucholsky kommt ein Mädel, ebenfalls Verkäuferin, auf die Bühne, um dem Publikum von ihrem Angebeteten vorzuschwärmen. »Wenn ick in Jeschäfte an 'n denke – / det is Liebe – det is Liebe! / Wenn ick ihn 'n neuen Zwetter schenke – / det is Liebe! Det is Liebe!« Im zweiten Lied sieht die Sache schon etwas anders aus. Sie hat inzwischen ihre Erfahrungen, ist nüchterner, ja skeptisch geworden: »Erst soll sie bei ihm uffn Schoß sein, / un denn will er sie wieder los sein.« Fazit: »Nu singt man keene Arien: / Det Scheenste sind die Prälimenarien! / Wat danach kommt, det hat keenen Zweck: / Det schmeißt man ja doch balde wieder weg!« Im dritten Lied ihres Soloauftritts spricht die nunmehr Sitzengelassene, die sich ihre Wut von der Seele redet: »Sicher is er mit die Meta, / dieser verschrumpelten Kuh! / Nu schmust er mit ihr – det vasteht a – / huhuhu! / Au, wen ick *die* morjn kriege! / Mit der wer ick aba intim! / Hoffentlich kricht diese Zieje / Zwillinge, nee Drillinge von ihm!«

Claire Waldoff trat nicht nur in renommierten Kabaretts und Varietés, Häusern mit großen Namen auf, sondern wirkte auch bei Arbeiterveranstaltungen, wie den Bällen des Arbeiterradioklubs in Dresden, mit, wenn man sie darum bat. Immer war ihr Name auf den Plakaten zu finden, wenn die linken Zeitungen »Welt am Abend« und »Berlin am Morgen« ihre Großveranstaltungen in Berlin ankündigten. Dort war ihr Publikum, und dort

Claire Waldoff in der Karikatur, wie sie ein Pressezeichner sah

wollte auch sie sein. Sie sang ebenso für die Internationale Arbeiterhilfe wie für die »Arbeiter-Illustrierte-Zeitung«, und immer waren ihre »Tucholskys« dabei.

So blieb es auch in den Jahren nach 1945, als sie wieder auftrat, von ihrem Häuschen in Bayrisch-Gmain aus auf Gastspiel ging, wenn ihr auch die wirtschaftlichen Verhältnisse der Nachkriegszeit, ihr Alter und ihre angegriffene Gesundheit ein großes Comeback von Dauer nicht mehr ermöglichten. Am 22. Januar 1957 ist sie in Bad Reichenhall gestorben.

Ernst Busch – Brücke zum Proletariat

Ernst Busch, am 22. 1. 1900 in Kiel geboren, hat schon mit sieben Jahren als Sänger auf der Bühne gestanden. Er kam eines Tages mit guten Zensuren nach Hause, im Singen eine Eins, so daß der Pfarrer bei den Eltern – sie waren in der SPD – vorstellig wurde, ob der Junge nicht im Kirchenchor mitsingen könne. Sein Vater, auf dem Bau beschäftigt, meinte: »Nö, denn kann he ok bi uns mitsingen.« Bei einer Maifeier Kieler Bauarbeiter 1907 stand er dann auch auf dem Podium und schmetterte mit der ganzen Kraft seiner Kinderstimme die »Internationale« in den Saal: »Wacht auf, Verdammte dieser Erde!«

Zum politischen Theater kam Busch 1927 über Piscator, zu seinen Liedern fand er durch die Zusammenarbeit mit Hanns Eisler um 1929 in Berlin. Dazwischen lagen seine Ausbildung als Maschinenschlosser auf der Kieler Germania-Werft, Betätigung in der Arbeiterjugend, fundierter Schauspiel- und Gesangsunterricht. Für 300 Mark im Monat erhielt er sein erstes Engagement am Kieler Stadttheater. Vorher war er gerade von der Werft entlassen worden und mußte »stempeln« gehen.

Ein neuer Anfang war für ihn nach den Jahren in der Provinz das Piscator-Theater in Berlin. Diese Bühne hatte einen enormen Zulauf von Schauspielern, die alle gern dort spielen wollten, aber nicht angenommen wurden. An dem Tag, da Busch zum Vorsprechen kam, saßen, wie er sich erinnerte, Brecht, Walter Mehring und Leo Lania im Parkett. Busch wurde engagiert.

Neben dem Theater trat Busch Ende der zwanziger Jahre auch im Kabarett auf. Er benötigte dafür ein entsprechendes Repertoire und außer Texten auch einen guten Komponisten. Auf einer Veranstaltung hörte er damals die Schauspielerin Anni Mewes mit dem Lied »Anna-Luise«. Der Text von Tucholsky gefiel ihm, die Musik

Das Lehrervereinshaus am Alexanderplatz (links) gehörte zur Geschichte des Berliner Chansons. Hier stand Ernst Busch auf der Bühne, und der Arbeitersängerchor unter Heinz Tiessen trat bei Jugendweihen auf. Bei politischen Veranstaltungen wirkten Claire Waldoff, Erich Weinert, Ilse Trautschold und Paul Graetz mit. Bild: Der Alexanderplatz mit dem Polizeipräsidium. Aufnahme von 1929

von Nelson nicht. Er war auch der Meinung, das sei kein Lied für eine Frau, sondern es müsse von einem Mann gesungen werden.

»Ich gehe also mit dem Text zu Eisler und bitte ihn um eine neue Melodie. ›Nein, das mache ich nicht! Ich mache nur seriöse Sachen.‹ Aber ich brauchte für meine Kabarettauftritte unbedingt ein neues Lied und legte ihm 50 Mark auf den Tisch. ›Wie willst du's denn haben?‹ Ich sprach ihm vor, und da saß er schon am Klavier und spielte weiter. Ich blieb natürlich dabei, und plötzlich bei der letzten Strophe schoß es mir durch den Kopf: Jetzt muß das ›Seemannslos‹ kommen.«

Im Originaltext bei Tucholsky ist eine solche Zeile nicht vorhanden. Weil Busch sie aber auf der Bühne immer sang, übernahm Tucholsky schließlich diese Ergänzung. Solche ausschmükkenden »Zutaten« waren für den Gesangsvortrag mitunter notwendig. Man verständigte sich darüber. Busch sagte, und so hat er es auch Mary Tucholsky gegenüber erklärt, »Kurt« habe diese Version gebilligt. »Wenn Sie glauben, lieber Busch, daß es besser ist – meinen Segen haben Sie!«

In der Katakombe bei Werner Finck sang Busch im März-Programm 1930 dieses teutonisch-ironische Chanson von den »Igeln in der Abendstunde« zum erstenmal. Seine »Anna-Luise« hatte einen überwältigenden Erfolg. Er stand zwischen zwei dicken, kurzen Säulen auf der Bühne, Zylinder auf dem Kopf, Stöckchen in der Hand und sang, die linke Hand in der Hosentasche:

Wenn die Igel in der Abendstunde
still nach ihren Mäusen gehn,
hing auch ich verzückt an deinem Munde,
und es war um mich geschehn –
…
Und du gabst dich mir im Unterholze
einmal hin und einmal her,
und du fragtest mich mit deutschem Stolze,
ob ich auch im Krieg gewesen wär …
Anna-Luise!

Unzählige Male hat Busch seine »Anna-Luise« gesungen, ebenso von Tucholsky den »Graben«, die »Feldfrüchte – außen rot und innen weiß«,

und die »Bürgerliche Wohltätigkeit«, die als Schallplatte des Arbeitersängerbund-Verlages vor 1933 Massenauflage erreichte.

Die Vertonungen, die Eisler dafür geschaffen hat, sind allesamt klassisch zu nennen und stellen eine musikalische Neuerung hinsichtlich der Gattung Chanson dar. Dabei hatte er zu Anfang nicht allzu große Lust, Tucholsky-Texte zu vertonen. Busch sagt dazu, daß sein Freund Eisler, der damals schon viel Bühnen- und Filmmusiken schrieb, als Nur-Liederkomponist nicht betrachtet werden wollte. Ihm sei das nicht recht gewesen. Hinzu kam, daß Eisler gerade in der »Roten Fahne« einen Artikel gegen Tucholsky geschrieben hatte, weil er dessen »kleinbürgerliche« Feuilletons in der »Vossischen Zeitung« »gräßlich« fand. So ist es dem Drängen Ernst Buschs zu verdanken, daß doch immer wieder Vertonungen zustande kamen. Zunächst blieb es bei den vier erwähnten Liedern. Busch sang sie mit seiner metallischen, präzis artikulierenden Stimme auf Tausenden Veranstaltungen: im Lehrervereinshaus am Alexanderplatz, bei Großveranstaltungen in den Pharussälen im Wedding, in der Scala beim »Heiteren Nachmittag« anläßlich »10 Jahre AIZ«, bei der Tucholsky-Matinee der Universum-Buchgemeinschaft und beim Roten Presseball im Sportpalast. Immer war Hanns Eisler am Flügel dabei, »ein Zwerg, breitschultrig, mit großem Kopf, blitzender Glatze und Hosen, deren Harmonikafalten bis zu den Fersen gingen«, wie sich der Schriftsteller Sergej Tretjakow erinnerte.

Die Stationen nach 1933 hießen für Ernst Busch Holland, Belgien, Sowjetunion, Spanien, Internierung und Lager. Nach seiner Befreiung aus dem Zuchthaus Brandenburg am 27. Mai 1945 machte sich Ernst Busch auf den Weg nach Berlin. Hier gründete er 1947 den Schallplattenverlag »Lied der Zeit«, in dem seine Lieder, darunter auch die von Tucholsky, wieder auf Platte erschienen. Wer Platten im Laden kaufen wollte, mußte alte Schellacks dafür abgeben. Das Rohmaterial war rar.

Hanns Eisler. Aus vier Tucholsky-Vertonungen wurden vierzig. Aufnahme im Sommer 1938 in Valley Cottage, New York

Rechts:
Ernst Busch singt wieder seine »Igel in der Abendstunde«. Aufnahme von der Tucholsky-Matinee im Deutschen Theater 1963. In den sechziger Jahren produzierte Busch für seine Schallplatten-Dokumentar-Reihe auch Lieder und Songs von Tucholsky

Seine alte Liebe zu Tucholsky hatte Busch sich bewahrt. Er trug auch jetzt so manchen Text, der ihm gefiel, in die Wohnung Hanns Eislers. Insgesamt 40 Vertonungen zu Tucholsky sind auf diese Weise entstanden. Sie bilden in der Werkausgabe Hanns Eislers einen eigenen Band, viele davon haben eine Widmung, wie: »Für den Heimatrückkehrer zur Begrüßung«, »Für Ernst von der musikalischen Stadtküche«, »Für meinen alten Ernst vom alten Klavierbegleiter« und schließlich: »Jetzt ist's aber genug mit Tucholsky!«

Ernst Busch kommt das große Verdienst zu, die Couplets und Chansons von Tucholsky, trotz mancher Schwierigkeit, durch Vortrag und Schallplatte nach 1945 zu neuer Popularität geführt zu haben.

In der von ihm geschaffenen Schallplatten-Dokumentationsserie, die unter der Bezeichnung »Aurora« Lieder, Balladen und Songs unseres Jahrhunderts umfaßt, sind viermal Editionen mit Liedern von Tucholsky – zum Teil in Doppelalben – erschienen.

In dieser großangelegten, umfangreichen Archivproduktion, die ein gemeinsames Unternehmen Ernst Buschs, der Akademie der Künste der DDR sowie des VEB Deutsche Schallplatten war, hat Tucholsky mit seinen klassischen Titeln neben Kästner, Brecht, Mehring, Weinert, Majakowski, Mühsam, Wedekind, Klabund und anderen Vertretern der progressiven Liedkunst unseres Jahrhunderts den ihm historisch zukommenden Platz gefunden.

Ernst Busch trat auch nach Beendigung seiner Theaterarbeit am Berliner Ensemble und nach Abschluß seiner Schallplatten-Chronik zu besonderen Anlässen im Rahmen der Akademie der Künste bis in die siebziger Jahre hinein mit seinen Liedern gelegentlich noch auf der Bühne auf. Er wohnte in Berlin-Niederschönhausen am Heinrich-Mann-Platz und ist dort am 8. Juni 1980 gestorben.

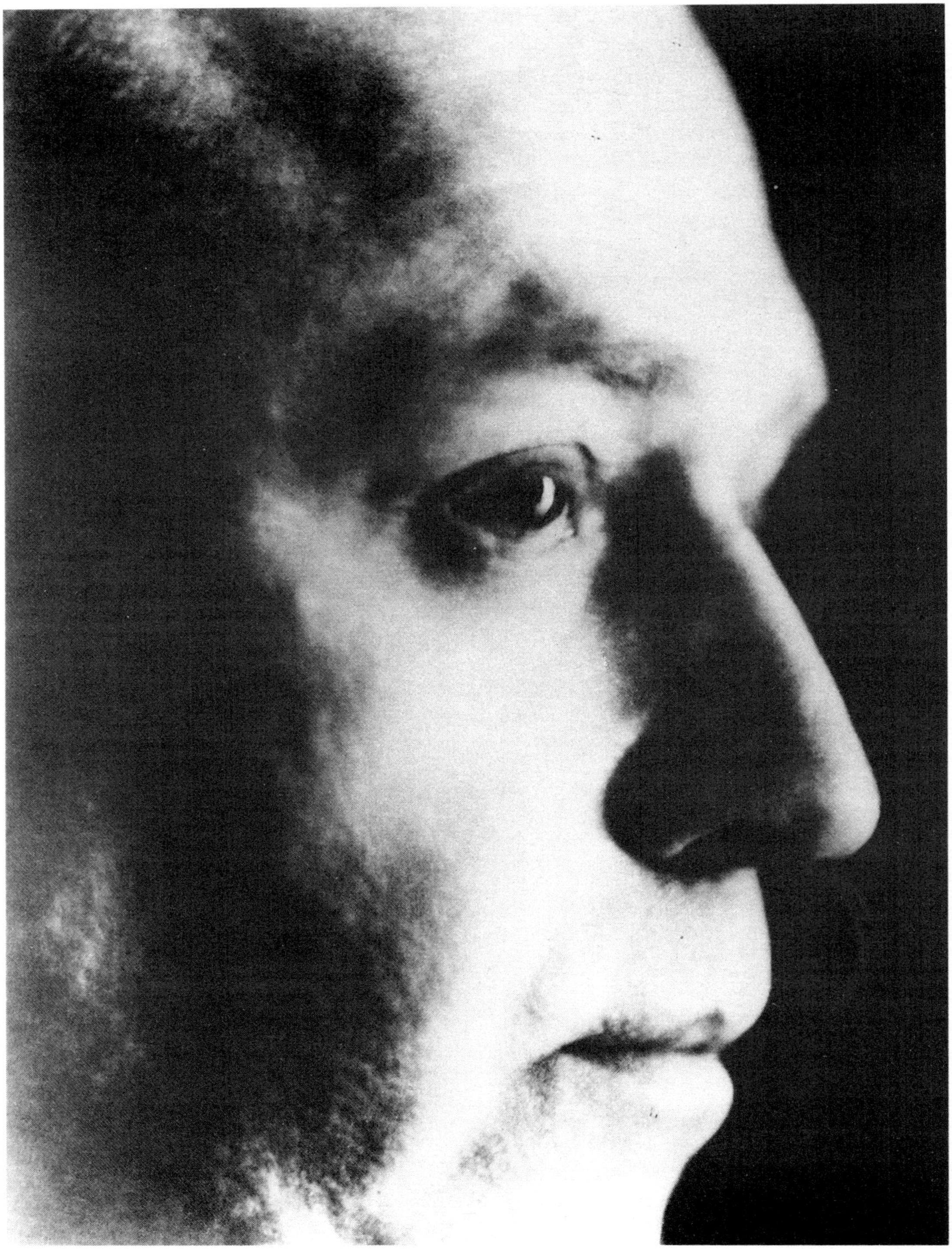

Das »Regenlied« blieb unvollendet

»Ich sitze hier oben in der Stille und arbeite – darunter auch Chansons. Ich habe noch kaum etwas herausgeschickt ... ich weiß nicht einmal, ob ichs überhaupt tun soll, Selbstamusement ist auch ganz schön. Ich muß Ihnen eine Beichte ablegen:

Vom Cabaret habe ich mich – wie vom Theater – fast ganz zurückgezogen und zwar aus einem ganz bestimmten Grunde. Es ist vor allem dies: Ich gebe einen Text heraus. Ich höre ihn, sagen wir: leise, gedehnt, ganz zart, fein. Und denn komm ick hin: und da steht einer und hat sich vielleicht eine Ritterrüstung angezogen und bläst den Text durch ein Megaphon ... ich muß schon sagen ... Und *darum* mag ich kaum noch.«

Brief an Kate Kühl, 1929

Kurt Tucholsky, Porträtstudie von Lotte Jacobi

Hindås bei Göteborg – das neue Domizil

Anfang Februar 1930 bezieht Tucholsky das Haus »Nedsjölund« in Hindås in der Nähe von Göteborg. Schweden wird damit sein neuer Wohnsitz. Er hatte sich schon 1929 mehrere Monate in diesem Land aufgehalten, in Läggesta am Mälarsee, um das Buch »Deutschland, Deutschland über alles« fertigzustellen und den neuen Roman »Schloß Gripsholm« zu beginnen. Auf der Suche nach einem für ihn geeigneten festen Wohnsitz hatte er im August 1929 die Villa »Nedsjölund« gemietet.

Mit dem Umzug nach Schweden erfüllte sich der alte Wunsch, in der Nähe seiner geliebten Ostsee zu wohnen, jener Landschaft, mit der ihn seine Kindheitserinnerungen verbanden: glückliche Jahre in Stettin, Bäderreisen mit der Familie nach Misdroy und Ferien am Strand von Warnemünde. Tucholsky war kein Mensch des Südens, in ihm war stets die Sehnsucht nach den Buchenwäldern seiner Kindheit. Diese Wälder lagen im Norden am Meer. Mit Blick auf sich selbst sagte er einmal: »Vielleicht mache ich mich mit dem Norden etwas lächerlich, dieses Heimatgefühl diskutiert sich nicht.« Und in einem früheren Artikel für die »Vossische« urteilte er bereits voller Sympathie: »Schweden ist ein liebes Land; der Gast hat fast nur freundliche Eindrücke. Es fällt leicht, den Schweden Komplimente zu machen: man braucht nur die Wahrheit zu sagen, und es sind welche.«

Einen Wohnsitz in Schweden hatte er schon einmal 1915 im Krieg in Erwägung gezogen. Nach den ersten Besuchen 1929 fand er Gefallen an der Natur des Landes, die Ruhe tat ihm wohl, und so wuchs nach Jahren nervösen und lärmenden Großstadtlebens der Wunsch »nach einem gesunden und friedvollen Wohnort«. Das ist die Begründung, die er den schwedischen Behörden für seine Übersiedlung angab.

Tucholskys Haus, im Villenstil gebaut, lag am Rande eines hohen, dichten Tannenwaldes mit Ausblick auf einen großen See. Ossietzky empfand die Gegend bei seinem Besuch im Herbst 1930 als »ganz und gar einsam« und meinte, die Tiroler Dörfer seien »ein Jahrmarkt neben dieser Stille«, aber das Land sei eben schön.

Tucholskys Nachbar war ein Herr Petersson, das Dienstmädchen im Hause Tucholsky hieß Märtha Andersson, der Taxichauffeur, der jahrelang den neuzugezogenen Schriftsteller nach Göteborg zur Stadt fuhr, hieß Johansson. Nur Gertrude Meyer, die Tucholskys Freundin wurde, hatte einen deutschen Namen, obwohl sie Schwedin war.

Die Einwohner von Hindås hielten den etwas reservierten Deutschen, der in ihre Gegend gezogen war, zunächst für einen berühmten Komponisten, denn manchmal drang Klavierspiel aus der weißen Villa am See. Bald sprach es sich im Ort herum, daß dieser Herr jemanden suche, der Schwedisch-Unterricht erteilt und Klavierspielen kann. Auf diese Weise lernte Tucholsky Gertrude Meyer kennen, die im Hause ihrer Eltern ganz in der Nähe wohnte – eine literarisch interessierte und gebildete Frau, die ausgezeichnet deutsch sprach, die »Weltbühne« las und durch einen früheren Aufenthalt in Berlin mit dem Namen Tucholskys bestens vertraut war.

Mit der Übersiedlung von Paris nach Hindås sind mit einem Teil seiner Möbel auch seine Bücher und zwei Schreibmaschinen, seine Schallplatten sowie sein Grammophon umgezogen. Die Arbeit für die »Weltbühne« und fürs Chanson kann weitergehen. »Ich sitze hier oben in der Stille«, schreibt er an Kate Kühl nach Berlin, »und arbeite – darunter auch Chansons.« Jetzt allerdings schickt er weniger heraus als früher, ist sich sogar manchmal unschlüssig, ob er es überhaupt noch tun soll, da die Aufführungen seiner Texte durch unbekannte Künstler ihm, was die Qualität betrifft, zuweilen arge Enttäuschung bereiten. So

»Ich sitze hier oben in der Stille und arbeite – darunter auch Chansons.« Tucholskys Wohnhaus »Villa Nedsjölund« in Hindås bei Göteborg. Aufnahme 1976

erscheinen die Chansons zumeist in der »Weltbühne« und gehen ihren Weg unabhängig von ihm oder gegen seinen Willen auf die Bühnen von Kabaretts und Theatern.

Im Juni 1930 reist Tucholsky von Schweden aus für einige Monate in die Schweiz, wo er sich zu einer Kur in dem Sanatorium Sonnmatt bei Luzern aufhält und im Anschluß daran in Ascona, Bellinzona und Brissago. Die Anstrengungen, die das Jahr 1929 mit dem Umzug von Paris nach Schweden, zwei längeren strapaziösen Vortragsreisen durch Deutschland und der Arbeit an den Büchern mit sich gebracht hatte, waren etwas viel gewesen. Die Sonne des Tessins, die Therapie der Ärzte und die Ruhe der Landschaft sollten ihm wieder auf die Beine helfen. Er bedauerte nur, daß er »viel zu spät in einen Salatkasten ge-

Mit Lisa Matthias, dem »Lottchen«, im Sommer 1929 in Läggesta am Mälarsee. Gegenüber liegt das Schloß Gripsholm (rechts)

gangen« sei, um sich ein wenig aufmöbeln zu lassen.

In Brissago am Lago Maggiore ergab sich ein Zusammentreffen mit Erich Kästner, der zufällig im gleichen Hotel wohnte wie Tucholsky. An der Rezeption war Kästner auf die Post- und Paketsendungen für Dr. Tucholsky mit dem Absender »Weltbühne« aufmerksam geworden. Es waren die Bücher, die dem fünffach beschäftigten Autor der »Weltbühne« nachreisten, denn Ossietzky brauchte Artikel. Da die beiden Hotelgäste ihre Arbeit hatten, wollten sie es so halten, sich tagsüber nicht zu stören, nach dem Abendessen aber regelmäßig ein paar Stunden zusammenzusein. Kästner, der eine kleine Erinnerung an diese vierzehn Tage hinterlassen hat, schreibt in bezug auf Tucholsky nur von Arbeit. »Während ich tagsüber am Strand lag oder von einem Balkon zum anderen zog, damit in meinem Reich die Sonne nicht untergehen möge, klapperte Tucholskys Schreibmaschine unermüdlich, der schönen Stunden und Tage nicht achtend. Der Mann, der da im Dachstübchen schwitzte, tippte und Pfeife rauchte, teilte an der kleinen Schreibmaschine Florettstiche aus, Säbelhiebe, Faustschläge. Die

Männer des Dritten Reiches, Arm in Arm mit den Herren der Reichswehr und der Schwerindustrie, klopften ja damals schon recht vernehmlich an Deutschlands Tür. Er zupfte sie an der Nase, er trat sie gegen das Schienbein, einzelne schlug er k. o. – ein kleiner dicker Berliner wollte mit der Schreibmaschine eine Katastrophe aufhalten.«

In dem alten Park, der zum Hotel gehörte, gingen die beiden nach dem Abendessen oft spazieren, und wenn sie zu der Stelle kamen, wo in einer Ecke in einer kleinen, von Oleanderbüschen umgebenen Orchestermuschel ein Klavier stand, setzte sich Tucholsky an den »ziemlich verstimmten Kasten«, um zu abendlicher Stunde ein Stück Berlin mit seinen Kabaretts und Melodien lebendig werden zu lassen. Er spielte Kästner Chansons vor, die er für Paul Graetz, Gussy Holl, Trude Hesterberg und andere Schauspieler geschrieben hatte. Sie gerieten dabei ins Fachsimpeln, erörterten die poetischen Techniken des Chansons, sprachen vom Satzbau, von der Kunst der Pointe und der »Überpointe«. »Diese Vortragsabende für einen einzigen Zuhörer, am abendlichen See und wahrhaftig unter Palmen, werde ich nicht vergessen.« Kästner hat sie tatsächlich nicht vergessen. Als er 1946 für den Rowohlt-Verlag die erste Auswahl mit Arbeiten des zwölf Jahre lang verfemten und verbotenen Schriftstellers herausgab, fügte er Erinnerungen an die gemeinsamen Tage mit »Tucho« in der Schweiz bei.

Die Lieder und Chansons der schwedischen Jahre

Die Manuskripte, die Tucholsky von seinem Wohn- und Arbeitsort Hindås aus an die »Weltbühne« nach Berlin schickt, trägt er in ein kleines, ledergebundenes Notizheft ein. In den einzelnen Spalten sind Titel, Verfasserpseudonym, Absendedatum, Korrektur und Erscheinen vermerkt. An manchen Tagen sind es drei, mitunter auch fünf oder sechs Beiträge.

Ab 1930 verstärken sich, bedingt durch das immer raschere und brutalere Vorrücken des Faschismus und die drohende Hitlerdiktatur in Deutschland, die Pamphlete und Satiren gegen die Nazis und deren völkische, antisemitische Hetzkampagnen und Propagandafeldzüge. Daneben entstehen weiterhin Chansons, Liedparodien und Gebrauchslyrik vielfältiger Art. Die Tucholsky-Lieder der letzten Jahre lassen sich im Hinblick auf Thema, Form und künstlerischen Gebrauchswert den gleichen Gruppen zuordnen, die im wesentlichen seit 1912 für sein Schaffen bestimmend sind:

- Politische Spottlieder im Parodieverfahren
- Zeitsatiren im Liedstil
- Lieder im Bänkel- und Hofsängerstil
- Lieder für Aufführungen
- Vortragschansons für bestimmte Interpreten

Zu den wirkungsvollsten *Spottliedern im Parodieverfahren* jener letzten Jahre gehört das »Alte Lied 1794« gegen die Nazis, das Kurt Tucholsky unter dem 26. Januar 1932 in sein Arbeitsheft eintrug. Es geht zurück auf Johann Matthison, einen beliebten Liederdichter des 18. Jahrhunderts, und dessen sehr bekanntes, von vielen Komponisten vertontes »Fernes Lied«. Mit einer von Franz Schubert geschaffenen Melodie hat jenes empfindsame Lied einst zum klassischen Liederschatz der bürgerlichen Hausmusik und des Konzertsalons gehört.

Wenn in des Abends letztem Scheine
dir eine lächelnde Gestalt
am Rasensitz im Eichenhaine
mit Wink und Gruß vorüberwallt –
Das ist des Freundes treuer Geist,
der Freud' und Frieden dir verheißt.

So beginnt diese Dichtung. Tucholsky übernimmt die erste Strophe von Matthison unverändert, um für die politische Aussage seiner Parodie einen Ausgangspunkt zu haben, auch um die Pointen der folgenden Strophen abzustützen. Für die zweite Strophe benutzt Tucholsky nur noch die Anfangszeile von Matthison, um so den Text allmählich, unter Beibehaltung der poetischen Bilder, auf die angestrebte satirisch aktuelle Aussage umzupolen. Es heißt jetzt bei ihm:

Wenn bei des Vollmonds Dämmerlichte,
das zagend durch die Zweige sieht,
durch dunklen Hain von Tann' und Fichte
ein fauliges Gerüchlein zieht –
Das ist, was da so grauslich riecht,
Herr Goebbels, der vorüberfliecht.

Die Manuskripte, die Tucholsky an die »Weltbühne« abschickte, trug er in ein kleines ledergebundenes Notizheft ein

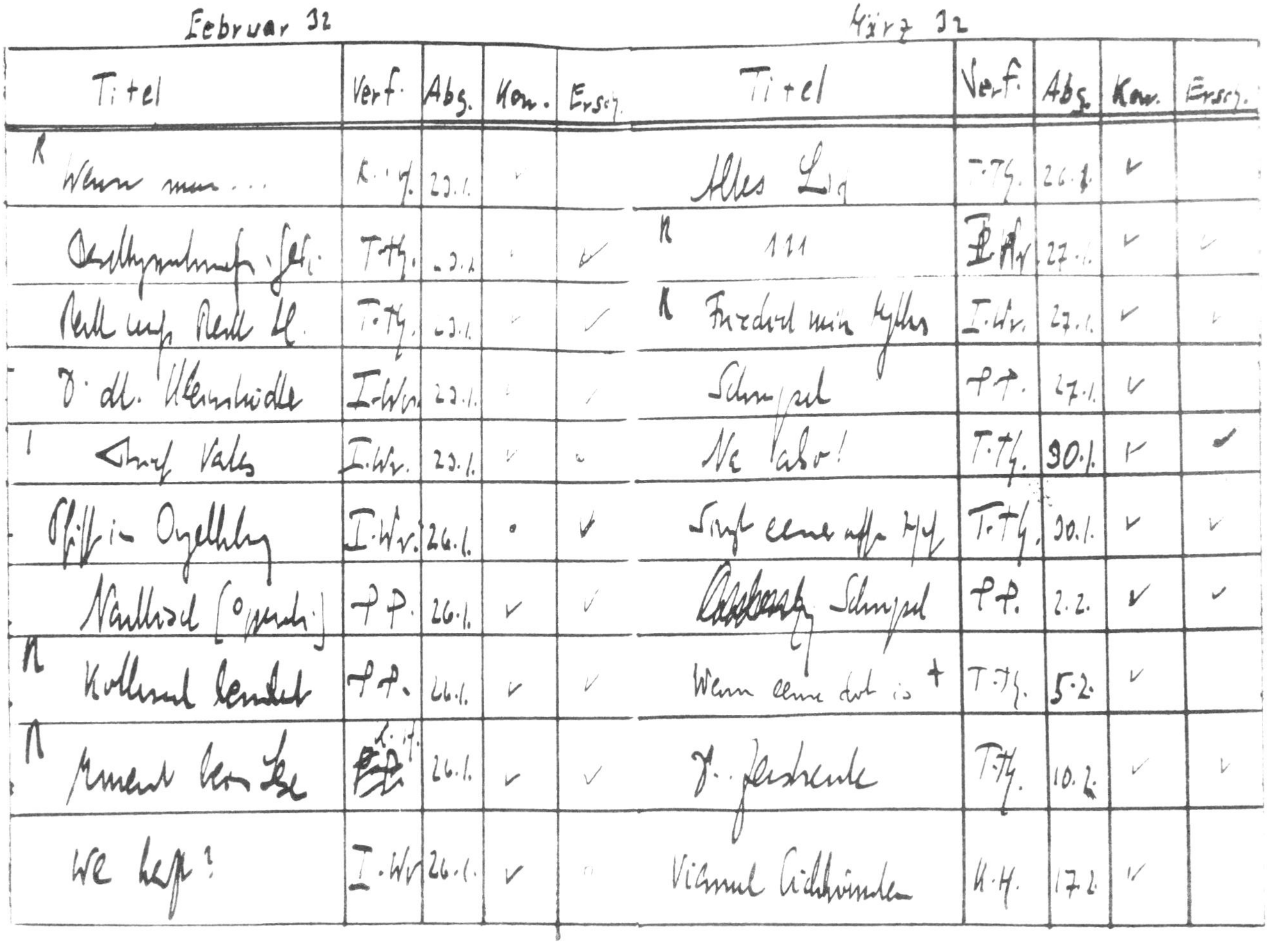

Für die Schlußstrophe treibt er die Pointe noch weiter vor. Im Naturbild läßt er es völlig Nacht werden:

Wenn bei dem Silberglanz der Sterne,
wenn schwarze Nacht herniederweint,
gleich Äolsharfen aus der Ferne ...
wenn dir dann gar kein Geist erscheint –
dies Phänomen, damit dus weißt,
das ist Herrn Adolf Hitlers Geist.

Das Parodieverfahren, ein von der demokratischen Dichtung zu jeder Zeit benutztes Mittel, bei Heine, Glaßbrenner, den Flugschriften des Vormärz und der 1848er Revolution bis zu Kästner, Kerr und Weinert anzutreffen, gibt auch Tucholskys politischer Zeitdichtung im Liedstil das spezifische Gepräge. Zu jeder Zeit seines Schaffens waren Parodien ein wesentlicher Bestandteil seiner Chansonlyrik. Erinnert sei hier nochmals an die frühen Liedsatiren für den »Vorwärts« und den »Ulk« sowie an das wirkungsvolle »Gesangsstück«, das er 1922 auf den »Fridericus Rex« von Loewe dichtete, dessen Kernzeilen bei Tucholsky mit Blick auf die Gegenwart zu einer eleganten, witzigen Attacke auf den Kintopp, den Fridericus-Rex-Kult und den getürmten Wilhelm II. umgeformt werden.

Populäres Liedgut, das ihn zur Umtextung anregte, fand Tucholsky in reichem Maße in den Volksliedersammlungen, die in den Regalen seiner großen Bibliothek standen. Aus seiner Schul- und Studentenzeit kannte er zudem so viele Volkslieder, patriotische Gesänge, Kommersbuchweisen und ähnliches Liedgut, daß dieses Reservoir für seine literarische Arbeit mehr als ausreichend gewesen wäre.

Das hier zitierte Gedicht von Matthison fand sich in einer sehr bekannten Sammlung des Insel-Verlags, »Als der Großvater die Großmutter nahm«, herausgegeben von Gustav Wustmann in erster Auflage 1885, ein Buch in orangefarbenem Feinleinen mit Goldprägung. Tucholsky besprach es 1922 als Neuheit für die »Weltbühne«. Als er zehn Jahre später wieder einmal nach geeigneten Mustern für politische Parodien suchte, blätterte er auch im »Wustmann«, fand dort die Dichtung von Matthison, änderte den Titel »Fernes Lied« in »Altes Lied« um und fügte die Jahreszahl 1794, die im Insel-Band im Anhang für die Erstveröffentlichung des Matthison-Gedichts angegeben war, dem Titel bei. So entstand »Altes Lied 1794«.

Viel benutzt wurden von ihm auch wissenschaftliche Standardwerke, die er in den Bibliotheken auslieh. Seit er literarisch für Zeitungen und Zeitschriften tätig war, interessierte er sich speziell für alte Volkslieder und Sammlungen zum deutschen Volkslied. Aus der Zeit nach dem ersten Weltkrieg sind noch Bibliotheks-Leihscheine von ihm erhalten, so für den »Deutschen Liederhort« von Ludwig Erk und Franz Magnus Böhme, ein Standardwerk der Volksliederforschung in drei Bänden, das bei Breitkopf und Härtel in Leipzig erschienen war. Die Bände, heute wie damals nur im Lesesaal zu benutzen, tragen noch unverändert die Signatur, die auch schon Dr. Tucholsky anzugeben hatte. Sein Leihschein ist reichlich mit Arbeitsnotizen in seiner Handschrift versehen. Er notierte: »Sehr gutes Material. Mit Noten! Vide (siehe) auch H. v. Fallersleben. R. v. Liliencron. Historische Volkslieder. F. M. Böhme, Altdeutsche Lieder auch: Volkslieder d. 18. u. 19. Jahrhunderts.«

Die breitgefächerten Interessen Tucholskys für das populäre Genre sind auch daraus zu ersehen, daß er wichtige Neuerscheinungen für seine Bibliothek erwarb. Für Gertrude Meyer brachte er einmal von einer Reise eine interessante Neuheit mit nach Hause: eine mit Ohser-Zeichnungen illustrierte Notenausgabe mit Küchenliedern, die Robert Adolf Stemmle 1931 in Zusammenarbeit mit Erich Kästner herausgegeben hatte. Tucholskys Widmung für Gertrude Meyer, die Freundin und letzte Vertraute seiner schwedischen Jahre, lautete: »Der lieben Tydde, weil sie Tschauerbal-

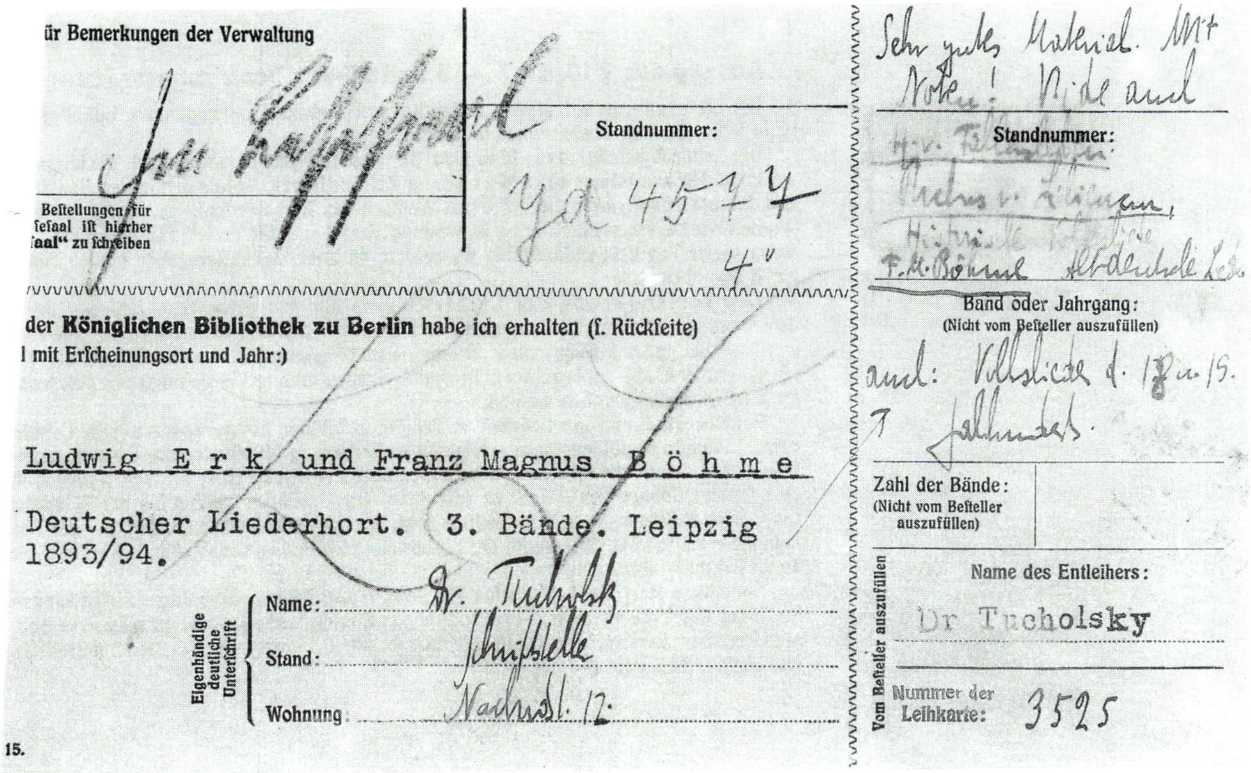
ür Bemerkungen der Verwaltung

Standnummer:

Yd 4577

4°

Beſtellungen für
ſeſaal iſt hierher
aal" zu ſchreiben

der Königlichen Bibliothek zu Berlin habe ich erhalten (ſ. Rückſeite)
l mit Erſcheinungsort und Jahr:)

Ludwig Erk und Franz Magnus Böhme

Deutscher Liederhort. 3. Bände. Leipzig
1893/94.

Eigenhändige deutliche Unterſchrift

Name: Dr. Tucholsky

Stand: Schriftsteller

Wohnung: Nachodstr. 12

15.

Sehr gutes Material. Mit Noten!

Standnummer:

Band oder Jahrgang:
(Nicht vom Beſteller auszufüllen)

Zahl der Bände:
(Nicht vom Beſteller auszufüllen)

Name des Entleihers:

Dr Tucholsky

Vom Besteller auszufüllen

Nummer der Leihkarte: 3525

»Sehr gutes Material« für Parodien fand Tucholsky im »Deutschen Liederhort«, einem wissenschaftlichen Standardwerk der Volksliedforschung, seit 1856 herausgegeben von Prof. Erk, Königlicher Musikdirektor, nach dessen Tode im Auftrag und mit Unterstützung der Preußischen Regierung fortgeführt von F. M. Böhme. In der Nachodstraße 12 wohnte Tucholsky bis zu seiner Heirat mit Dr. med. Else Weil

laden so gern hat.« Auch er hatte sie natürlich gern.

Wichtigstes Genre der letzten Jahre und generell in seinem Werk sind *Zeitsatiren im Liedstil.* Hierzu gehören viele Gedichte, die er ab 1930 verstärkt gegen den Nationalsozialismus in Deutschland schreibt, gegen die marschierende Hitlerbewegung mit ihren demagogischen Parolen, vor deren Unterschätzung oder gar Bagatellisierung er unter Aufbietung seiner ganzen Kraft und Beredsamkeit warnte. Solche politischen Liedsatiren sind: »Die Mäuler auf!« (»Heilgebrüll und völksche Heilung, / schnittig, zackig, forsch und päng!«), »Das Dritte Reich« (»Bitte sehr! Bitte gleich!«) und »Deutschland erwache!« mit den argumentierenden, abgewandelten Refrainzeilen:

Daß der Nazi dir einen Totenkranz flicht:
Deutschland, siehst du das nicht?

Daß der Nazi für die Ausbeuter ficht:
Deutschland, hörst du das nicht?

Daß der Nazi dein Todesurteil spricht:
Deutschland, fühlst du das nicht?

Die große Wirkung, die Tucholsky in Deutschland vor 1933 mit seinen Satiren, Liedern und Parodien hatte, beruht letzten Endes auch auf der künstlerisch gemeisterten Verarbeitung und sprachlichen Gestaltung seiner Stoffe. Seine Sprache ist im Gestus eindeutig und energisch, in der Ironie vernichtend, in der Haltung radikal, obgleich er einmal sagte, daß die tödliche Ironie, die er an Walter Mehring so großartig fand, »in seinem Fett nicht wohne«, er also vergleichsweise der Gemütlichere von beiden sei. Von Gemütlichkeit in der Auseinandersetzung mit Militarismus, Antisemitismus und Faschismus kann wahrlich bei ihm keine Rede sein. Charakteristisch sind für ihn auch einige formale Merkmale. Tucholsky bevorzugte für seine politischen Chansons die regelmäßig gebaute Strophe mit abschließendem Refrain, den er häufig variierte, was der Satire Treffsicherheit und Überlegenheit verlieh. Die einzelnen Zeilen innerhalb der Strophe sind in der Formulierung bündig, logisch und im Argument zwingend. Für das Thema, das er behandelte, fand er jeweils von innen heraus die strophische Gestalt, den Rhythmus, die eigene Sprachmelodie. So entstanden Verse, über die ein Kritiker einmal zutreffend schrieb, daß sie sich von selber komponieren. Insbesondere benutzte Tucholsky um 1930 Volkslied und Marschlied, von den Nazis mißbraucht, bei ihm häufig als Gerüst für Satiren verwendet wie für jenes »Völkische Lautenlied«, das sich in seinem Nachlaß fand:

Ich bin der kleine Hitlerknabe –
ich bin kein Mann – nur Vordermann.
Mit allen Gliedern, die ich habe,
tret ich stets in zwei Gliedern an.
  Und der Mohn, und der Mohn blüht so rot!
    Schlagt die Juden tot!
      Es klappt mit Lyrik und Verdauung,
      und unser Fähnlein flattert frech …
      Vorn trag ich eine Weltanschauung
      und hinten einen Topf aus Blech.

Zum Brüllen sind wir auserkoren.
Als Schreichor ist auf uns Verlaß.
Dem Hitler haben wirs geschworen,
wir wissen leider bloß nicht was.

Neben Schlager und Volkslied hat speziell *das Bänkellied* auf das Tucholsky-Chanson der späten Jahre anregend gewirkt. Jedoch zeigt sich hier die Verarbeitung trivialer Muster anders als bei Wedekind, Klabund oder Brecht, die die Strophenstrukturen dieser Gattung oft unverändert adaptierten. Tucholsky behält bei der Übernahme von Bänkelelementen seinen geschmeidigen Stil und seinen eigenen Rhythmus bei und schafft eine spezielle Variante zur erotischen Bänkelballade und zum Berliner Hofsängerlied. 1931 veröffentlichte die »Weltbühne« das aufgeräumte, sehr komische »Herz mit einem Sprung«, das auf eine ehemalige, kurzzeitige Bekanntschaft während seines Kuraufenthalts in Dresden zurückgeht. Der Schwung, mit dem er hier die Leier dreht, erinnert an den Sänger Theobald Tiger, der einst als Vierundzwanzigjähriger mit seiner Göttin auf den Berliner Rathausturm stieg und, indem er seine Stadt besang, seine eigene Lebenssituation zur Sprache brachte – ein skeptischer Troubadour von der Spree. Er ist inzwischen 18 Jahre älter geworden, ein Tatbestand, der in der Betrachtung des Lebens und der Liebe andere Akzente setzt. 1930 bezeichnet er sich als »einen wahren und guten alten Papa« und bittet die verheirateten Frauen, sofern sie noch Illusionen in bezug auf den begehrten, vermeintlich besseren andern Mann haben, diese sein zu lassen und auf ihn zu hören.

Glaub mir: wenn man uns näher kennt,
gibt sich das mit dem happy end.
Wir sind manchmal reizend, auf einer Feier –
und den Rest des Tages ganz wie Herr Meyer.

Er suchte jemanden, der Schwedisch übersetzte und Klavier spielen konnte. So lernte Tucholsky in Hindås die deutschsprechende Schwedin Gertrude Meyer kennen: Jüdin, Antifaschistin. Sie arbeitete für ihn, war Sekretärin, Freundin und Vertraute seiner letzten Jahre

In »Malwine«, einem Bänkellied von 1930, schildert er in witzig-melancholischen Variationen auf das Motiv zum »Viertelchen und Achtelchen« einen fehlgeschlagenen Annäherungsversuch an eine Schöne namens »Malwine«.

Du hast mir nichts gegeben
und sahst mich prüfend an.
Das, was du brauchst im Leben,
sei nicht ein Viertelchen,
und nicht ein Achtelchen ...
das sei ein ganzer Mann.

Mich hat das tief betroffen.
Dein Blick hat mich gefragt ...
Ich ließ die Frage offen
und habe nichts gesagt.
Daß wir uns nicht besaßen!
So aalglatt war mein Kinn.
Nun irr ich durch die Straßen ...
Malwine
und weine vor mich hin.

Lebendig wird Tucholskys Bänkelsang dank der häufigen rhythmischen Verschiebungen innerhalb der Strophe, wodurch sich das literarische Bänkellied vom monoton ablaufenden Jahrmarktsoriginal deutlich unterscheidet. Mitunter läßt er der letzten Strophe die Moral von der Geschichte folgen, wie in der »Ballade« vom Landrat und der schönen Frau Kaludrigkeit, die sich, wie die Liebesgeschichte der »Marie A.« von Brecht, im September ereignet: »Und so lernte der Mann in Minutenfrist, / daß nicht jede Erfüllung Erfüllung ist. / Und belästigte nie mehr seit dieser Zeit / die schöne Frau Inez Kaludrigkeit.«

So viele Themen er gestaltet, so viele poetische Strukturen findet Tucholsky für die einzelnen Stücke des Genres. Kein Text gleicht in Stimmung, Aufbau oder Aussage dem anderen. Wenn er die Geschichte von Frau Sobernheimer und dem in gemeinsamen Nächten ausgedachten Knaben Waldemar erzählt, hält er sich zum Spaß an das ursprüngliche Verfahren des Jahrmarktsbänkelsangs, nach dem die gesamte Gattung den Namen bekam. Tucholsky steht gleichsam auf einem Bänkel, hat den Zeigestock in der Hand und weist deklamierend auf seine Schilder, wie die Wachstuchtafeln der Fahrenden heißen. Bild eins zeigt Eimer und Bett, die zu der Geschichte gehören, Bild zwei den ungewöhnlichen Knaben, der keiner war; trotzdem setzte er sich aufs Tintenfaß »und machte meinen Schreibtisch naß«. Bild drei und vier präsentieren uns die geplagten Eltern in der Küche, uneinig in der Frage, was der Lümmel einmal werden soll. Die Debatten enden mit einem Ehekrach, während Waldemar, entzückt davon, in der Küche grölt. Neue Wendung im Geschehen: Waldemar, die Ursache allen Unheils, wird zurückgegeben. Die Ruhe ist damit wiederhergestellt. Das letzte Bild zeigt wiederum Eimer und Bett in Eintracht mit Frau Sobernheimer. Die Aufregung ist vorbei, das Lied zu Ende und der Spaß komplett.

Im letzten Jahr der »Weltbühne«, die seit 1931 sein ausschließliches Publikationsorgan ist, setzt Tucholsky dem Leierkastenmann, wie er ihn als Junge in Berlin erlebte, ein Denkmal. Das kleine Drehorgellied »Singt eener uffn Hof« wird für ihn zum Abgesang an das Berlin des Vater Zille. Kate Kühl hat dieses Chanson 1964 für eine Archivproduktion der Grammophon Hannover in der Reihe »Literarische Kleinkunst« auf Platte gesungen. Wahrscheinlich war es ihr ursprünglich gewidmet. Das Sentiment und die Berliner Nüchternheit, die bereits im Text angelegt sind, hat Olaf Bienert mit seiner vom Drehorgelton inspirierten Vertonung wunderbar getroffen. Eine Stimme aus dem Hinterhof einer großen Stadt singt uns von den flüchtigen Glücksstunden des Lebens:

Du wahst mein schönstet Jlück auf Erden,
nur du – von hinten und von vorn.
Mit uns zwee hätt et können werden,
et is man leider nischt jeworn.

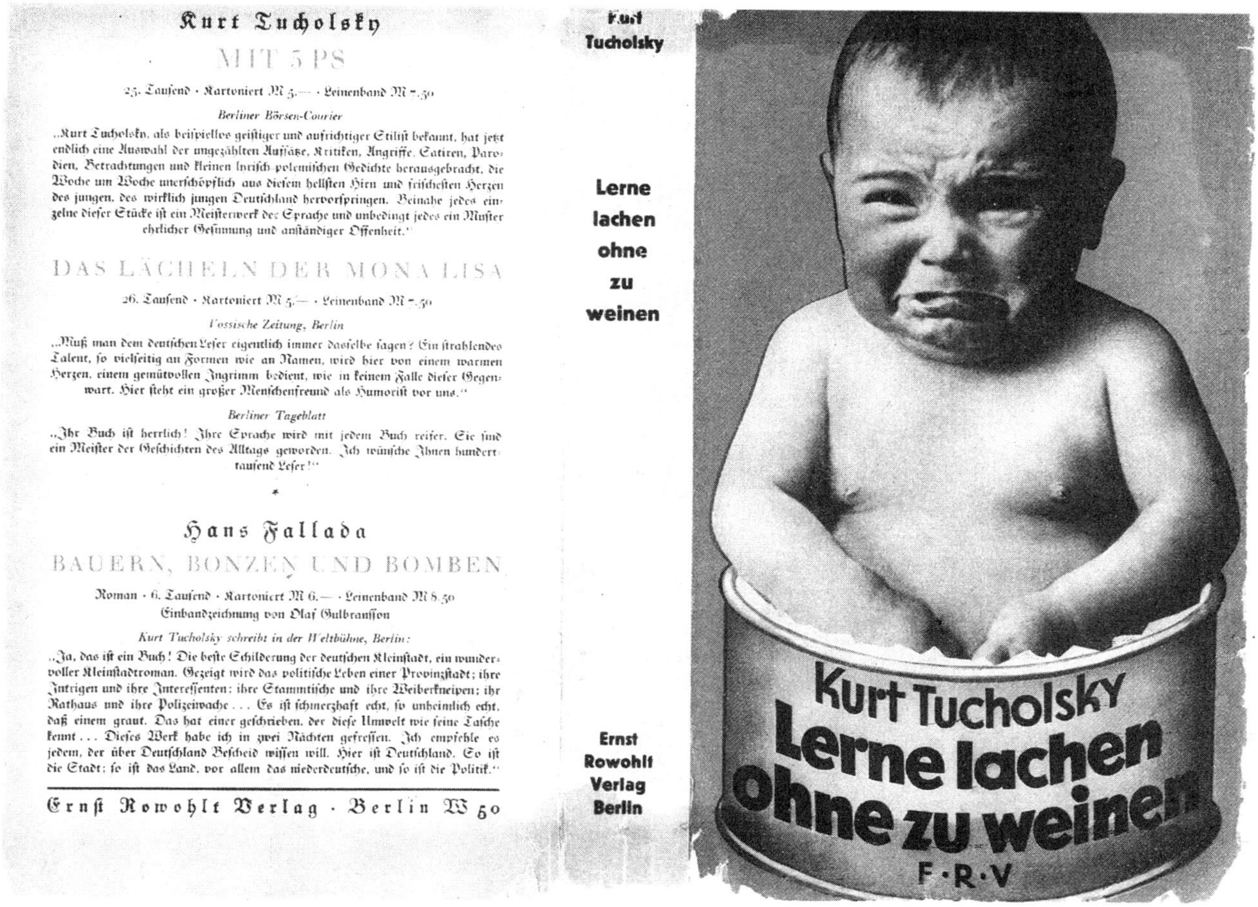

Der dritte Sammelband von 1931. Er enthielt neue Chansons, wie das »Sauflied«, das »Lied fürs Grammophon«, das »Herz mit einem Sprung«, die »Augen in der Großstadt« und die »Ballade« vom Landrat und der »Frau Kaludrigkeit«

Der Blumentopp vor deinem Fensta
der duftet in dein Zimmer rein …
Leb wohl, mein liebes Kind, und wennsta
mal dreckich jeht, dann denke mein –!

Manche *Lieder für Aufführungszwecke* entstehen durch Umarbeitung eigener Gedichte. Diese Arbeitsmethode gehörte zum literarischen Handwerk des Tagesschriftstellers und ist bei Tucholsky weder eine Besonderheit noch eine Seltenheit. Er verweist immer wieder auf die Tatsache, daß das Ohr weniger und weniger schnell aufnehmen kann als das Auge und demzufolge Texte, die gesprochen oder gesungen werden sollen, eine andere Struktur haben müssen als die, die gedruckt sind und ausschließlich über das Auge wahrgenommen werden. Eine »Sage«, betont er immer wieder, sei keine »Schreibe«. In der Beachtung physiologischer Gegebenheiten geht er so weit, daß er selbst noch Unterschiede macht zwischen einem Chanson, das er für die »Weltbühne«, also nur zum Druck bestimmt, schreibt, und einem Chanson, das *nur* für die Bühne gedacht ist und in seinen Augen keine literarische

Selbständigkeit besitzt. Er warnt sogar davor, einen solchen Gebrauchstext ohne die dazugehörige Musik zu bewerten. Da sei man oft enttäuscht und könne sich in bezug aufs Ganze sehr irren.

Um 1930 herum, als er für die AIZ arbeitete, schrieb er für die Agitprop-Truppen das »Radieschen«-Lied. Der Text dazu geht auf die »Feldfrüchte« von 1926 zurück. Diese »Feldfrüchte« existieren bereits als Song mit der Musik von Hanns Eisler, als Tucholsky die neue Text-Variante verfaßt. Die Vertonung nimmt er selbst vor. Er geht in Wort und Melodie von Kinderliedern und Ringelreihenversen aus, die sich im Chor absingen lassen und deren Spaß in der Wiederholung von bestimmten Zeilen oder Reimpaaren besteht. Im vorliegenden Fall sind es die ständig wiederholten Takte »Radieschen! Radieschen!«.

Die Umarbeitung der »Schreibe« in eine »Sage« verlangte die Reduzierung des Wortbestands auf das unerläßliche Minimum, damit sich dem Zuhörer die Absicht sofort erschließt. Literarische Umwege müssen daher entfallen. Die Schilderung muß sofort zur Sache, das heißt zum »Radieschen«, kommen. So ergibt sich zum gleichen Thema eine Buchfassung – diese mehr zum Lesen – und eine Liedfassung – ausschließlich zum Hören. Die eine ist stärker literarisch, die

Im Studio des Arbeiter-Rundfunkvereins VARA in Hilversum. Konzert mit Ernst Busch und Hanns Eisler, Silvester 1932/33

andere mehr »akustisch« aufgefaßt, was sich bis in das äußere Bild hinein auswirkt. Die Trennung zwischen Strophe eins und zwei, in der Buchfassung noch klar als Zäsur erkennbar, ist bei der Umarbeitung entfallen. Die Strophe zwei, jetzt unmittelbar an eins herangezogen, enthält bereits die Antwort auf die Frage von Strophe eins: »Die Vorwärts-Pflanzen stehn ums Haus ... wie sehn denn die wohl aus?«

Außen sind sie rot, und innen sind sie weiß:
Radieschen! Radieschen!
Sie wachsen so gemütlich – ein Groschen
ist ihr Preis –
Radieschen! Radieschen!
Klassenkampf ade! ade!
Tritt man keinen auf den Zeh!
Radieschen! Radieschen!
Die ganze SPD!

Die Vertonung von Tucholsky existiert in Form einer Gesangsstimme, auf einem Notenblatt skizziert. *Eine* Idee hat sein Onkel Max beigesteuert, in dessen Scherzlied »Mein Liebchen« eine kompositorisch ähnlich ausgearbeitete Stelle vorkommt wie sie sich beim Neffen im »Radieschen« wiederfindet.

Tucholsky gehörte mit seinen Liedern und Chansons zusammen mit Erich Weinert und Erich Kästner zu den meistvorgetragenen politischen Autoren des Kabaretts der Weimarer Republik. Seine Chansons, zugänglich in Büchern und Notendrucken, auf Schallplatten sowie in Zeitschriften, Almanachen und Anthologien, waren im Kabarett der Komiker, in der Katakombe, bei den Wespen, auf Großveranstaltungen, im Rundfunk und bei den Agitprop-Gruppen zu hören. Die am häufigsten vorgetragenen Texte waren »Der Graben«, »Mutterns Hände«, »Bürgerliche Wohltätigkeit«, die »Igel in der Abendstunde« und die »Augen in der Großstadt«. Es gab Gedichte, die aufgrund ihrer Beliebtheit immer wieder vertont wurden. Dazu gehörten »Mutterns Hände«; vor 1933 existierten sie in mehreren Schallplattenaufnahmen. Claire Waldoff sang das Lied in der Vertonung von Claus Clauberg. Dieser gab dem Text in der musikalischen Faktur eine Qualität, mit der es auch als Lied im Konzertsaal bestanden hätte. Auf einer Odeon-Grammophonplatte ist das gleiche Gedicht mit Chor und Orgel zu hören, der Sprecher ist Hans Hellwig. Namhafte Interpreten, die »Mutterns Hände« vor 1933 auf Schallplatte gesungen haben, waren ebenfalls Robert Koppel, ein bekannter Rundfunkkünstler, und Paul Graetz.

Außer Claus Clauberg, Hanns Eisler, Friedrich Hollaender, Erich Einegg, Allan Gray oder Hans May setzten sich vor 1933 noch andere Komponisten für Tucholskys Lyrik ein. Zu ihnen gehörte Heinz Tiessen, der mehrere Chorwerke auf Tucholsky-Texte komponierte, die bis 1933 auch im Rundfunk gesendet wurden. Tiessen, Jahrgang 1887, anerkannter Komponist auf dem Gebiet der Orchester-, Bühnen- und Chormusik, seit 1930 Mitglied der Preußischen Akademie der Künste, war Dirigent eines großen Arbeiterchors, der seit seiner Gründung 1922 eine bedeutende Rolle in Deutschland spielte. »Der Junge Chor«, wie er hieß, gebildet aus sozialistischen Arbeitern und Angestellten, trat bei Feiern linker Organisationen, vorwiegend auch bei Jugendweihen, auf. Tiessen erinnert sich später, daß er bei diesem Chor ein so seltenes Maß an Aufgeschlossenheit, Geschmack und Kulturwillen vorgefunden habe, daß es möglich gewesen sei, ein besonders vorbildliches Repertoire aufzubauen – von anspruchsvollen Chorsätzen der niederländischen A-cappella-Polyphonie bis zum Volkslied und Gegenwartslied. Durch die Chorarbeit mit den Arbeitern sei in seinem eigenen kompositorischen Schaffen generell »Singbarkeit und Gemeinschaftsgedanke« in den Vordergrund getreten.

Unter Tiessens Kompositionen im Auftrag des deutschen Arbeitersängerbundes befinden sich ein gemischter Chor nach dem Gedicht »Ruhe

Heinz Tiessen, einst Assistent von Richard Strauss am Königlichen Opernhaus Berlin, war bekannt als Komponist für die Schauspielbühne, bedeutender Orchester-, Chor- und Kammermusikwerke sowie als Dirigent der Arbeiterchorbewegung

und Ordnung«, das 1925 als Aufforderung zur Veränderung der bestehenden Sozialordnung entstand, und ein durchkomponiertes Lied für eine mittlere Singstimme mit Klavierbegleitung, »Warte nicht!«, das den Refrain hat: »Warte nicht zu lange, / warte nicht zu lang! / Jeder hat im Leben / eine Melodie. / Und was du dir nicht selber nimmst, / das erreichst du nie!«

Solange Tucholsky durch seine Reisen Kontakt zu Berlin hatte, entstanden auch *Vortragschansons für bestimmte Interpreten*. In den Kabaretts und Theatern hatte es sich längst herumgesprochen, daß man gute Chansons bei Dr. Tucholsky per Telefon oder Brief über die Redaktion bestellen konnte. Filmschauspieler, die auf ein Repertoire mit eigener Note Wert legten, wandten sich nicht selten an ihn, in der Hoffnung, den Schlager ihres Lebens zu erhalten. Das hing natürlich etwas von

Ein scharf formulierter zeitsatirischer Text, viel vorgetragen und viel gedruckt. Er erschien 1925 in der »Weltbühne«, 1926 im »Knüppel«, 1929 in »Lächeln der Mona Lisa«. 1930 wurde er von Heinz Tiessen vertont

DEUTSCHER ARBEITER-SÄNGERBUND

Nr. 1399

Ruhe und Ordnung

Kurt Tucholsky

Gemischter Chor

von

Heinz Tiessen

Eigentum und Verlag:
DEUTSCHER ARBEITER-SÄNGERBUND E.V.
BERLIN S 14, NEU-KÖLLN AM WASSER 22

Die Zeit über die Jahreswende 1928/1929 verbrachte Tucholsky in dieser Villa in Lugano. Von hier führte er viele Gespräche mit Berliner Schauspielern. Die Chansons wurden per Ferngespräch durchgesprochen. Die Telefonrechnungen waren hoch

der Sympathie füreinander ab. Einmal erwähnte Tucholsky in einem Brief an Mary aus Schweden »die süße alte Ida Wüst«, die ihn interessiere. »Sie ist ganz alt und dick und himmlisch liebenswürdig und aus Frankfurt. Der möchte ich gern ein Couplet über die Männer machen, wie die wirklich sind.« So entstand das »Chanson für eine Frankfurterin«, gewidmet Ida Wüst. Es betont »das Frankforterische« im Naturell der Filmdiva, die, immer lachend und listig, etwas geradezu, den Typ der älteren, eleganten Dame, der Provinztante mit dem leichten Spleen, auf Bühne und Leinwand spielte.

Nach 1933 allerdings hätte Tucholsky für Frau Wüst, die ihre Sympathien für Hitler und das Dritte Reich entdeckt hatte, mit Sicherheit keine einzige Zeile mehr geschrieben.

Wie fast alle seine früheren Chansons – die für die Waldoff, Gussy Holl oder die Hesterberg – ist auch dieses als Rollenmonolog angelegt: Die auftretende Person erzählt dem Publikum, wie und was sie über die Männer denkt:

Wenn die alte Herrn noch e mal Triebe
ansetze –
des find ich goldisch!
Wenn se dann nix wie Dummheite schwätze –
des find ich goldisch!

Wenn se sich de Hut schief auf de Seite
klemme –
des find ich goldisch!
Wenn se die Ärmchen wie Siescher in die
Seite stemme –
des find ich goldisch!
Am liebsten nemm ich se dann auf den
Schoß.
Aber mer hat sein Stolz. Es is kurios:
Sei Mutter is net aus Frankfort. Er aach net.
Und da hab ich net gewollt ...
Jetzt waan net, Kleiner –
Berlin is Nickel, Wiesbaden is Silber, awwer
Frankfort is Gold!

Eine weitere spezielle Gruppe im Schaffen Tucholskys sind seine *Lieder zu Theaterstücken*. Gesangseinlagen zu Revuen hat er in der ersten Hälfte der zwanziger Jahre mehrfach geschrieben. Danach kam eine längere Pause. Erst mit der Komödie »Christoph Kolumbus oder Die Entdekkung Amerikas« – sie entstand 1931 in Zusammenarbeit mit Walter Hasenclever – schreibt er wieder Lieder für ein Bühnenwerk.

»Christoph Kolumbus« – ein Stück mit Liedern

Im September 1931 treffen sich Walter Hasenclever, aus Hollywood kommend, und Tucholsky in Ashford Kent in Südengland, wo Tucholsky krank und arbeitsunfähig das Bett hütet. Sie besprechen den Grundriß der Komödie, die einen leichten, unterhaltenden Ton haben soll, und legen in einem Exposé die einzelnen Szenen fest. Man einigt sich darauf, zunächst in England zu bleiben und dann nach Hindås zu gehen, wo es für alle billiger war. »Tucho ist nicht hochzukriegen, sein Hals verdoft ihn«, schreibt Hasenclever an den befreundeten Verleger Kurt Wolff. »Aber wir haben nun ein ganz genaues und sehr lustiges Exposé. In vier Wochen gehen wir an die Ausführung.« In Berlin will sich Hasenclever zwischenzeitlich um das Geschäftliche und Theatertechnische kümmern.

Die beiden Autoren, von Natur aus grundverschieden, kommen gut voran. Hasenclever ist optimistisch: »Wir arbeiten (toi-toi!) glänzend zusammen. Die Hälfte ist fertig, und ich glaube, es ist sehr lustig und frech. Wir werden etwa am 10. Januar definitiv fertig sein«, meldet er am 1. Dezember 1931 von Hindås aus, wo bereits Kälte und Schnee eingezogen sind. Das neue Stück aus der Feder zweier prominenter Autoren wollte Hilpert fürs Deutsche Theater inszenieren, auch Erik Charell, der König der Berliner Revue und erfolgreiche Regisseur, hatte Interesse dafür und dachte an eine amerikanische Produktion, über die er in New York persönlich verhandeln wollte. Jedenfalls freute sich Hasenclever, der seit langem mit dem befreundeten Ehepaar Wolff zur Wiederherstellung seiner Gesundheit eine Afrikareise unternehmen wollte und mit dem finanziellen Erfolg des Stückes rechnete, daß das gemeinsame Werk im Januar 1932 abgeschlossen war. Die Komödie in sechs Akten mit einem Vorspiel bekam nach der Reinschrift den endgültigen Titel »Christoph Kolumbus oder die Entdeckung Amerikas«.

Es geht darin um eine Durchleuchtung der Geschichte vor dem Hintergrund deutscher Gegenwart, wobei Intrige, Liebe und Geschäft den Stoff für satirische Pointen liefern. Tucholskys populäre Gestalt, Herr Wendriner vom Kurfürstendamm, spielt in der Rolle des Wendrino mit, des Zivilkommissars, der Kolumbus begleitet, mit der Spekulation, ihm zum geeigneten Zeitpunkt den Erfolg aus der Hand zu schlagen. Die Dialoge sind reich an Anspielungen, Bonmots und spitzen Hieben. Als eine besonders geglückte Szene schätzte Kurt Pinthus in seiner Rezension für das

Kurt Tucholsky mit dem befreundeten Walter Hasenclever in Paris

Berliner »8-Uhr-Abendblatt« die Konfrontation der friedlichen Eingeborenen mit den pompös landenden Spaniern ein. »Die Indianer haben die drei großen WS (oder Wehs) der Menschheit, Wirtschaft – Währung – Waffen, längst überwunden, so daß die überheblichen Europäer als die wirklichen Wilden dastehen.«

Zur Mannschaft der Santa Maria gehört der Schiffsjunge Pepi, der zur Mandoline einige der Liedchen, die im Stück enthalten sind, singt. Es sind insgesamt sieben, nur kurz gefaßt, als Einlage gedacht. Gitarre und Mandoline liefern dazu den musikalischen Hintergrund. Für diese Instrumente sind auch die Melodien von Tucholsky in das Stück hineinkomponiert worden.

Blau sind die Wellen im Ozean
Sante Marie ...
Wie hieß unser stolzer Kahn?
Sante Marie.
Von morgens bis Sonnenuntergang
fuhren wir immer der Nase lang.
Indien, das fanden wir nie.
Sante Marie – Sante Marie –
glückliche Sante Marie!

Stolz weht im Wind die Flagge am Heck
Sante Marie!
Unser Koch, der frißt alleine den Speck!
Sante Marie!
Unser Koch, der säuft auch alleine den
Rum.
Wir fuhrn in der Weltgeschichte herum,
bis tief in die Geographie –
Sante Marie – Sante Marie –

Als rhythmisches und melodisches Gerüst dienen Tucholsky verschiedene populäre Lieder, vom Schlager bis zum sentimentalen Volkslied und Spottlied, die solo oder als Chorgesang in die Handlung eingebaut sind. Ein Koch und zwei Matrosen singen zur Gitarre auf die Melodie »It is a long way to Tipperary!« ihren Schlager: »'s ist ein langer Weg nach Barcelona – 's ist ein langer Weg nach Madrid.« Die ständig wiederholte Refrainzeile, wie sie für das Shanty charakterisitisch ist, gibt den Liedeinlagen zum »Kolumbus« die spezielle Note, erkennbar auch an dem Spottlied, das der Mannschaft der Santa Maria vom Ersten Offizier verboten wird, heimlich aber das Lied des Unterdecks ist:

Für sie schrieb Tucholsky seine »Matrosenlieder«. Szene von der Uraufführung des »Christoph Kolumbus« am Leipziger Schauspielhaus 1932

Ein Vogel fliegt übers blaue Meer,
Sevilla und Valladolid.
Wo kommt denn dieser Vogel her?
Aus Sevilla und Valladolid.
Ein Schiff ists aus Madrid,
das bringt Kolumbus mit.
Das Indien will er suchen –
Ja Kuchen … Ja Kuchen …

Bei der Aufführung der Komödie hieß es im Programmheft: »Matrosenlieder: Kurt Tucholsky.« Der Autor freute sich, daß man in Leipzig mit dem Stück auch seine Musik annahm, und schrieb in seiner selbstironischen Art an seine Zürcher Freundin Dr. Hedwig Müller: »Ich platze vor Stolz. Nicht, weil der Klumbumbus aufgeführt wird. Aber daß die Musik zu den in ihm vorkommenden Liedern aufgeführt wird … eine Musik, die ich persönlich hinkomponiert habe … also das erfüllt mich mit bodenlosem Stolzä.«

Die sieben Lieder des Stücks blieben weithin unbekannt, ebenso wie die Komödie selbst. Nach ihrer Leipziger Premiere am 24. September 1932 verschwand sie für fast dreißig Jahre von der Bildfläche. In die Tucholsky-Werkausgaben wurde sie nicht aufgenommen. Sie existierte nur als Bühnentextbuch des Verlags Felix Bloch Erben bis zu ihrer Veröffentlichung 1985 im Westberliner Verlag Arsenal, obwohl sie 1960 in Dortmund und 1961 in Rostock einmal aufgeführt wurde.

Tucholsky, skeptisch wie er war, hatte mit größeren Erfolgen des Stücks wegen der auf den Faschismus zutreibenden Verhältnisse in Deutschland wahrscheinlich gar nicht gerechnet. Zum Termin der Aufführung befand er sich in Wien in einem Sanatorium. Daß er nicht mehr nach Deutschland kommen würde, auch nicht zur »Kolumbus«-Premiere, stand für ihn schon vorher fest. Für die Autoren fuhren Mary Tucholsky und Paul Graetz nach Leipzig, und von ihnen ließ sich Tucholsky ausführlich über die politische Stimmung in Deutschland und die Inszenierung des Stücks berichten. Zu dieser Zeit saß Ossietzky bereits im Gefängnis. Man hatte ihn im November 1931 im sogenannten Weltbühnenprozeß wegen Landesverrats zu 18 Monaten Gefängnis verurteilt, eine Situation, die Tucholsky schwer belastete.

Die politischen Verhältnisse wirkten einem Schriftsteller wie Tucholsky total entgegen. Schon nach der zweiten Aufführung wurde der »Kolumbus« wieder abgesetzt, man hatte das Theater bereits vor der Premiere unter Druck gesetzt, und nur wenige Kritiker wagten es überhaupt, die Aufführung zu besprechen.

Begegnungen in Zürich

Seinen Wohnsitz in Schweden, den sich Tucholsky 1929 eingerichtet hatte, verließ er zwischen 1930 und 1934 wiederholt für längere Zeit. Er hielt sich zur Arbeit in England, zu Besuchen in Paris und Südfrankreich, zu Kuren und Operationen in Wien und Zürich auf. Seit längerem litt er an einer chronischen Entzündung im Nasenraum, die ihn mit starken Kopfschmerzen, Müdigkeit und Depressionen quälte und die die Ärzte vergeblich zu beheben suchten. Sein längster Schweiz-Aufenthalt währte vom Juni 1932 bis zum September 1933 in Zürich. Hier wohnte er, zunächst Hotelgast, ab Oktober 1932 bis September 1933 bei seiner Freundin Dr. Hedwig Müller, einer Fachärztin für innere Medizin und Kinderheilkunde, die bei der schweizerischen Lebensversicherungs- und Rentenanstalt tätig war und Tucholsky in jeder Hinsicht unterstützte. Über ihre Wohnanschrift, Zürich, Florhofgasse Nr. 1, die seine Deckadresse wurde, ließ er seine gesamte Post gehen. Dr. Hedwig Müller war Antifaschistin und arbeitete bei der »Centrale Sanitaire

Tucholskys Schweizer Freundin Dr. med. Hedwig Müller. Von Oktober 1932 bis September 1933 wohnte Tucholsky bei ihr in Zürich, Florhofgasse 1

Gustav von Wangenheim, Sohn des Schauspielers Eduard von Winterstein, Reinhardt-Schüler und Mitwirkender bei Schall und Rauch, betätigte sich ab 1922 künstlerisch aktiv für die KPD als Textautor und Regisseur der Roten Blusen, im Arbeiter-Theaterbund Deutschlands sowie als Leiter der Truppe 31, die auch in der Schweiz auftrat. 1933 Emigration in die Sowjetunion

Suisse«, einer Hilfsorganisation für politische Flüchtlinge und jüdische Emigranten, mit. Über sie und den jüdischen Rechtsanwalt Dr. Rosenfeld unterhielt Tucholsky 1933 viele Kontakte zu deutschen Emigranten.

Seine alte Liebe zum Brettl hatte er sich bewahrt, wenn er auch nicht mehr Mitarbeiter für ein bestimmtes Theater oder Kabarett war und wußte, daß die Tage für diese Form demokratischer, kritischer Kunstausübung in Deutschland vorbei waren.

Seine letzte Berührung mit dem Kabarett, dem Chanson und der politischen Revue hat Tucholsky als Theaterbesucher in Zürich. Hier sieht er im Juni 1932 die Berliner Truppe 31 mit der politischen Revue »Die Mausefalle«. Es wurde ein herzliches Wiedersehen mit Gustav von Wangenheim, dem Autor und Regisseur der Truppe, den er von den Tagen des Schall und Rauch her kannte, und dessen junger Frau Inge. Mit den Wangenheims traf er sich nach der Vorstellung in einer alten stillen Zürcher Weinstube. Über diese Begegnung schreibt Inge von Wangenheim in ihrem Erinnerungsbuch »Mein Haus Vaterland«: »Er war so, wie er schrieb: klar, übersichtlich, ohne Hinterhalt und kleinliche Finesse, mit tief sitzendem Humor und echter Traurigkeit. Er sprach einfach, bescheiden und mit aufrichtiger Achtung vor dem Leben. Er war gut – wie ein Berliner Vater, der seine nun erwachsen gewordenen Kinder im Ausland getroffen hat und ausführt.« Inge von Wangenheim erinnert sich besonders an seine »sehr blauen Augen« und daran, daß er, klein von Statur, äußerst gepflegt war, daß aber etwas Müdes über ihm gelegen habe. Sie hatte den Eindruck, daß er im Tiefsten seines Wesens und Daseins unglücklich war.

Die »Mausefalle« war ein Angestellten-Stück, eine Zeitrevue in Montageform mit Songs und Szenen, die ausreichend Gesprächsanlässe über Kunst und Politik boten, so daß die Stunden in jener Zürcher Weinstube rasch verflogen. Zu Curt Trepte, dem Darsteller des Angestellten Fleißig, hatte Tucholsky schon in der Spielpause anerkennend gesagt, was er gespielt habe, sei nicht irgendeine Rolle, nicht irgendein Herr gewesen, sondern »*der deutsche Angestellte* in allen seinen einzelnen Zügen«. Interessiert wollte er wissen, wo er die »dumpfen Töne« dafür hernehme. An Gustav von Wangenheim, dem einstigen Reinhardt-Schauspieler, beeindruckte ihn die visuelle Kraft des Erlebens und Darstellens, die seiner eigenen Schaffensweise entgegengesetzt war. »Du bist ein richtiger Theatermann. Du *siehst* die Dinge. Darum kannst du sie auch greifbar zum Ansehen hinstellen. Das ist deine Stärke. Man *sieht* bei dir, wie der Mehrwert zustande kommt.«

Bei ihm sei es umgekehrt. Seine ganze Stärke seien seine Ohren: »Ich *höre* die Dinge. Was ich in meinem Leben geschrieben habe, war gehört, abgehört dem Leben.« Seine Ohren würden ihn niemals täuschen, meinte er. Selbst wenn man ihm die Auge verbinde, in eine Kneipe mit ihm gehe, könne er allein aus dem, was er höre, sagen, wer die Menschen sind, die dort sitzen, woher sie kommen, wie sie denken und empfinden. Und weil er mit den Ohren arbeite, kämpfe er auch so sehr um seine akustische Ruhe.

Die Bemerkungen Tucholskys zu seiner Schaffensweise sind ein Schlüssel zum Verständnis der künstlerischen Besonderheiten seiner Arbeiten, auch seiner Lieder und Chansons. Es ist das lebendige Wort, der Augenblick der Rede, der Menschen, Typen und Charaktere zeichnet und kennzeichnet. Tucholsky bringt sie zum Sprechen. Er trifft über die Sprache die Individualität und zugleich die Schicht in ihrer sozialen Zugehörigkeit. Hinter den Monologen und Dialogen seiner Figuren formen sich für den Leser oder Hörer Lebenssituationen, menschliche Schicksale und das Panorama einer Zeit, wie es kaum bei einem anderen Schriftsteller der kleinen Form anzutreffen ist.

Er hat das Geschäfts- und Privatleben Berlins in der Redeweise Wendriners und Lottchens nachgestaltet, in den Songs für Rosa Valetti dem politischen Gefangenen in seiner Zelle Stimme verliehen, in den Vortragstexten für Paul Graetz den Urberliner reden lassen – wie es ist, »wenn einer tot ist« und »wenn einer geboren wird« oder was einem in der Frühstückspause beim Zeitunglesen so durch den Kopf geht:

Ick sach ma so:
Wat die so sahrn
un wat die allens proffezein,
det stimmt schon nich mehr nach acht Tahrn –
det kann nie wahr jewesen sein!
Nu ham die Brieda mächtjet Jlick:
et blättert ja keen Mensch zerrick!
Man schmeißt et wech. Und kooft sich
brav und bieda
'n neuet Blatt un jloobt et imma wieda.
Un willste wissen, wat det is jewesen,
denn mußte alte Sseitungsnumman lesen.
Un siehste denn, wie die vakehrt sind –:
denn weeste, wat die neien wert sind.

In Zürich gab es ein sehr gutes Kabarett, das Cornichon, dessen Vorstellungen Tucholsky nie versäumte, wenn er sich dort aufhielt. Dieses Kabarett, Ende 1933 gegründet, machte von sich reden. Es war ein Sammelpunkt antifaschistischer Zürcher und emigrierter deutscher Künstler, eine Spielgemeinschaft von außergewöhnlichem Format. Das kleine Ensemble mit Walter Lesch, Max Werner Lenz, Mathilde Danegger und Emil Hegetschweiler spielte gegen die Lethargie und Selbstgefälligkeit der eigenen Landsleute an und sah seine Aufgabe vor allem darin, vor der aus Deutschland drohenden Gefahr zu warnen. Mit ihrer zweiten Premiere im Mai 1934 war die Gruppe bereits auf dem Wege, *das* schweizerische Kabarett zu werden. Tucholsky sah das Cornichon im Juni, als er auf der Rückreise von dem Schwefelbad Challes-les-Eaux in Zürich Station machte.

Großen Gefallen fand er an dem Darsteller Hegetschweiler, der einen neuen Typus geschaffen hatte – den vertrottelten, aber liebenswerten Biedermann. Im Privatleben betrieb Hegetschweiler eine Konditorei. Seine Naturbegabung fürs Komödiantische konnte er beim Cornichon voll zur Geltung bringen. In »Hegi«, wie man ihn nannte, sah Walter Lesch einen »echten Volkstheater-

Der Cornichon-Stammtisch mit Emil Hegetschweiler (links) und der jungen Mathilde Danegger (dritte von links), die zu den profilierten Darstellern dieser ersten Schweizer Kleinkunstbühne gehörten

mann«, sehr populär als Hauptrollenträger erfolgreicher Vereinsaufführungen, Coupletist und Komiker von Radio Zürich, dessen praktische, durch und durch realistische Betrachtungsweise den Programmen zugute kam.

In dem Chanson vom Mann ohne Paß, das er an diesem Abend im Saal des Hirschen hörte, erkannte der deutsche Emigrant Tucholsky sein eigenes Schicksal:

So wie ich bin, so bin ich ungesetzlich.
Zwar schlägt man nicht, man ist zivilisiert,
doch bin ich körperlich auch unverletzlich,
die Seele darf man foltern, ungeniert.

Denn ich bin ein unangemeldetes Leben,
ich habe keinen Paß.
Ich stehe daneben und bleibe daneben –
den Beamten ein ewiger Haß.

Tucholskys Situation hatte sich zu diesem Zeitpunkt wesentlich verschlechtert. Seine Bücher waren in Deutschland verboten und verbrannt, im August 1933 stand sein Name auf der Ausbürgerungsliste, was die Beschlagnahme aller Vermögenswerte, die Annullierung seiner Verträge sowie die Aberkennung der deutschen Staatsbürgerschaft bedeutete. Januar 1934 wurde sein deutscher Reisepaß ungültig. Sein Antrag auf Einbürgerung, den er als Staatenloser bei den schwedischen Behörden stellte, wurde abgelehnt, er erhielt lediglich den »Främlingspaß«, den schwedischen Fremdenpaß, mit nur kurzfristiger Gültigkeit. Als Inhaber des Fremdenpasses hatte er keinen Anspruch auf Schutz und durfte nicht an politischer Propaganda teilnehmen, auch hatte der Paß keine Gültigkeit für eine Arbeitsanstellung. Tucholsky kommentiert seine Situation Hedwig Müller gegenüber mit den Worten: »Du weißt ja, was hier los ist: dieses bedrückende Gefühl der Rechtlosigkeit, der Ausnahmestellung, diese Solidarität der Bürokraten ...«

Seine Beschäftigung im Exil in Hindås besteht darin, daß er Schwedisch lernt, mit kleineren Übersetzungen aus dieser Sprache beginnt, einheimische, französische und Schweizer Zeitungen liest, sich mit Literatur, philosophischen und historischen Büchern befaßt und einen intensiven Briefwechsel mit Freunden unterhält. Diese Korrespondenz gibt Einblick in seinen Tagesablauf und dokumentiert seine Haltung zum politischen Tagesgeschehen, zur Emigration und zum Widerstand gegen Hitler. Der Einladung zum Schriftstellerkongreß in der Sowjetunion, die ihn erreicht, will er nicht folgen.

Ab November 1934 beginnen komplizierte, langwierige Nasenoperationen, die seinen Lebenswillen aushöhlen und die Hoffnungslosigkeit in ihm zu tödlicher Müdigkeit verdichten. Und trotzdem unterscheiden sich die letzten Wochen und Tage seines Lebens rein äußerlich in nichts von seiner Aktivität, die immer um ihn war. Ihn bewegt das Schicksal Ossietzkys. Er schreibt am 14. Dezember 1935 an die Basler Nationalzeitung, am 17. Dezember an das Arbeiterblatt Oslo und noch am 20. Dezember, dem letzten Tag seines Lebens, an den Norwegischen Studentenbund, dem er einen Artikel anbietet zur Aktivierung der internationalen öffentlichen Meinung und entsprechender Aktionen zur Befreiung Ossietzkys aus dem Konzentrationslager. Er will die Angriffe Knut Hamsuns gegen Ossietzky öffentlich zurückweisen.

Am 19. Dezember 1935 schickt er, wie schon in den vergangenen Monaten, an Hedwig Müller wieder seine Briefbeilagen, Q-Tagebücher genannt. Es sind Reminiszenzen, Berichte über seinen Tag, Einfälle, Äußerungen und Kommentare zur Politik für die Schweizer Freundin, »Nuuna« genannt, nicht für den Druck und für niemanden sonst bestimmt. Die Gedanken gelten dem Schicksal des leidenden Kampfgefährten Ossietzky, den er jetzt öffentlich verteidigen will. Er meint: »Alles Schweigen hat ja auch nicht geholfen« – und: »Lassen mich die in Oslo heran, so gehe ich scharf ran, wie noch nie – und ich lasse mich auch davon nicht abbringen.«

Unter seinen letzten Zetteln an Nuuna vom 19. Dezember sind auch Gedanken zum Chanson – wie er sich freuen würde, für diese von ihm so geliebte Kunst wieder etwas schreiben zu können. Er dachte dabei an das Cornichon. »Mein Gott, wäre ich in Frankreich geboren ...! Ich brauchte mich nur ans Klavier zu setzen und an den Heggitschwyler zu denken, dessen Namen ich nie richtig schreiben werde, und mir fallen die Chanson-Skizzen haufenweise ein.« Zum Ausarbeiten fehlt ihm aber der Anreiz, er weiß, daß ein richtiges, gutes Chanson einen Nährbo-

den braucht. Er müßte die Zürcher Stadtchronik kennen, mit dem Kollegium, das die Programme baut, »zusammen saufen, lachen und leben – dann flutschte es nur so«.

Wie er sich für »Hegi« ein Chanson vorstellt – das steht in dem Briefmonolog, den er von Schweden aus für »Nuuna« nahezu täglich zu Papier bringt, greifbar vor Augen. »Wie also zum Beispiel der Emil unter einem triefenden Regenschirm steht, alles an ihm trieft, und hinter der Bühne arbeitet eine Regenmaschine (Erbsen auf Blech, das kostet gar nichts), und er singt ein Lied, dessen einzelne Strophen alle anfangen:

Wenn es in Zürich regnet – –,

ein langsamer Walzer in Moll. Und dann zählt er lauter Sachen auf, »die man bei Euch vermißt«, und dann heißt es immer: z. B. (Daß die – wo die Fronten verwalten – auch ihre Versprechungen halten –)

Das ist mir noch nie begegnet –
Wenn es in Zürich regnet.

Texte im Dreivierteltakt, meint er, könne man jedoch nicht aufschreiben, weil sich die deutsche Sprache so gut wie nicht dafür eigne. »Nuuna« solle sich dazu unbedingt einmal den französischen Chansonnier Noël-Noël im Film ansehen gehen. Er wisse wohl, schreibt er weiter, wie man solche Lieder mache. Er selbst könne das auf französisch natürlich nicht, weil man dazu in der Sprache aufgewachsen sein müsse. »Aber ich weiß, daß dieses Talent in mir beinah tot schlummert« – und er setzt resigniert hinzu: »Wenn man Bellmann, den Schweden, und die französischen Chansonniers nicht ermuntert hätte, dadurch, daß man ihnen zuhört, wären sie auch nichts geworden. Mich haben sie falsch geboren.«

Das Chanson für den Schweizer Schauspieler wurde nicht mehr ausgearbeitet. In der Nacht zum 21. Dezember 1935 nahm Tucholsky in seinem Haus in Hindås das tödliche Gift. Das »Regenlied«, gewidmet der Stadt Zürich, blieb ein Fragment, aber auch ein Dokument, das davon spricht, daß das Lied den Dichter Tucholsky immer mit dem Leben verbunden hat.

Das Haus in Hindås. Die letzten Briefe gingen von hier an »Nuuna« nach Zürich, an Paul Graetz und Bruder Fritz nach Amerika sowie an den Norwegischen Studentenbund zur Befreiung Ossietzkys

Lebenstafel

1890	Kurt Tucholsky wird am 9. Januar als erstes Kind des Bankkaufmanns Alexander Tucholsky und seiner Ehefrau Doris Tucholski in Berlin-Moabit, Lübecker Str. 13, geboren
1894 – 1898	Alexander Tucholsky ist im Auftrag seiner Bank, der Berliner Handelsgesellschaft, in Stettin tätig. Kurt kommt 1896 dort zur Schule. 1896 wird Bruder Fritz und 1897 Schwester Ellen geboren
1899	Rückkehr der Familie nach Berlin. Kurt besucht das Französische Gymnasium, später das Königliche Wilhelms-Gymnasium. Erhält privat Klavier- und Gitarrenunterricht. Erste kleine Kinderdichtungen entstehen
1905	Tod des Vaters
1907 – 1909	Abgang vom Gymnasium. Vorbereitung aufs Abitur durch Privatunterricht. Erste Veröffentlichung im »Ulk« (»Märchen«) im November 1907. Abitur als Externer im September 1909 bestanden. Im Oktober Immatrikulation an der juristischen Fakultät der Berliner Friedrich-Wilhelm-Universität
1911 – 1912	Erste Veröffentlichungen im sozialdemokratischen »Vorwärts«, ferner Arbeiten für die Zeitschriften »Pan« und »März« sowie für »Dresdener Volkszeitung« und das »Prager Tageblatt«. Herbst 1912: »Rheinsberg. Ein Bilderbuch für Verliebte«. Abschluß des Studiums
1913 – 1914	Mitarbeit an der »Schaubühne« unter Siegfried Jacobsohn. Bis Kriegsausbruch über 100 Beiträge, darunter satirische Gedichte, Kabarettkritiken, Betrachtungen über Kino, Theater und Revue. Verwendung der Pseudonyme Peter Panter, Theobald Tiger, Ignaz Wrobel. »Der Zeitsparer«, Grotesken. Am 19. Oktober 1914 Promotion an der Universität Jena zum Dr. jur.
1915 – 1917	Im April als Armierungssoldat einberufen. Redakteur einer Soldatenzeitung an der Artillerie-Fliegerschule Ost (Baltikum). Unteroffizier. Gelegentliche Mitarbeit für die »Schaubühne« (ab 1918 »Weltbühne«) und »Simplicissimus«. Begegnung mit Mary Gerold
1918	Versetzung als Vizefeldwebel zur Feldpolizei nach Rumänien. Kontakte zum Mosse-Verlag in Berlin für spätere Anstellung. Erste Feuilletons für »Berliner Tageblatt«. Nach Demobilisierung im Dezember Chefredakteur des »Ulk«. Pseudonym Kaspar Hauser entsteht
1919	Neben der Tätigkeit für den »Ulk« journalistische Mitarbeit an »Berliner Volkszeitung«, »Berliner Tageblatt« u. a. »Fromme Gesänge« erscheinen. Mitbegründer des »Friedensbundes der Kriegsteilnehmer«. Ab Herbst literarische und künstlerische Mitarbeit an Kabaretts. Chansons für Paul Graetz, Gussy Holl, Blandine Ebinger und Mady Christians
1920 – 1922	»Träumereien an preußischen Kaminen«. Eheschließung mit Dr. med. Else Weil. Scheidet aus dem Mosse-Verlag aus und wird am 1. März 1920 Mitglied der USPD. Regelmäßige Mitarbeit am USPD-Verlag Freiheit: Tageszeitung »Freiheit«, Wochenillustrierte »Freie Welt«. Agitationsschrift »Die verkehrte Welt« von Kaspar Hauser. Mitarbeit im Aktionsausschuß »Nie wieder Krieg«. 1920 erste Schallplatten mit den von Paul Graetz kreierten Schall-und-Rauch-Chansons. 1920 »Die Rote Melodie« für Rosa Valetti. Bis 1923 viele Couplets für die Nelson-Revuen sowie Chansons für die Wilde Bühne, Kate Kühl und Trude Hesterberg
1923	Aufgrund der Inflation für ein Jahr im Berliner Bankhaus Bett, Simon & Co. tätig. Arbeiten für »Weltbühne«, »Prager Tageblatt« und »Acht-Uhr-Abendblatt« sowie für Nelson und das Kabarett Die Gondel. Trennung von seiner Frau Else Weil. Interpreten seiner Chansons sind Käte Erlholz, Willi Schaeffers, Carl Platen, Robert Negrel
1924	Ab März wieder im Beruf als Schriftsteller. Geht als festangestellter Mitarbeiter der »Weltbühne« und als Korrespondent für den Feuilletonteil der »Vossischen Zeitung« sowie die Zeitschriften des Ullstein-Verlages nach Paris. Am 30. August in Berlin Heirat mit Mary Gerold
1925 – 1926	Viele Feuilletons und Skizzen über Paris, seine Revuen und Chansonniers. Mit

Alfred Polgar Arbeit an einer Revue für Max Reinhardt. Ab Dezember 1926 nach dem Tode Siegfried Jacobsohns für ein halbes Jahr alleiniger Herausgeber der »Weltbühne«

1927 Januar in Berlin Bekanntschaft mit Lisa Matthias. Im August Rückkehr nach Paris. »Ein Pyrenäenbuch« erscheint. Mitglied des Vorstands der Deutschen Liga für Menschenrechte. Ab September gemeinsam mit Carl von Ossietzky Herausgeber der »Weltbühne«

1928 Beginn der Mitarbeit für die »Arbeiter-Illustrierte-Zeitung«. Neue Chansons für Trude Hesterberg, Kate Kühl, Claire Waldoff. Für die AIZ entsteht »Mutterns Hände«. Erster Sammelband »Mit 5 PS« erscheint. Kuraufenthalt in Dresden. Trennung Mary Gerolds von Tucholsky. Vorträge in Düsseldorf und Köln

1929 Vortragsreise durch Deutschland. Sammelband »Das Lächeln der Mona Lisa« und der Bild-Text-Band »Deutschland, Deutschland über alles« erscheinen. Tucholsky-Matinee mit Rosa Valetti, Paul Graetz und Ernst Busch. Der Arbeitersängerbund-Verlag gibt Schallplatten mit seinen politischen Chansons heraus. Ernst Busch singt die »Bürgerliche Wohltätigkeit«, die »Feldfrüchte« und den »Graben« auf den Massenveranstaltungen der KPD. Tucholsky mietet eine Villa in Hindås/Schweden. Nochmals eine ausgedehnte Vortragstournee durch Deutschland. Beginn der Freundschaft mit der in Hindås wohnenden Schwedin Gertrude Meyer

1930 Tucholsky-Chansons gehören zum Repertoire aller bedeutenden Kabaretts (Katakombe, Wespen, Kabarett der Komiker, Larifari u. a.) und sind von den Agitprop-Truppen sowie auf Lesungen, politischen Veranstaltungen und Vortragsabenden zu hören. Ständiger Wohnsitz in Schweden. Aufenthalt in einem Sanatorium in der Schweiz zur Behandlung seines Nasenleidens

1931 »Schloß Gripsholm« und dritter Sammelband »Lerne lachen ohne zu weinen«. »Rheinsberg« erreicht die Auflage von 100 000 Exemplaren. Trennung von Lisa Matthias. Freundschaft mit Dr. med. Hedwig Müller, Zürich (Briefwechsel posthum veröffentlicht: »Briefe aus dem Schweigen« und »Q-Tagebücher«). Aufenthalt in England (Kent), wo er an einem Filmdrehbuch für die Nero-Filmgesellschaft und mit Hasenclever an dem gemeinsamen Bühnenstück »Kolumbus« arbeitet

1932 Aufführung des »Kolumbus« im Leipziger Schauspielhaus (Matrosenlieder: Kurt Tucholsky). Längere Aufenthalte in Frankreich und der Schweiz. Sanatoriumsaufenthalt in Wien. Behandlung, Operationen. Im Spätherbst Beendigung der literarischen Arbeit infolge physischer und psychischer Erschöpfung

1933 Nach der nationalsozialistischen Machtübernahme Ausbürgerung aus Deutschland. Gehört zu den Autoren, deren Bücher am 10. Mai 1933 verbrannt werden. Scheidung von Mary Gerold zu deren persönlichem Schutz. Im September Rückkehr aus der Schweiz nach Schweden

1934 – 1935 Leben in Schweden als Staatenloser. Briefwechsel aus Hindås u. a. mit Fritz Tucholsky, Walter Mehring, Arnold Zweig, Walter Hasenclever und Paul Graetz. Im Mai 1934 letzte Reise nach Frankreich und in die Schweiz zur ärztlichen Behandlung. In Zürich Begegnung mit Gustav und Inge von Wangenheim, Besuche des Kabaretts Cornichon. Ab November 1934 eine Kette langwieriger Nasenoperationen. Aktivitäten für die Befreiung Ossietzkys. Selbstmord durch Gift in der Nacht vom 20. zum 21. Dezember 1935

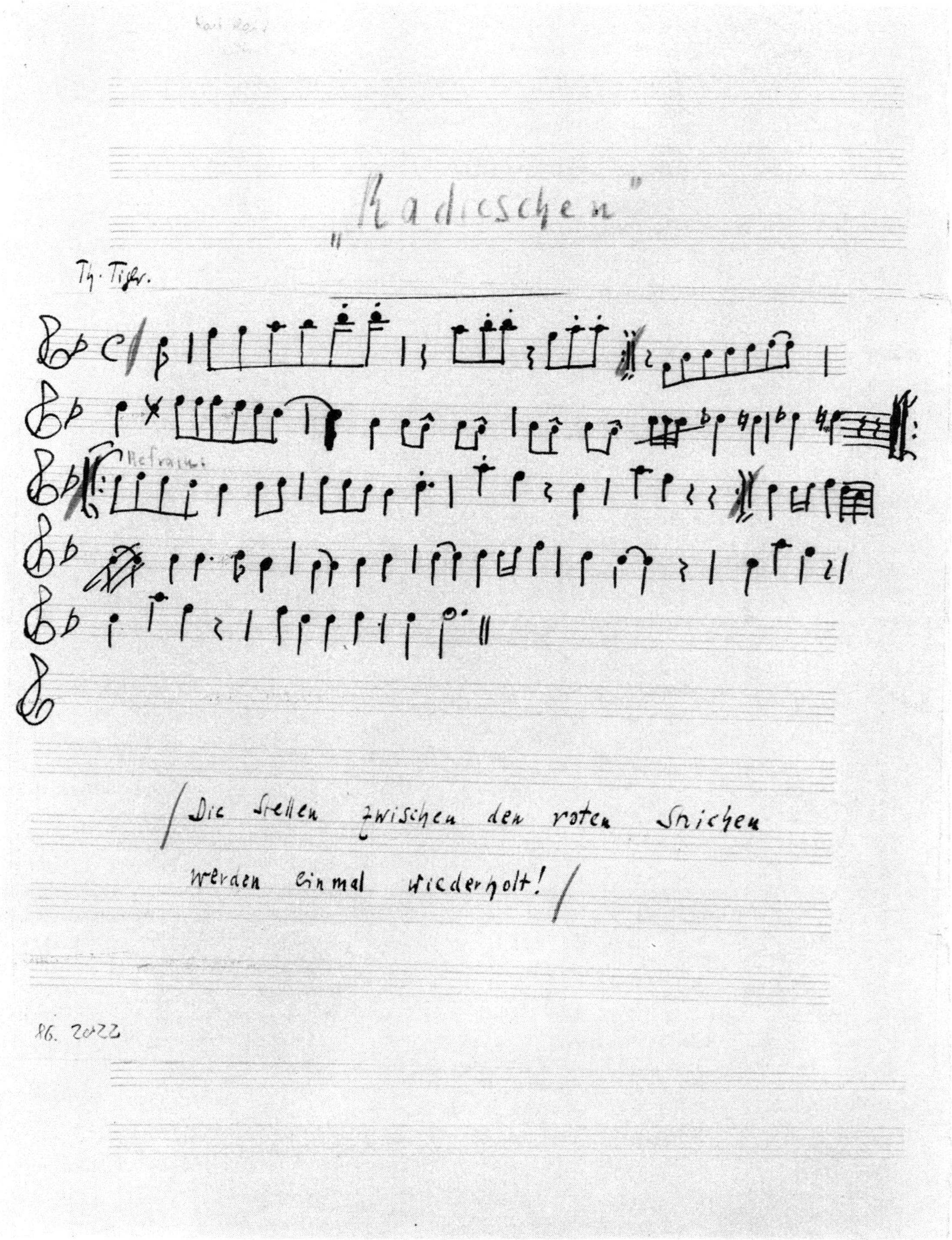
„Radieschen"
Th. Tiger.
Refrain:
/ Die Stellen zwischen den roten Strichen
werden einmal wiederholt! /
86. 2022

Lieder und Chansons

»Und dann: Richten Sie sich nie nach der Wirkung des gedruckten Couplets. Was ein richtiges Couplet ist, das sieht gedruckt so blöd aus, daß jeder vernünftige Mensch sagt: ›Das ist wohl hervorragend dummes Zeug!‹ Und umgekehrt: Verse, die sich auf dem Papier gut ausnehmen, fallen auf dem Podium so herunter, daß es eine Freude für den Konkurrenten ist.

Aber nun haben Sie genug von der blassen Theorie gehört – jetzt wollen Sie lebendige, bunte Couplets.«

Das Couplet, 1920

Die von Tucholsky notierte Gesangsstimme zum »Radieschen«. Aufzeichnung aus dem Nachlaß

Stoßseufzer einer Dame in bewegter Nacht

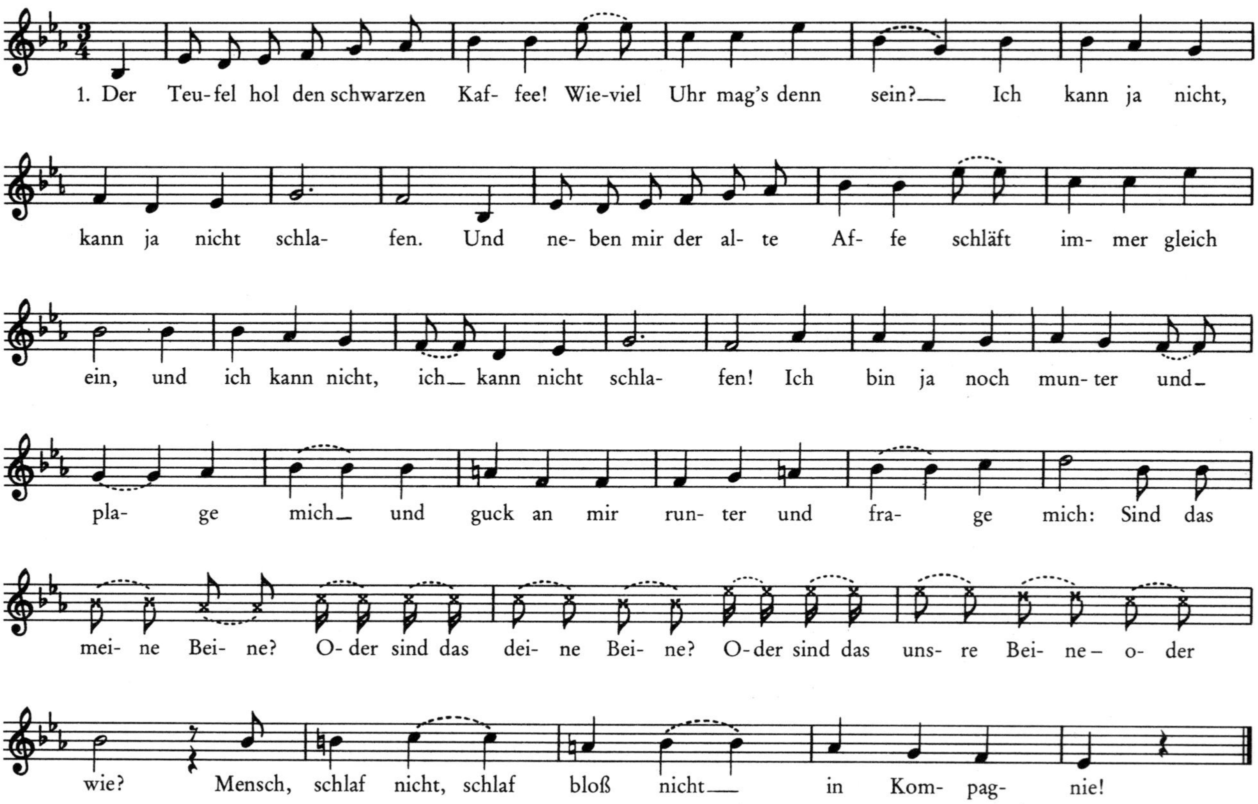

Der Teufel hol den schwarzen Kaffee!
Wieviel Uhr mag's denn sein?
Ich kann ja nicht, kann ja nicht schlafen.
Und neben mir der alte Affe
schläft immer gleich ein,
und ich kann nicht, ich kann nicht schlafen!
Ich bin ja noch munter
und plage mich
und guck an mir runter
und frage mich:
Sind das meine Beine?
Oder sind das deine Beine?
Oder sind das unsre Beine – oder wie?
Mensch, schlaf nicht,
schlaf bloß nicht
in Kompagnie!

Da liegen viele Zeitungsnummern
und ein Buch übern Tanz –
Was nützt es denn, wenn ich noch lese?
Kann einer nämlich nicht entschlummern
und der andre, der kann's,
dann wird man, dann wird man so beese.
Seh' ich ihn so schlafen, dann will ich das auch,
und er stößt mir die Beine in meinen Bauch.
Sind das meine Beine?
Oder sind das seine Beine?
Oder sind das unsre Beine – oder wie?
Mensch, schlaf nicht,
schlaf bloß nicht
in Kompagnie!

Das ist die Hölle wie von Dante,
der Mann ist so roh!
Die Decke, die ist immer seine.
Ich kipple ängstlich auf der Kante
mal so und mal so,
man denkt, man hat siebenhundert Beine.
Seh' ich mir so an, welcher Haarwuchs ihn ziert –
's wär Zeit, daß er sich mal die Beine rasiert.
Sind das meine Beine?
Oder sind das seine Beine?
Oder sind das unsre Beine – oder wie?
Mensch, schlaf nicht,
schlaf bloß nicht
in Kompagnie!

Als kleine Mädchen, bunt bebändert,
hatten wir einen Wunsch:
für die Nacht einen leiblichen Grafen!
Inzwischen hat sich das geändert,
ich zieh' einen Flunsch,
ich kann ja zu zwein doch nicht schlafen!
Ich wünsch' mir nur eines,
aber das wünsch' ich sehr:
Ich möcht' mal allein sein,
dann fragt' ich nicht mehr:
Wem gehört denn,
wem gehört denn,
wem gehört denn das Bein?
Lieben? Ja!
Aber schlafen?
Allein!

Ballade von der Fischersfrau (Die Wartende)

Für Kate Kühl

Hier stieg er ein am Strand –
Schiff ahoi! Schiff ahoi!
Winkte noch mit der Hand –
Bleib mir treu! Bleib mir treu!
Dein Name steht am Schiff,
wenn ich jetzt von dir fahre –
Seitdem steh ich am Riff
  zehn lange Jahre!

Tief auf dem Meeresgrund –
Schiff ahoi! Schiff ahoi!
Schwimmt Fisch durch seinen Mund –
Bleib mir treu! Bleib mir treu!
Da liegt er weich und warm
mitten unter Strandgutware.
Manchmal nur winkt sein Arm
  zehn lange Jahre!

Jan und Veronika –
Schiff ahoi! Schiff ahoi!
Tanzen zur Harmonika –
Bleib mir treu! Bleib mir treu!
Schwer fließt die Luft wie Wein
durch die Nacht die wunderbare –
's konnt ja doch kein andrer sein
  zehn lange Jahre!

Andre zur Kirche gehn –
Schiff ahoi! Schiff ahoi!
Mich sieht man draußen stehn –
Bleib mir treu! Bleib mir treu!
Denn was der Pfaff da jorrt,
das ist nur faule Ware.
Ich pfeif auf Gottes Wort
  zehn lange Jahre!

Warte, wer warten mag –
Schiff ahoi! Schiff ahoi!
Ich erwart den Jüngsten Tag –
Bleib mir treu! Bleib mir treu!
Vor Gott im Himmelssaal
schrei ich: Sieh meine Haare!
Du, jetzt wart du einmal
  hunderttausend Jahre!

Die Okarina

Auf flachem Kahn – tagaus, tagein die Heide –
Kein Vogel singt im Ried,
Wie still das Wasser zieht –
Mein Mann und ich, am Steuer stehn wir beide,
Und übern Fluß her zieht ein traurig Lied –
Die Okarina, die Okarina.

Am Halteplatz, da fragt uns ein Geselle,
So jung und stark und frei,
Ob bei uns Arbeit sei.
Wir sagten ja, und fuhren nie so schnelle
. . . . . .
Die Okarina, die Okarina.

Spät in der Nacht klopft er an meine Kammer,
Ich hab nicht aufgetan – ich hatte doch den Mann.
Da drang er ein, umwickelt einen Hammer,
Die Welle klatscht – nun konnt er sich mir nah'n –
Die Okarina, die Okarina.

. . . . . .
. . . . . .
. . . . . .
Da schwimmt ein Kopf und sieht mich klagend an –
Die Okarina, die Okarina.

(Text von Kate Kühl aus dem Gedächtnis rekonstruiert)

Radieschen

Den Agitproptruppen gewidmet

Es stehn in unserm Garten,
ja Garten,
ja Garten
der Blumen hundert Arten,
ja Arten,
ja Arten –
Und soll ich eine wählen,
muß ich mich mächtig quälen.
Die Vorwärts-Pflanzen stehn ums Haus ...
wie sehn denn die wohl aus?

Außen sind sie rot, und innen sind sie weiß:
Radieschen! Radieschen!
Sie wachsen so gemütlich – ein Groschen ist ihr Preis –
Radieschen! Radieschen!
Klassenkampf, ade, ade!
Tritt man keinem auf den Zeh!
Radieschen! Radieschen!
Die ganze SPD!

Stehn die in der Regierung,
Regierung,
Regierung,
dann sind sie bloß Verzierung,
Verzierung,
Verzierung.
Kuhhandeln wie die Kälber,
die Ochsen sind die selber.
Und ziehen sie die Straßen lang,
ertönt der Spottgesang:

Außen sind sie rot, und innen sind sie weiß!
Radieschen! Radieschen!
Sie wachsen so gemütlich – ein Groschen ist ihr Preis –
Radieschen! Radieschen!
Klassenkampf, ade, ade!
Tritt man keinem auf den Zeh!
Radieschen! Radieschen!
Die ganze SPD!

Das Wort der Tante

Wenns fein ist – wenns fein ist,
dann sitzt da an der Wand
die Freifrau Ritz von Riegelstein
mit einem Leutenant.
Die Nichte – die Nichte –
die tanzt im Silberschuh.
Die Tante, die hebt das Lorgnon
und sieht dem Tanze zu.
  Hier sieht es gar nicht nach Kommiß aus ...
  der Tante fällt fast das Gebiß raus ...
Na, Gottseidank, die Jugend hier – gehört zur Haute volée –
drum sage ich als Tante nur, wenn ich hier das so seh':
»Es ist ja reizend, wie die jungen Leute miteinander verkehrn!«

Wenns laut ist – wenns laut ist,
dann zieht da durch die Stadt
ein Sportverein und noch ein Verein –
wer grad 'ne Fahne hat.
Sie kommen – sie kommen
aus Werkstatt und Büro.
Das Licht geht aus – das Messer raus –
und dann, dann geht es los.
  Und alle hauen immer wieder,
  und brüllen dabei Hoch und Nieder!
Sechs Straßen weit ist ein Gebell im Baß und im Falsett ...
und manchem looft det Auge schnell noch übers Schemisett ...
  – Ist ja reizend, wie die jungen Leute miteinander verkehrn!

Wenn's heiß ist – wenn's heiß ist –
dann fahre ich aufs Land.
Mein Onkel steht bei der Gendarmerie
und ist ein Herr Scherschant.
Er sagt zu mir:
»Die Jugend –
  die jeht heut mächtig ran –
Nu komm man gleich heut abend mit
und sieh dir das mit an!«
  Da steht ein Busch von weißem Flieder
  und schwankt ein bißchen auf und nieder ...
Dahinter pflückt ein junges Paar der Liebe süße Beer'n ...
Und der Gendarm packt mich am Arm: »Was sagst du zu den Jöhrn?«

(stummes Spiel)

–––––– »Ferkels –!«

Berliner Margueritenkranz I

Auftritt: Eine Marguerite in der Hand, sie langsam und versonnen zerzupfend. Nicht aufsehen. Vor sich hin, wie wenn jedes Wort ein Blatt bedeutete: »Berliner – Margueritenkranz – Text – von – Theobald – Tiger. – Musik – von … – Er liebt mich – von Herzen – mit Schmerzen – ein klein wenig – fast gar nicht – er liebt mich!«

Er liebt mich von Herzen

Wenn ick in Jeschäfte an'n denke –
det is Liebe – det is Liebe.
Wenn ick ihn 'n neuen Zwetter schenke –
det ist Liebe – det is Liebe!
Von de Aufsicht kriej ick nischt wie Schimpfe:
Ick verkaufe lauter linke Strümpfe.
Det is jahnich wichtig,
ick bin janz und jar nich richtig,
weil die Liebe in mir wühlt.

Refrain:
Adolf, mir wird so brühwarm um die Brust!
Adolf, ick hab ja früher nich jewußt,
wie det is mit die Liebe.
Det macht mir so froh!
Du bist auch mein Bester!
(Handbewegung: knorke …
gekrümmter Arm, Faust, mit einem Ruck)
Aber *so*!

Wenn ick träume an die Kochmaschine –
det is Liebe – det is Liebe!
Wenn ick Mostrich nehm statt Marjarine –
det is Liebe – det is Liebe!
Wie ick wickel meinen kleenen Bruda,
brüllt die halbe Nacht det arme Luda.
Mutta kommt mal lang
und findet in die Windeln mang
den janzen Lokalanzeijer drin.

Adolf, mir wird so brühwarm um die Brust!
Adolf, ick hab ja früher nich jewußt,
wie det is mit die Liebe.
Det macht mir so froh!
Du bist auch mein Bester!
(Handbewegung: knorke …
gekrümmter Arm, Faust, mit einem Ruck)
Aber *so*!

Wenn ers uffn Sonntach mit mir vorhat –
det is Liebe – det is Liebe!
Sitz ick hinten drauf auf sein Motorrad –
det is Liebe – det is Liebe!
Wenn wa denn so um de Ecken stuckern,
fühl ick alles mächtich an mir puckern,
platzen mal die Naben:
Na, denn liejen wir in'n Jraben,
und wir sind in Jlück vaeint …

Adolf, mir wird so brühwarm um die Brust!
Adolf, ick hab ja früher nich jewußt,
wie det is mit die Liebe.
Det macht mir so froh …
Mein kleener Malzbonbong …
(Bewegung)
Aber *so*!

Berliner Margueritenkranz II

(gesprochen): »Er liebt mich – nicht – liebt mich – ich lieb ihn – lieb ihn nicht – von Herzen – mit Schmerzen – ein klein wenig«

Fast gar nicht

Ob die Menschen vor Liebe wimmern,
läßt mich kalt – läßt mich kalt.
Ob sie sich um die Liebe bekümmern,
läßt mich kalt – läßt mich kalt.
Erst soll sie bei ihm uffn Schoß sein,
un denn will er sie wieder los sein.
Det Jemache mit die Meechen, det hat ja keen' Zweck.
Man schmeißt sie ja doch balde wieder weg.

Mir nimmt keener wat von de Stulle,
mich läßt's kalt – mich läßt's kalt.
Un jlupscht er mit die Oogen wie son Bulle –
läßt mich kalt – läßt mich kalt.
Er trägt von sein Sophiechen
mit sich rum die Photographiechen.
Nachher is diss der reine Dreck,
da schmeißt er sie ja alle wieder weg!

Er macht sich fein wie'n Schneemann
von vorn – von vorn!
und tut sich als Gentleehmann –
von vorn – ja, von vorn!
Er will ihr imponieren
mit seinen fein' Manieren ...
Nachher verschwindet der Heck-Meck,
da schmeißt er sie ja alle wieder weg!

Wenn eena glaubt, und er müßte ...
aba nich jetzt! – aba nich jetzt!
Ick finde: die janze Kiste
wird überschätzt – stark überschätzt!
Nu singt man keene Arien:
det Scheenste sind die Präliminarien!
Wat danach kommt, det hat keenen Zweck –
det schmeißt man ja doch balde wieder weg!

Berliner Margueritenkranz III

(Stimme hinter der Szene): »Mit Schmerzen ...«
Auftritt: Zerraufte Haare, zerbeulter Hut, alles weint: Nase, Augen, Kleider, Taschentuch pitschnaß. Einige Takte der Musik, unruhig auf- und abgehend ... Sieht aus nach allen Seiten: Wo bleibt er? Nichts ...

Im Vortrag alle Möglichkeiten des Heulens: das Geplärr, das leise Geschlucks; das kleine verheulte Kinderstimmchen einer Frau, die sich selbst unendlich leid tut, Rotz und Wasser und den Rest.

Mit Schmerzen

Ick stehe an de Ecke alleine,
die Jeschäfte ham alle schon zu.
Ick steh mir den Leib in die Beine
Hu – hu – huhu -- *(genau im Takt heulen!)*
Mal muß der Rüpel doch kommen,
det dachte ick mir bis jetzt,
ick hab mir'n Auto jenommen,
un nu hat det Aas mir vasetzt.
  Man is reineweg der Dumme in der Liebe:
  Vor die Säue wirft man seine Perln!
  Jeder Mann verdient doch wirklich nischt wie Hiebe.
    Man is viel zu nett,
    man is viel zu nett
    zu den Kerlen, zu den Kerlen, zu den Kerln!

Sicher is er mit die Meta,
dieser verschrumpelten Kuh!
Nu schmust er mit ihr – det vasteht a –
Hu – hu – huhu --
Au, wenn ick *die* morjn krieje!
Mit der wer ick aba intim!
Hoffentlich kricht diese Zieje
Zwillinge, nee Drillinge von ihm!
  Man is reineweg der Dumme in der Liebe:
  Vor die Säue wirft man seine Perln!
  Jeder Mann verdient doch wirklich nischt wie Hiebe.
    Man is viel zu nett,
    man is viel zu nett
    zu den Kerlen, zu den Kerlen, zu den Kerln!

Da steht dran: Bürsten und Besen –
Det Schild les ick nu immazu.
Ick kann det schon jahnich mehr lesen!
Hu – hu – huhu
Weiberverführer, Aufputscher ...
  Da –!
    Ob er diss woll wird sein?
Diss war bloß 'n Müllwagenkutscher,
un ick steh nu wieda allein – –
  Man is reineweg der Dumme in der Liebe:
  Vor die Säue wirft man seine Perln!
  Jeder Mann verdient doch wirklich nischt wie Hiebe.
    Man is viel zu nett,
    man is viel zu nett
    zu den Kerlen, zu den Kerlen, zu den Kerln!

Läßt er mir nu aba laufen,
denn weeß ick, wat ick tu!
Ick wer mir 'n Messa kaufen –
Hu – hu – huhu – –
Die solln ihr Jlick nich jenießen!
Ick bin doch ooch uffn Kien ...
Ick will se alle aschießen:
erst mich – und denn sie un denn ihn!

*(Kein Refrain mehr. –
Unter großem Geheul ab!)*

Der Jagdschein

Fridericus Rex

Kreuz – E- le- ment, wer den Tritt ins Ge- säß bei der Aus- bil-dung nicht kennt – ! Sieh
hin, Lo- wi- se, wisch ab dein Ge-sicht! Ei- ne je- de Ku- gel, die trifft ja nicht. Die
Ku- geln sind al- le von Ei- sen und Blei – und er kann- te nur den Dolch- stoß und
kei- ne Par- tei. Fri- de- ri- cus tut fra- gend auf der Lein- wand gehn. „Wo
ist denn mein Nach- fahr? – Ich kann ihn gar nicht sehn.“ Wie du fuhr nach Hol- land dein
gu- tes En- kel- kind, weil die Ho- hen- zol- lern erb- lich be- la- stet sind.
Fri- de- ri- cus, un- ser Kö- nig, den der Lor- beer- kranz ziert, du
wirst für ei- ne kol- los- sa- le Plei- te pla- ka- tiert. Dreh still dich im Gra- be, ver-
birg — dein Ge- sicht: Sie ha- ben dei- nen Krück- stock. Dei-nen Kopf ha- ben sie nicht.

Fridericus Rex, unser König und Herr,
der rief uns noch einmal in das Kino daher.
Zweitausend Meter lang ist der ganze Quark –
und jeder Parkettplatz, der kostet sechzehn Mark.

»Ihr verfluchten Kerls!« sprach seine Majestät,
»daß jeder hier im Kino seinen Mann mir steht!«
Sie sitzen alle stramm und können nichts dafür
und freuen sich übern König und über Gebühr.

Wir sind doch eine alte Unteroffiziersnation
und wir brauchen unsere potsdorfer Prügeltradition.
Kotz Mohren, Blitz und Kreuz-Element,
Wer den Tritt ins Gesäß bei der Ausbildung nicht
kennt –!

Da fliegen hundert Beine im Parademarsch.
Und das kitzelt unsre Schenkel, und das juckt uns
im Gehirn.
Die langen Kerls marschieren vorbei in zwei Reihn –
Wir wollen, wir wollen geprügelt sein!

Sieh hin, Lowise, wisch ab dein Gesicht!
Eine jede Kugel, die trifft ja nicht.
Die Kugeln sind alle von Eisen und Blei –
und er kannte nur den Dolchstoß und keine Partei.

Fridericus tut fragend auf der Leinwand gehn.
»Wo ist denn mein Nachfahr? – Ich kann ihn gar nicht
sehn.«
Wie du fuhr nach Holland dein gutes Enkelkind,
weil die Hohenzollern erblich belastet sind.

Fridericus, unser König, den der Lorbeerkranz ziert,
du wirst für eine kolossale Pleite plakatiert.
Dreh still dich im Grabe, verbirg dein Gesicht:
Sie haben deinen Krückstock.
Deinen Kopf haben sie nicht.

Altes Lied 1794

Wenn in des Abends letztem Scheine
dir eine lächelnde Gestalt
am Rasensitz im Eichenhaine
mit Wink und Gruß vorüberwallt –:
Das ist des Freundes treuer Geist,
der Freud' und Frieden dir verheißt.

Wenn bei des Vollmonds Dämmerlichte,
das zagend durch die Zweige sieht,
durch dunkeln Hain von Tann' und Fichte
ein fauliges Gerüchlein zieht –:
Das ist, was da so grauslich riecht,
Herr Goebbels, der vorüberfliecht.

Wenn bei dem Silberglanz der Sterne,
wenn schwarze Nacht herniederweint,
gleich Aeolsharfen aus der Ferne …
wenn dir dann gar kein Geist erscheint –:
Dies Phänomen, damit dus weißt,
das ist Herrn Adolf Hitlers Geist.

Aus einer kleinen Stadt Krähwinkel

Am Abend ist die Kleinstadt müd,
neun Uhr ist das Signal.
Ein blauer Rauch die Luft durchzieht,
der Mond scheint in das Tal.
 Und welche gehn zur Eisenbahn,
 die sehn sich da den D-Zug an,
 was der so spät noch macht.
 Gute Nacht! Gute Nacht! Gute Nacht!

Und am Stammtisch sitzen, ist die Uhr auch spat,
der Herr Oberförster,
der Herr Apotheker
und ein ganz Geheimer Studienrat
beim Dauerskat – beim Dauerskat –
beim Dauer- Dauer- Dauer- Dauer- Dauer-Skat!
 (Gesprochen: »Grand ouvert!«)

Es kommt die Nacht. Die Kater schrein.
Die Bürger gehn ins Bett.
Ein Schreiber steht am Spiegulein
und stiert aufs Chemisett.
 Und Liebespaare siehst du gehn,
 dahin, wo nicht Laternen stehn.
 Da teilt Herr Joseph Schmidt
 dem Fräulein Braut was mit ...

Und am Stammtisch sitzen, ist die Uhr auch spat,
der Herr Oberförster,
der Herr Apotheker
und ein ganz Geheimer Studienrat
beim Dauerskat – beim Dauerskat –
beim Dauer- Dauer- Dauer- Dauer- Dauer-Skat!
 (»Hier wird nicht gemogelt!«)

Ein junger Mann verließ die Stadt,
ging nach Amerika.
Und bis er Frau und Kinder hat,
solange blieb er da.
Doch plötzlich ihn das Heimweh zieht,
daß er sein Städtchen wiedersieht –
Fährt übern Ozean
und was trifft er da an?

Am Stammtisch sitzen, wenn die Uhr auch spat,
der Herr Oberförster,
der Herr Apotheker
und ein ganz Geheimer Obervicesupernumerar
beim Dauerskat – beim Dauerskat –
beim Dauer- Dauer- Dauer- Dauer- Dauer-Skat ...!
 (»Wer gibt?«) –

Wenn der alte Motor wieder tackt ...

Schiebung! Schiebung!
Schiebung! Schiebung!
Schiebung! Schiebung!

Wohin du siehst, wohin du kuckst,
wohin du hörst, mein Lieber!
Sehr wichtig!
Wohin du trittst, wohin du spuckst:
nur Schieber! Schieber! Schieber!
Aber richtig!
Nur Noske ist uns lieb und wert,
der treibt es täglich bunter.
Wie lange noch und Justav fährt
die Linden rauf und runter.
O Publikum, ich frage bloß:
Wann werd'n wir den und andre los?
  Wenn der alte Motor wieder tackt,
  wenn die Räder roll'n, die Weiche knackt,
  wenn der Dreher in die Hände spuckt,
  wenn der Strom den Dynamo durchzuckt,
  wenn der Autobus für'n Sechser fährt,
  wenn das Grünkramfräulein uns beehrt,
  wenn die olle gute Rolle wieder wie gewöhnlich
    schnurrt,
sitzt die Neese wieder vorne! Marke:
»Neugeburt«!

Schiebung! Schiebung!
Schiebung! Schiebung!
Schiebung! Schiebung!

Ich drehe still am Wasserhahn,
das Ding ist kalt und krötig.
Verzicht' ich!
Das Baden ist ein schöner Wahn,
und doch hat's mancher nötig!
Aber richtig!
Denn viele Westen sind nicht weiß,
und tangofarbne Finger,
die drehn für den Valutapreis
die allertollsten Dinger!
Der Rubel rollt, der Schilling klirrt.
Wann das bei uns mal anders wird?
  Wenn der alte Motor wieder tackt,
  wenn die Räder roll'n, die Weiche knackt,
  wenn der Schweißer schwingt den Hammerstiel
  nicht fürs Achselstück, nein, fürs Zivil!
  Wenn der Hauswirt gern uns einquartiert,
  nicht als »Obersteiger« kostümiert,
  wenn die olle gute Rolle wieder wie gewöhnlich
    schnurrt,
sitzt die Neese wieder vorne! Marke:
»Neugeburt«!

Schiebung! Schiebung!
Schiebung! Schiebung!
Schiebung! Schiebung!

Man tanzt in London und Paris
den Tanz um gold'ne Kälber!
Verzicht' ich!
Da rauscht das Leben, spritzt der Kies,
wir bleiben doch wir selber!
Aber richtig!
Man ist bei aller Politik
mal unten und mal oben,
drum merk dir, junge Republik:
Fortuna wird verschoben!
O Publikum, ich frage bloß:
Wann geht bei uns der Segen los?
  Wenn der alte Motor wieder tackt,
  wenn die Räder roll'n, die Weiche knackt,
  wenn der Dreher in die Hände spuckt,
  wenn der Strom den Dynamo durchzuckt,
  wenn man wieder seine Ruhe hat,
  steht nichts drin in »Voss« und »Tageblatt«,
  wenn die olle gute Rolle wieder wie gewöhnlich
    schnurrt,
sitzt die Neese wieder vorne! Marke:
»Neugeburt«!

Sie rufen mich noch einmal raus
und klatschen in die Hände. Aber richtig!
Ich danke schön für den Applaus
und auf die Blumenspende verzicht ich.
Wer lacht, dem bleibt in seinem Bauch
kein trauriger Gedanke;
und schließlich liegt ja »Schall und Rauch«
doch dichte bei der Panke.
Es wird schon wern mit die Mutter Bern,
mit die Mutter Horn is auch jeworn ...
  Wenn der alte Motor wieder tackt,
  wenn die Räder roll'n, die Weiche knackt,
  wenn die letzte Kriegsgesellschaft kracht,
  und der Kaufmann seins alleine macht.
  Wenn erst toi-toi-toi mal klappt die Post,
  wenn Berlin nicht mehr 'n Dollar kost',
  wenn die olle gute Rolle wieder wie gewöhnlich
    schnurrt,
sitzt die Neese wieder vorne! Marke:
»Neujeburt«!

Dame in Weiß

Auf einer Redoute, des nachts um halb eins,
da wogten der Masken gar viele.
Es tanzten die Farben, ein jeder trug seins
im eignen historischen Stile.
Die freundlichen Gruppen
der Rokokopuppen,
es tanzt der Pierrot
im fetten oho,
es tanzen die Pritzelgestalten
in weichen und seidigen Falten.
Nur eine, nur eine,
sie hat die schlankesten Beine ...
Nur sie sah ich, immer nur sie,
denn sie trug sich so gänzlich uni.
Dame in Weiß, Dame in Weiß,
was kann das Leben denn kosten?
Dreh dich im Kreis, Dame in Weiß,
dreh dich im ruhigen Boston!
Gabst mir dein Haar, blond, wie es war,
immerdar sollst du mir tanzen,
dreh dich im Kreis, nimm's nicht so heiß,
reizende Dame in Weiß!

Sie kam zu mir gerne. Kam zu mir nach Haus.
Sie mochte nur tanzen und küssen,
sie sprang aus den lästigen Hüllen heraus
und hat vor mir tanzen müssen.
Wie weiß lag das Zimmer
im milchigen Schimmer.
Die Sonne, sie sengt,
die Fenster verhängt,
hell stand sie da vor mir, die Traute,
und ich spielte für sie auf der Laute.
Es packte die Nackte
die Tanzmelodie nach dem Takte.
Nur sie sah ich, immer nur sie,
denn nun trug sie sich gänzlich uni.
Dame in Weiß, Dame in Weiß,
was kann das Leben denn kosten?
Dreh dich im Kreis, Dame in Weiß,
dreh dich im ruhigen Boston!
Gabst mir dein Haar, blond, wie es war,
immerdar sollst du mir tanzen,
dreh dich im Kreis, nimm's nicht so heiß,
reizende Dame in Weiß!

Wie lang ist das her! Wie oft denk ich dran,
es hat sich so vieles gewandelt.
Man bot mir so oft schon was Ähnliches an,
heut wird ja mit allem gehandelt.
Man tanzt, was verboten
für teure Banknoten,
nach jeder Fasson
in manchem Salon.
Und doch bei den letzten Finessen
kann eine ich niemals vergessen.
Die Glieder, das Mieder,
das war einst und kommt niemals wieder.
Du tanztest so arglos im Scherz,
denn es tanzte ja schließlich dein Herz.
Dame in Weiß, Dame in Weiß,
was kann das Leben denn kosten?
Dreh dich im Kreis, Dame in Weiß,
dreh dich im ruhigen Boston!
Gabst mir dein Haar, blond, wie es war,
immerdar sollst du mir tanzen,
dreh dich im Kreis, nimm's nicht so heiß,
reizende Dame in Weiß!

Total Manoli

Mensch, sieh dich um! Sag mal, warum
ringen sich die Hände?
Weil diese Zeit fiebert und schreit,
wackeln alle Wände.
Ein Taler ist kein Taler mehr,
ein Konkubist kein Maler mehr.
Es fehlt dem Welttheater
die Reinhardt-Regie.
Total Manoli! Total Manoli!
  Die meisten Menschen haben heut ein kleines Rad.
  Total Manoli! Total Manoli!
  Such dir mal wen in ganz Berlin,
  der das nicht hat.
  Tanz des Geschlechts um – Manoli rechtsrum!
  Die ganze Erde tanzt von früh bis abends spät
  stets um das Dings rum – Manoli linksrum!
  Ihr seid doch alle, alle, alle etwas durchgedreht.

Mensch, bist du reich, laß dich nur gleich
mit Musik begraben.
Neunzig Prozent will doch am End
das Finanzamt haben.
Das Beste und das Teuerste
versteuerste, versteuerste,
und nur die Kinderkriegerei
ist steuerfrei.
Total Manoli! Total Manoli!
  Die meisten Menschen haben heut ein kleines Rad.
  Total Manoli! Total Manoli!
  Such dir mal wen in ganz Berlin,
  der das nicht hat.
  Tanz des Geschlechts um – Manoli rechtsrum!
  Die ganze Erde tanzt von früh bis abends spät
  stets um das Dings rum – Manoli linksrum!
  Ihr seid doch alle, alle, alle etwas durchgedreht.

Raffke Couplet

Ick bin die allerneuste Zeiterscheinung,
Sie treffen mir an alle Orte an –
ick pfeife uff die öffentliche Meinung,
weil ick als Raffke mir det leisten kann.
Ick bin die feinste von die feinen Nummern,
ick steh schon in die Illustrierte drin;
denn ob Jeschäfte oder Sekt und Hummern:
Ick knie mir rin, ick knie mir richtig rin!

Mein Vata war ein kleiner Weichenstella,
und meine Jugend, die war sehr bewegt –
ick stand doch damals in'n Jemisekella,
wo meine Frau die Jurken einjelegt.
Denn stieg ick uff. Und wurde richtig Raffke.
Und steckt die janze Welt in'n Dalles drin: –
Det macht mir nischt, denn ick vadiene daffke.
Ick knie mir rin, ick knie mir richtig rin!

Von wejen Kunst un so – ick kenn Tosellin!
Ick weiß, der Strauß, der singt det hohe Fis.
Nur weiß ick nich jenau von Boticellin,
ob det nun 'n Cognak oder 'n Keese is.
'n Bild in Auftrag jeben dhu ick imma,
weil ick nu mal 'n großa Meez'n⁺ bin –
Jefällt mirs nich, häng icks ins Badezimma:
Ick knie mir rin, ick knie mir richtig rin!

In der Jeschäfte wüsten Lärm und Hasten
vajeß ick auch die süße Liebe nicht.
Sie, meine Olle is valleicht 'n Kasten,
die hat so zweihalb Zentner Schwerjewicht!
Aus meinen Schloß mit seine Silberputten,
da mach ick raus, wenn ick alleene bin –
Et jibt ja Jott sei Dank noch so viel Nutten –
Ick knie mir rin, ick knie mir richtig rin!

Wat Sie hier sehn an meinen dicken Händen,
den janzen Perlen- und Brillant-Salat –
Sie, det sinn alles meine Dividenden,
denn ick bin dreißigfacher Aufsichtsrat.
Und in den alljemeinen Weltenkoller,
da schieb ick still zur Bank von England hin:
Und macht Ihrs doll – ick mache immer Dollar!
Ick knie mir rin, ick knie mir richtig rin!

⁺ statt Mäzen

Jede Landpartie hat mal ein Ende

Wenn in der Maienzeit alles grünt auf weiter Flur,
schiebt Jüngeling und Maid an den Busen der Natur.
Wie schön küßt so ein Mann in dem weichen
Blumenflor.
Am Abend nimmt er Abschied dann und singt ihr leis
ins Ohr:
Jede Landpartie hat mal ein Ende,
jede Extratour hat einen Schluß.
Kleines Mädchen, gib mir deine Hände,
kleines Mädchen, schenk mir einen Kuß.
Einmal muß der Herrgott schlafen gehen,
einmal löscht er alle Lichter aus.
Scheint die Sonne noch so schön,
einmal muß sie untergehn.
Sag, 's war hübsch und geh nach Haus.

Trinkt eine Frau zuviel, ja dann sag ich dir voraus:
Sie fällt im Liebesspiel für den Abend völlig aus.
Schon nach dem sechsten Schnaps hat die Zärtlichkeit ein End,
denn sie hat ihren Schwips, und du sitzt da mit dem Talent.
Jede Landpartie hat mal ein Ende,
jede Extratour hat einen Schluß.
Kleines Mädchen, gib mir deine Hände,
kleines Mädchen, schenk mir einen Kuß.
Einmal muß der Herrgott schlafen gehen,
einmal löscht er alle Lichter aus.
Scheint die Sonne noch so schön,
einmal muß sie untergehn.
Sag, 's war hübsch und geh nach Haus.

Wie's heut hienieden ist, so verdreht war es noch nie.
Kein Mensch zufrieden ist, ob im Land, ob Industrie.
Muß schon schlecht Wetter sein, sollten wir uns doch
verstehn,
zueinander etwas netter sein, denn so kanns nicht
weiter gehn.
Jede Landpartie hat mal ein Ende,
jede Extratour hat einen Schluß.
Kinder, reicht euch doch nur mal die Hände,
weil man ja zusammenhalten muß.
Mit dem Kopf kann keiner durch die Wand gehn,
darum laßt das Schelten, laßt das Schrein.
Liebe Leute, merkt euch dies:
auch in Moskau und Paris,
da gibts wieder Sonnenschein.

Auf Wiedersehen, Marie

Wir drei, wir geh'n hier auf die Walze,
gradaus wohl in die weite Welt, juchhei!
Die Tippelei, Herrgott, erhalt 'se,
weil uns das Tippeln wohl gefällt, juchhei!
Ein Schuster und ein Schneider,
und auch ein Stadtkoch leider,
mit der Leber-, Leberwurst, mit der Leberwurst,
gute Nacht, auf Wiederseh'n, Marie!
Falschen Tritt, falschen Tritt, die ganze Kompagnie,
falschen Tritt, falschen Tritt, die ganze Kompagnie.
Und nur vom Hund die Beine,
die laufen, laufen, laufen ganz alleine.
Gute Nacht, auf Wiederseh'n, Marie,
gute Nacht, auf Wiederseh'n, Marie!

Wir kommen in einen Flecken,
dann geht, ja geht das Fechten an, juchhei!
Da schultern wir den Wanderstecken
und klopfen bei den Bauern an, juchhei!
Herr, wir sind drei Verdammte,
drei abgebaute Staatsbeamte,
mit der Leber-, Leberwurst, mit der Leberwurst,
gute Nacht, auf Wiederseh'n, Marie!
Falschen Tritt, falschen Tritt, die ganze Kompagnie,
falschen Tritt, falschen Tritt, die ganze Kompagnie.
Bei uns, da brennt's inwendig,
wir saufen, saufen, saufen wertbeständig.
Gute Nacht, auf Wiederseh'n, Marie,
gute Nacht, auf Wiederseh'n, Marie!

Am Rhein, am Rhein und auch am Bober,
erwischt uns manchmal der Gendarm, o weh!
Fix kriechen wir in einen Schober,
sonst kriegt uns noch der Kerl am Arm, o weh!
Wir sehn's ja stets auf's Neue,
der schwur dem Staat die Treue,
wegen der Leber-, Leberwurst, wegen der Leberwurst,
gute Nacht, auf Wiederseh'n, Marie!
Falschen Tritt, falschen Tritt, die Militärmusik,
falschen Tritt, falschen Tritt, die ganze Republik.
Wir können nachts nicht schlafen
vor Flöhen, Flöhen und vor Paragraphen.
Gute Nacht, auf Wiederseh'n, Marie,
gute Nacht, auf Wiederseh'n, Marie!

Am Weg, da blüh'n die wilden Schlehen,
und auch die Liebe klopft mal an, ja-wohl!
Für die, die morgen weiter gehen,
da lehnt sie gern die Fenster an, ja-wohl!
Und schlagen früh die Finken,
dann tun wir manchmal winken,
mit der Leber-, Leberwurst, mit der Leberwurst,
gute Nacht, auf Wiederseh'n, Marie!
Falschen Tritt, falschen Tritt, die ganze Kompagnie,
falschen Tritt, falschen Tritt, die ganze Kompagnie.
Bekanntlich sind die Sterne
am schönsten, schönsten, schönsten aus der Ferne.
Gute Nacht, auf Wiederseh'n, Marie,
gute Nacht, auf Wiederseh'n, Marie!

Bergmannslied

Wir klopfen in der Erde –
Wozu? Warum?
Damit die Kohle werde –
Wozu? Warum?
Wir trotzen bösen Wettern,
damit die Kurse klettern.
Und in dem Börsentaumel schreit es:
Komm ans Licht!
Und vergiß die Seele nicht!
Hammerschlag – Hammerschlag –
Wir sehnen uns nach hellem Tag!
Glückauf! Glückauf! Glückauf!

Es grollt in allen Ländern –
Wozu? Warum?
Man kann ja doch nichts ändern.
Wozu? Warum?
Wir wissen, was wir sollen,
in unserm finstern Stollen.
Doch einmal, Brüder, denkt an uns!
O komm ans Licht! –
Und vergiß die Seele nicht!
Hammerschlag – Hammerschlag –
Wir sehnen uns nach hellem Tag!
Glückauf! Glückauf! Glückauf!

Der Arme und der Reiche –
Wozu? Warum?
's ist überall das Gleiche –
Wozu? Warum?
Damit die andern leben,
Wir tausend Tode geben
Dem Stein, der dröhnt – die Erde zittert –
horch den Chor:
Auf zum Licht!
Und vergiß die Seele nicht!
Hammerschlag – Hammerschlag –
Wir harren auf den neuen Tag –
Glückauf! Glückauf! Glückauf!

Tobak

Tief im Walde drin
bei der Indianerin
wächst ein rätselhaftes Kraut,
wo die Lianen steh'n,
wo die Elefanten geh'n,
hat's kein Weißer noch erschaut.
Farbige Brüder
fanden einst es wieder,
wußten in der Urwaldnacht,
gleich, was man damit macht!
Ah! Ah! Ah! Ah! Ah!
O du Tubucco
von Pernambuco.
O wie schön, wenn ich so blase
blauen Rauch durch meine Nase.
O du Trabucco,
alles andere ist mir schnuppo,
aber was wir rauchen,
aber was wir schmauchen,
aber was wir brauchen,
ist Tobak!

Da in Mexiko
rauchte jeder frisch und froh.
Und nun raucht die ganze Welt.
Selbst die Uckermark
ist heut' an Importen stark,
doch keen Mensch weiß, was sie enthält.
Tobak hat verholfen
zu Loeser und zu Wolfen,
selbst der Quartaner mit Genuß,
raucht, bis er plötzlich muß ...
Ah! Ah! Ah! Ah! Ah!
O, du Tubucco
von Pernambuco!
Mancher raucht nur eine Sorte,
nämlich immer nur geschnorrte!
O du Trabucco,
alles andere ist mir schnuppo,
aber was wir rauchen,
aber was wir schmauchen,
aber was wir brauchen,
ist Tobak!

Wird in der Liebesnacht
ein kleines Feuer angemacht,
siehst du nur zwei Pünktchen glüh'n.
Dein süß Dingelchen
bläst aus Rauch die Ringelchen,
und bunte Herzenswünsche zieh'n.
Es raucht die Amazone
mit Mundstück und mit ohne,
und schlaft ihr beide müd und heiß,
dann summt ihr still und leis:
Ah! Ah! Ah! Ah! Ah!
O, du Tubucco
von Pernambuco!
Süß bekleidet ist Rinette
nur mit einer Zigarette.
O du Trabucco,
alles andere ist mir schnuppo,
aber was wir rauchen,
aber was wir schmauchen,
aber was wir brauchen,
ist Tobak!

Der Gassenhauer

Wenn wir an der Ecke, Ecke stehn,
nischt wie Pferdedecke, -decke sehn,
hör'n wir zwischen zwölf und zwei
so manch Berliner Ei.
Abends vorm Theater um halb zehn,
siehste all die leeren Droschken stehn.
Draußen warten wir, und drin
hopst die Sängerin.
   Da hebt sie ihren Silberrock.
   Wir träumen auf'n kalten Bock.
   Und sie – und sie –
   sie singt die Melodie:

Wir gebrauchen – wir gebrauchen –
keine Schwiegermamama –
wir gebrauchen – wir gebrauchen –
keine Schwiegermamama!
Was sind wir stets zu dritt gesellt!
Die hab ich doch nicht mitbestellt!
Nimm sie weg, Schatz, nimm sie weg, Schatz,
und mach mir 'n bißchen Platz!

Leise zieht durch unser Biergemüt
so ein kleines, doofes Schlagerlied.
Droschkenkutscher pfeifen nie
die Neunte Symphonie.
Dennoch wohnt in unsrer Mannesbrust
alte echte deutsche Sangeslust.
Singt es auch das Publikum,
dann ist die Sache rum.
   Und komm' wir blau und stille raus,
   aus unsrer Stammdestille raus –
   dinn-dinn – dinn-dinn –
   dann sing' wir vor uns hin:

Wir gebrauchen – wir gebrauchen –
keine Schwiegermamama –
wir gebrauchen – wir gebrauchen –
keine Schwiegermamama!
Was sind wir stets zu dritt gesellt!
Die hab ich doch nicht mitbestellt!
Nimm sie weg, Schatz, nimm sie weg, Schatz,
und mach mir 'n bißchen Platz!

Und der Lümmel, der das Lied erdacht,
hat sich damit ville Geld gemacht.
Jeder singt es mit Genuß –
und wer nicht will, der muß!
Morgens singt's der Makler im Büro
beim Termingeschäft am Ultimo.
Jede Zeile kennt genau
selbst die Garderobenfrau.
   Wenn Lieder ihr wie diese habt,
   wenn unsre olle Liese trabt –
   im Schritt – im Schritt –
   dann singen wir leise mit:

Wir gebrauchen – wir gebrauchen –
keine Schwiegermamama –
wir gebrauchen – wir gebrauchen –
keine Schwiegermamama!
Was sind wir stets zu dritt gesellt!
Die hab ich doch nicht mitbestellt!
Nimm sie weg, Schatz, nimm sie weg, Schatz,
und mach mir 'n bißchen Platz!

La Goulue

Aus einem Zirkuszelt, wo halb verhungert
ein alter Dachs in einem Käfig lungert,
da trägt man eine Tote durch die Avenue …
Und fragst du: »Wer ist das gewesen?«
dann kannst du in Pariser Blättern lesen:
 C'est la Goulue … c'est la Goulue …

Vor langer Zeit
lief ganz Paris
nach Moulin-la-Galette;
Plakat, das schreit,
Reklame blies –
denn dort tanzt ein Ballett.
Hoppla, hoppla, mit den Beinen – hoppla, hoppla …
hoppla, hoppla … mit den Beinen in der Luft!
Und eine war dabei, die hieß: La Goulue!
Und wo die war, da weht Pariser Luft.
 Ja, ja – da traten sie zum Cancan an,
 und da stand jeder Mann
 auf seiner Bank.
 So konnt er La Goulue, die Fesche, sehn
 und ihre Wäsche sehn,
 die ganze Wäsche sehn –
 Hallo! Geschrei! Champagner und Gesang!

Dick war sie früh,
denn »La Goulue«
heißt: Freßsack – *die* ging ran!
Und ihre Bank
war der Wäscheschrank,
die rupfte jeden Mann.
Und sie tanzte mit den hübschen Beinen hoppla,
hoppla, hoppla mit den Beinen in der Luft …
Und ein großer Kerl hat sie gemalt
mit der Wäsche und den Spitzen und dem Duft.
 Ja, da – da traten sie zum Cancan an
 und da sah jeder Mann
 ihr ins Korsett.
 So konnt er La Goulue, die Fesche, sehn,
 und ihre Wäsche sehn,
 die ganze Wäsche sehn –
 Wer geht denn heut zu Bett – auf Moulin-La-Galette!

Ihr Ruhm welkt' bald.
Nun ist sie alt.
Der Cancan macht dem Foxtrott Platz.
Ihre Bilder stehn
in den Museen,
und sie selber auf dem Rummelplatz.
Mit den dicken Beinen tanzt sie nicht mehr Hoppla –
hoppla – hoppla – käm ihr selber komisch vor …
aber manchmal – wie ein Tongespenst
wehn bunte Takte an das alte Ohr …
 (Musik des Refrains – Cancan, ganz leise –)

(Musik wie am Anfang)
Das Zelt ist fort. Ein Karussell steht jetzt daneben.
's war keine Heilige – die … La Goulue …
Manchmal gehts komisch zu – im Leben …
Viele Menschen gehn durch die Avenue …

Der neue Hut

Der Willi ist ein netter Mann,
er hat nur einen Tick:
Er schafft sich so viel Sachen an,
dann hält er sich für schick.
Und jeden Sonntag hat er was,
daß er die Braut erfreu'.
Dann geht die um den Jungen rum –
an dem ist doch was neu?
Willi! Dein neuer Hut,
der steht dir so gut – der steht dir so gut!
Willi, dein neuer Hut,
der reizt mich bis aufs Blut!
Du siehst drin aus wie'n Feuerwehrmann,
der nicht mehr richtig spritzen kann.
Willi – dein neuer Hut,
der reizt mich bis aufs Blut!

Und so ein Lied verbreitet sich
und wird gar rasch bekannt.
Und so ein Lied verwandelt sich
bis hin zum Donaustrand.
Da steht ein kleines Schubert-Haus,
berankt ganz mit Jasmin ...
In Grinzing sieht das anders aus –
so schluchzt man das in Wien:
(Walzer)
Willi – Willi – dein neuer Hut –
Willi – Willi – wie steht der dir gut!
(Blaue Donau)
Du siehst darin aus wie'n Feuerwehrmann,
der nicht mehr richtig spritzen kann!
Willi, du reizt mich bis aufs Blut
mit deinem neuen Hut –!

Und wenn's Europa singen kann,
und ist der Song vorbei,
dann kommt Amerika heran
bis hin nach Uruguay.
Das Lied, das läuft die Berge lang,
es singen er und sie,
und traurig tönt der Hirtensang
des Nachts auf der Prärie.
(Tango)

Ach, du, mein Willi –
seh ich den kühn geschwungenen Hut dein –
da könnt ich dir drin gut sein –
mein Willi!
Sei du die Feuerwehr in meinem Flammenherzen –
caracho, nein! caracho, nein! Du kannst das nicht!
Ach, du, mein Willi –
der neue Hut, der ist zum Heulen –
gleich hau ich ihm zwei Beulen –
mein Willi!
Seh auf den Pampas ich leuchten deinen Hut –
dann brennt mein Blut!

Das Lied, das läuft in schnellem Trab
und kommt zu uns zurück.
Gar mancher, der schreibt auf und ab
und macht damit sein Glück.
Denn was dem einen billig ist,
das ist dem andern recht.
Dieweil die Kunst so willig ist.
Und so heißt das bei Brecht:
(Dreigroschen-Oper, 1. Bild.
»Und der Haifisch der hat Zähne ...«)
Mackie Wilhelm trägt ein Hütchen,
und er trägt es im Gesicht.
Aber leider ist's nicht seiner,
doch das merkt ja keiner nicht.
Morgenstunde hat Gold im Munde!
Und er sitzt auf hohem Sitze,
denn er ist bei der Feuerwehr.
Doch kaputt ist seine Spritze,
Mackie Wilhelm spritzt nicht mehr,
Morgenstunde hat Gold im Munde!

Seh' ich mir so die Lieder an
der Männer und der Fraun –
dann komm ich mit der *ersten* an
die Gassen lang gehaun!
Willi – dein neuer Hut –
der steht dir so gut – der steht dir so gut!
Willi, dein neuer Hut –
der reizt mich bis aufs Blut!
Du siehst drin aus wie'n Feuerwehrmann,
der nicht mehr richtig spritzen kann –
Willi – der älteste Hut –
für Songs ist er immer gut!

Völkisches Lautenlied

Ich bin der kleine Hitlerknabe –
ich bin kein Mann – nur Vordermann.
Mit allen Gliedern, die ich habe,
tret ich stets in zwei Gliedern an.
Und der Mohn, und der Mohn blüht so rot!
Schlagt die Juden tot!
Es klappt mit Lyrik und Verdauung,
und unser Fähnlein flattert frech ...
Vorn trag ich eine Weltanschauung
und hinten einen Topf aus Blech.
Blaues Veilchen, blühst du mir?
Blaues Veilchen, blühst du dir?
Oder blühst du einem Reichswehroffizier?
Ruck-zuck,
Nepomuck!
Ruck-Zuck!

Wenn wir so durch die Dörfer ziehen,
dann bellen uns die Hunde an.
Die Hunde sind wohl aus Berliehen –
sie mögen keinen deutschen Mann.
Und der Mohn, und der Mohn blüht so blau!
Schlagt tot die Judensau!
Wir kommen unserm Ziele näher,
marschiern in gleichem Schritt und Tritt ...
Wir sind die richtigen Europäer.
Wenn eine Fahne weht: wir laufen mit.
Blaues Veilchen, blühst du mir?
Blaues Veilchen, blühst du dir?
Oder einem ganz legalen Offizier?
Ruck-zuck,
Nepomuck!
Ruck-Zuck!

Zum Brüllen sind wir auserkoren.
Als Schreichor ist auf uns Verlaß.
Dem Hitler haben wirs geschworen.
Wir wissen leider bloß nicht: was.
Und der Mohn, und der Mohn blüht changeang.
Wir sind immer, immer, immer mittenmang!
Wir geben uns als Börsen-Würger.
Wir haben, wenn wir mehr sind, mächtigen Mut.
Wir sind die wildgewordenen kleinen Bürger.
Wenns Deutschland schlecht geht, gehts uns gut!
Blaues Veilchen, blühst du mir?
Blaues Veilchen, blühst du dir?
Oder einem Fridericus-Offizier?
Wenn die Partei von Futterkrippe spricht –:
Ruck-Zuck!
Blaues Veilchen, o vergiß mein nicht!

Das ist bei mir so, das ist bei dir so!

Kurt Tucholsky / Martin Löwe

Warum freust du dich auf die Sommerreise?
Warum? Pourquois? Porqué? Why?
Träumst schon im März nur noch von Bahngeleise –
Pasque! Because! Darum! Weil!
Man fiebert halt nach Wiese, Feld und Bäumen,
nach Kuhstallduft, nach Heu, nach Blumenblühen, –
einmal nur vom blauen Himmel träumen,
und nicht bloß immer Geld verdienen.
Das ist bei mir so, das ist bei dir so!
Das ist bei ihm so, das ist bei ihr so!
Das ist überall egal!
Das ist international!

Warum seh'n wir so dumm aus, wenn wir lieben?
Warum? Pourquois? Porqué? Why?
Es ist nicht viel Verstand in uns geblieben,
Pasque! Because! Darum! Weil!
Es bricht der Mann der Keuschheit letzten Siegel
und sagt zu ihr: Ach du, ach du, ach du!
Doch plötzlich sieht die Dame ihn im Spiegel,
Und schleunigst macht sie beide Augen zu.
Das ist bei mir so, das ist bei dir so!
Das ist bei ihm so, das ist bei ihr so!
Das ist überall egal!
Das ist international!

Warum spricht jedes Land mit anderm Schnabel?
Warum? Pourquois? Porqué? Why?
Der Sinn ist gleich, warum nicht die Vokabel?
Pasque! Because! Darum! Weil!
Dans ci moment, this moment, in momento
heißt ich brauch Geld, wenn's geht, per Telegramm!
Die Antwort lautet: Leider im momento,
So gern ich möchte, stop, bin selber klamm.
Das ist bei mir so, das ist bei dir so!
Das ist bei ihm so, das ist bei ihr so!
Das ist überall egal!
Das ist international!

Warum geh'n soviel Ehen auseinander?
Warum, gnä' Frau? Pourquois? Porque? Why?
Warum vom Freund zur Freundin das Gewander –
Pasque! Because! Pscht! Darum! Weil!
Hast du 'ne Schwarze, biste scharf auf Blonde,
Ist deine dünn, fällst du auf Vollschlank rein.
Was kann an einer andern Frau schon anders,
was kann am andern Manne anders sein?
Das ist bei ihr so, ganz wie bei dir so!
Es ist bei ihm so, es ist bei ihr so!
Das ist überall egal!
Das ist international!

Warum muß überall die Bosheit kochen?
Warum? Pourquois? Porqué? Why?
Warum zerschlagen Völker sich die Knochen?
Pasque! Because! Darum! Weil!
Gewiß, die Menschen wollen alle essen,
Gewiß, die Menschen dirigiert der Bauch.
Ja, Kinder, hab'n wir wirklich ganz vergessen,
nicht wahr, im Guten geht's ja auch!
Das ist bei mir so, das ist bei ihr so!
Das ist dort so, das ist auch hier so!
Das ist überall egal!
Aber die Dummheit, die menschliche Dummheit,
die ist international!

Anhang

Anmerkungen zum Chanson- und Notenteil

Stoßseufzer einer Dame in bewegter Nacht

Aus dem Nachlaß
Undatiert
Originalfassung: Typoskript und hdschr. Notenaufzeichnung von Kurt Tucholsky
Erstveröffentlichung von Text und Melodie in: Kurt Tucholsky. Warum lacht die Mona Lisa? Gedichte, Lieder und Chansons. Herausgegeben von Helga Bemmann. Klassische Kleine Bühne. Henschelverlag, Berlin 1968. Einrichtung der Gesangs- und Klavierstimme Wolfgang Goldhan.
Text des Chansons ebenfalls erschienen in: Das Herz auf der Zunge. Deutschsprachige Chansons aus hundert Jahren. Herausgegeben von Helga Bemmann. Verlag der Nation, Berlin 1979.

Schiff ahoi!

(Ballade von der Fischersfrau)

Aus dem Nachlaß
Undatiert
Originalfassung: Typoskript und hdschr. Notenaufzeichnung Kurt Tucholskys
Vorgetragen von Kate Kühl in der Wilden Bühne (1921–23)
Erstveröffentlichung des Textes in: Das Herz auf der Zunge. Deutschsprachige Chansons aus hundert Jahren. Herausgegeben von Helga Bemmann. Verlag der Nationen, Berlin 1979.

Die Okarina

Unveröffentlicht
Aus dem Nachlaß
Undatiert
Originalfassung: Hdschr. Aufzeichnung der Gesangsstimme von Kurt Tucholsky
Text von Kate Kühl nach dem Gedächtnis rekonstruiert.
Okarina: irdene Gefäßflöte in Ei- oder Rübenform, mit Schnabelmechanismus, im Klang sehr flach und stumpf, etwa wie der Vokal »U« klingend.

Radieschen

Unveröffentlicht
Aus dem Nachlaß
Undatiert
Originalfassung: Typoskript und hdschr. Aufzeichnung der Gesangsstimme von Kurt Tucholsky
Vermerk: Für die Agit-Prop-Truppen

Das Wort der Tante

Unveröffentlicht
Aus dem Nachlaß
Undatiert
Originalfassung: Typoskript und hdschr. Aufzeichnung der Gesangs- und Klavierstimme von Kurt Tucholsky

Berliner Margueritenkranz

Unveröffentlicht
Aus dem Nachlaß
Undatiert
Originalfassung: Typoskript, bestehend aus drei Liedern
Entstanden für die Berliner Kabarettistin und Volkssängerin Claire Waldoff
Vertonungen: Notenaufzeichnungen aus dem Nachlaß Claire Waldoffs nach Kurt Tucholsky (Sammlung artistica Markschieß van Trix Berlin)

Der Jagdschein

(Melodie ohne Worte)

Unveröffentlicht
Aus dem Nachlaß
Undatiert
Originalfassung: Notenhandschrift nach Kurt Tucholsky aus dem Nachlaß Claire Waldoffs (Sammlung artistica Markschieß van Trix Berlin)
Refrainzeile: Ich hab 'nen Jagdschein, da kann mir keener!
Weiterer Text dazu nicht erhalten

Fridericus Rex

Erstveröffentlichung unter Theobald Tiger in der »Weltbühne« vom 23. 2. 1922

Altes Lied 1794

Erstveröffentlichung unter Theobald Tiger in der »Weltbühne« vom 3. 5. 1932

Aus einer kleinen Stadt

(Krähwinkel)

Unveröffentlicht
Aus dem Nachlaß
Undatiert
Originalfassung: Typoskript mit hdschr. Korrekturen Kurt Tucholskys
Vertonung nicht mehr vorhanden

Wenn der alte Motor wieder tackt

Entstanden für Schall und Rauch
Kreiert von Paul Graetz
Vertonung Friedrich Hollaender
Gewidmet Blandine Ebinger
Originalvortragsfassung nach Notendruck Adolph Fürstner Berlin 1919
Erstveröffentlichung des Textes in: Immer um die Litfaßsäule rum. Gedichte aus sechs Jahrzehnten Kabarett. Herausgegeben von Helga Bemmann. Henschelverlag, Berlin 1965.

Dame in Weiß

Erstveröffentlichung in Buchform
Aus dem Nachlaß
Typoskript
Entstanden für Schall und Rauch 1920
Vertonung Friedrich Hollaender
Originalvortragsfassung nach Notendruck Adolph Fürstner Berlin 1920

Total Manoli

Erstveröffentlichung in Buchform
Aus der Nelson-Revue »Total Manoli« 1920
Revue in 8 Bildern von Fritz Grünbaum
Texteinlage Theobald Tiger
Vertonung Rudolf Nelson
Gesungen von Trude Troll und Robert Négrel
Originalvortragsfassung nach Notendruck Drei-Masken-Verlag Berlin 1920

Raffke

Erstveröffentlichung in Buchform
Aus der Nelson-Revue »Wir stehn verkehrt« 1922
Revue in 7 Bildern von Carl Rössler
Gesangstexte von Theobald Tiger
Vertonung Rudolf Nelson
Kreiert von Kurt Korff
Originalvortragsfassung nach Notendruck Drei-Masken-Verlag Berlin–München–Wien 1922

Jede Landpartie hat mal ein Ende

Erstveröffentlichung in Buchform
Aus der Nelson-Revue »Wir stehn verkehrt« 1922
Revue in 7 Bildern von Carl Rössler
Gesangstexte von Theobald Tiger
Vertonung Rudolf Nelson
Gewidmet Käthe Erlholz und von ihr kreiert
Originalvortragsfassung nach Notendruck Drei-Masken-Verlag Berlin 1922

Auf Wiedersehen, Marie!

Wanderlied von Theobald Tiger
Entstanden für das Kabarett Die Gondel Berlin 1923/24
Vertonung Hans May
Originalvortragsfassung nach Notendruck Wiener Boheme-Verlag (Otto Hein)
Textfassung nach Manuskript
Kurt-Tucholsky-Archiv/Mary Tucholsky/Deutsches Literaturarchiv Marbach am Neckar

Bergmannslied
(Gesang der Bergleute)

Erstveröffentlichung in Buchform
Entstanden für das Kabarett Die Gondel Berlin 1923/24
Vertonung Hans May
Originalvortragsfassung nach Notendruck Wiener Boheme-Verlag Wien–Berlin–New York 1924

Tobak

Aus dem Nachlaß
Typoskript
Entstanden für das Kabarett Die Gondel Berlin 1923/24
Vertonung Hans May
Teilerstveröffentlichung in: Das Querschnittbuch 1923, Berlin

Der Gassenhauer

Unveröffentlicht
Aus dem Nachlaß
Typoskript
Entstanden für das Kabarett »Die Gondel« Berlin 1923/24
Text Theobald Tiger
Vertonung nicht mehr vorhanden

La Goulue

Unveröffentlicht
Aus dem Nachlaß
Undatiert
Typoskript Kurt Tucholskys mit hdschr. Korrekturen
Vermerk: Urheber- und Verlagsrechte sowie die Rechte für Radio und mechanische Instrumente vorbehalten!
Beigefügt auf Typoskript 8 Cancan-Takte aus »Orpheus in der Unterwelt« mit dem hdschr. Vermerk Tucholskys: »Im Refrain zu verwenden!«
Vertonung nicht mehr erhalten

Der neue Hut

Unveröffentlicht
Aus dem Nachlaß
Undatiert
Typoskript
Vertonung nicht nachweisbar

Völkisches Lautenlied

Aus dem Nachlaß
Undatiertes Manuskript
Erstveröffentlichung in: Kurt Tucholsky. Gedichte. Herausgegeben von Mary Gerold-Tucholsky. Rowohlt Verlag Reinbek bei Hamburg 1983

Das ist bei mir so

Unveröffentlicht
Chanson für Paul Graetz
Von Theobald Tiger und Martin Loewe
Vertonung Friedrich Hollaender
Entstehung um 1930
Rekonstruktion nach historischer Schallplatte

Personenverzeichnis

Quellen- und Literaturverzeichnis

Deutsches Literaturarchiv / Kurt Tucholsky-Archiv Marbach am Neckar.
Akademie der Künste der DDR / Sammlung Kurt Tucholsky.
Akademie der Künste Berlin West / Kurt Tucholsky-Sammlung.
Deutsche Staatsbibliothek Berlin, Musikabteilung.
Landesarchiv Berlin West / Theatersammlung.
Märkisches Museum Berlin / Sammlung Documenta artistica Markschieß van Trix.

Tucholsky, Kurt: Gesammelte Schriften in 10 Bänden. Herausgegeben von Mary Gerold-Tucholsky und Fritz J. Raddatz. Rowohlt Taschenbuch Verlag, Reinbek bei Hamburg 1975.
Tucholsky, Kurt: Deutsches Tempo. Gesammelte Werke. Ergänzungsband. 1911–1932. Rowohlt Verlag, Reinbek bei Hamburg 1985.
Tucholsky, Kurt: Ausgewählte Briefe. 1913–1935. Rowohlt Verlag, Reinbek bei Hamburg 1962.
Tucholsky, Kurt: Warum lacht die Mona Lisa. Gedichte, Lieder und Chansons. Herausgegeben von Helga Bemmann. Klassische Kleine Bühne. Henschelverlag, Berlin 1968.
Tucholsky, Kurt: Edition Text + Kritik. Heft 29. Richard Boorberg Verlag, München 1971.
Tucholsky, Kurt: Briefe aus dem Schweigen. 1932–1935. Briefe an Nuuna. Herausgegeben von Mary Gerold-Tucholsky und Gustav Huonker. Rowohlt Verlag, Reinbek bei Hamburg 1977.
Tucholsky, Kurt: Die Q-Tagebücher. 1934–1935. Herausgegeben von Mary Tucholsky und Gustav Huonker. Rowohlt Verlag, Reinbek bei Hamburg 1978.
Tucholsky, Kurt: Unser ungelebtes Leben. Briefe an Mary. Rowohlt Verlag, Reinbek bei Hamburg 1982.
Tucholsky, Kurt: Gedichte. Herausgegeben von Mary Gerold-Tucholsky. Rowohlt Verlag, Reinbek bei Hamburg 1983.
Das Kurt Tucholsky Chanson Buch. Rowohlt Verlag. Reinbek bei Hamburg 1983.
Tucholsky, Kurt / Hasenclever, Walter: Christoph Kolumbus oder Die Entdeckung Amerikas. Verlag Das Arsenal, Berlin 1985.

Bemmann, Helga: Berliner Musenkinder-Memoiren. Eine heitere Chronik von 1900–1930. Musikverlag Lied der Zeit, Berlin 1981.
Böhme, Franz / Erk, Ludwig: Deutscher Liederhort. Auswahl der vorzüglicheren Deutschen Volkslieder. Breitkopf und Härtel, Leipzig 1893.
Deutschland? Schweigen und vorübergehen. Kurt Tucholsky in der Emigration. Ausstellungskatalog der Akademie der Künste Berlin (West) 1986.
Discographie Paul Graetz. Zusammengestellt von Friedrich Carthaser und Manfred Weihermüller.
Goder-Stark, Petra: Das Kurt Tucholsky-Archiv. Ein Bericht. Deutsches Literaturarchiv. Verzeichnisse, Berichte, Informationen 5. Deutsche Schillergesellschaft e. V., Marbach am Neckar 1978.
Gray, Allan: Zwölf Chansons von heute. City Verlag, Leipzig 1932.
Greul, Heinz (Hrsg.): Chansons der zwanziger Jahre. Bilder und Texte. Galerie Sanssouci. Sanssouci Verlag, Zürich 1962.
Hollaender, Friedrich: Cabaret. In: Weltbühne v. 2. Februar 1924.
Kate Kühl singt. Das Lied der Zeit. Herausgegeben von Ernst Busch. Verlag Lied der Zeit, Berlin 1949.
Kothe, Robert: Saitenspiel des Lebens. München 1944.
Matthias, Lisa: Ich war Tucholskys Lottchen. Text und Bilder aus dem Kintopp meines Lebens. Marion von Schröder Verlag, Hamburg 1962.
Mehring, Walter: Kurt Tucholsky. Ein Radiovortrag. Herausgegeben und mit einem Nachwort von Dietger Pforte. Friedenauer Presse, Berlin 1985.
Pforte, Dietger (Hrsg): Farbige weithin sichtbare Signalzeichen. Der Briefwechsel zwischen Carl von Ossietzky und Kurt Tucholsky aus dem Jahr 1932. Akademie der Künste Berlin (West) 1985.
Ruttkowski, Wolfgang: Vier Chansons. Versuch einer sprachkundigen Deutung. In: Neue Deutsche Hefte. H. 101, 1964.
Schaefer, Oda: Auch wenn du träumst, gehen die Uhren. Lebenserinnerungen. Piper Verlag, München 1970.
Schall und Rauch. Reprint einer Programmzeitschriften-Folge des gleichnamigen Max Reinhardt-Kabaretts in Berlin. Herausgegeben von Kurt Wafner. Buchverlag Der Morgen, Berlin 1985.
Siebig, Karl: Ich geh mit dem Jahrhundert mit. Ernst Busch. Eine Dokumentation. Rowohlt Taschenbuch Verlag, Reinbek bei Hamburg 1980.
Skizzen. Zeitschrift der Schallplattenfirma Electrola. Illustrierte Monatsschrift. Jgg. 1928–1930. Berlin.
Soldenhoff, Richard von (Hrsg.): Kurt Tucholsky. Ein Lebensbild. Quadriga Verlag, Berlin 1985.
Stuckenschmidt, H. H.: Zum Hören geboren. Ein Leben mit der Musik unserer Zeit. Piper Verlag, München 1979.
Tiessen, Heinz: Mein Leben. Berlin 1947.
Ullstein, Heinz: Spielplatz meines Lebens. Erinnerungen. Kindler Verlag, München 1961.
Wangenheim, Inge von: Mein Haus Vaterland. Erinnerungen einer jungen Frau. Verlag Bruno Henschel und Sohn, Berlin 1950.
Wustmann, Gustav (Hrsg.): Als der Großvater die Großmutter nahm. Ein Liederbuch für altmodische Leute. Neu herausgegeben von Anton Kippenberg und Friedrich Michael. Insel-Verlag, Leipzig 1922.

Fotos

ADN-Zentralbild (2), Akademie der Künste der DDR, Hanns-Eisler-Archiv (2), Akademie der Künste der DDR, Tucholsky-Archiv (1), Akademie der Künste Berlin (West), Sammlung Tucholsky (7), Arbeiter-Illustrierte-Zeitung 11/1930 (1), Archiv Helga Bemmann (39), Berliner Illustrierte Zeitung (4), Berlin Museum Berlin (West) (1), Familienbesitz Brigitte Rothert Berlin (2), Büro für stadtgeschichtliche Dokumentation und technische Dienste – Bildarchiv (4), Kurt-Tucholsky-Archiv/ Mary Tucholsky (34), Deutsche Staatsbibliothek Berlin (1), Deutsche Staatsbibliothek Berlin Musikabteilung (1), Foto: Jochen Reinert Berlin (2), Katharina Clauberg Berlin (West) (3), Lachen links (1), Landesbildstelle Berlin (West) (3), Lisa Matthias: Ich war Tucholskys Lottchen (4), Märkisches Museum Berlin (1), Museum für Deutsche Geschichte Berlin (4), Pisarek Berlin (2), Privatarchiv H. H. Stuckenschmidt Berlin (West) (1), Richard von Soldenhoff: Kurt Tucholsky (1), Sammlung artistica Markschieß van Trix Berlin (2), Sammlung Fritz Schirmer Halle (1), Schall und Rauch (1), Sieghart Rodig Dohna (2), Simplicissimus (1), Weltspiegel 35/1930 (1), Wember: Die Jugend der Plakate (1).

Dank

Autorin und Verlag danken allen Archiven, Institutionen und Personen, die die Arbeit am Buch mit Material, Hinweisen und Zuarbeit vielfältiger Art unterstützten: Kurt-Tucholsky-Archiv / Deutsches Literaturarchiv Marbach am Neckar; Akademie der Künste Berlin (West); Akademie der Künste der DDR, insbesondere Hanns-Eisler-Archiv; Deutsche Staatsbibliothek, insbesondere Musikabteilung; Deutsche Bücherei Leipzig; Jüdische Gemeinde Berlin; Märkisches Museum / Sammlung documenta artistica Markschieß van Trix, Berlin; Landesarchiv Berlin (West); Deutsche Film- und Fernsehakademie Berlin (West); Museum für Deutsche Geschichte Berlin; Antje Bonitz, Marbach am Neckar; Dr. Hermann Simon, Berlin; Dr. Wolfgang Goldhan, Berlin; Brigitte Rothert, Berlin; Jochen Reinert, Berlin; Brigitte Sellin, Berlin; Fritz Schirmer, Halle; Sieghart Rodig, Dohna; Paul Haubrich-Oldhein, Köln; Eveline Bartlitz, Berlin; Dr. Hans J. Reichhardt, Berlin (West); Katharina Clauberg, Berlin (West); Blandine Ebinger, Berlin (West); Renate Wilhelmi, Berlin (West), Jürgen Gottschalk, Berlin.

Besonderen Anteil an der Entstehung dieses Buches hat Mary Tucholsky, die die Arbeit über lange Jahre großzügig unterstützte und in umfangreicher Form Dokumente und Fotos für den Abdruck zur Verfügung stellte.